초국가주의, 디아스포라, 인권

글로벌 시대의 인도사회

초국가주의, 디아스포라, 인권

글로벌 시대의 인도사회

김경학 저

전남대학교출판부

책을 내면서

「글로벌 시대의 인도사회 : 초국가주의, 디아스포라, 인권」은 전지구화와 초국가주의 상황에 놓여 있는 국내외 인도인이 경험하는 다양한 국면을 다루고 있다. 특히 이 책은 전지구화 과정 속에서 불가촉천민과 부족민 등 사회적 약자들이 겪고 있는 인권 문제를 몇 가지 사례를 통해 제기하고 있다. 2000년대 이후 신흥경제대국을 지칭하는 '브릭스'(BRICs : 브라질, 러시아, 인도, 중국) 가운데 인도는 정보산업과 생명공학 등 첨단 분야에서의 급속히 성장하고 있으며, 세계인은 이를 주목하기 시작했다. 이러한 경제적 급성장은 흔히 '전지구화'로 번역되는 '글로벌리제이션'(Globalization)의 흐름과 밀접히 관련되어 있다. 글로벌리제이션은 인도사회와 인도인에게 야누스의 두 얼굴로 비쳐지고 있다.

인도는 1990년대 초 IMF 구제금융을 받으면서 외부로부터 경제적 구조조정을 요구받았으며, 이에 따라 경제자유화 조치를 취할 수밖에 없었다. 이후 소위 신자유주의 경제체제 하에서 많은 해외 기업들이 인도로 개발투자를 활발히 하고 있으며, 해외 인도인도 이러한 대열에 끼여 모국 인도에 투자를 적극적으로 하고 있다. 교통과 통신수단의 혁명적인 발달로 물리적 국경의 의미가 새롭게 이해되는 현 상황

속에서 약 2,700백만의 해외 거주 '인도인 디아스포라'는 모국과의 초국가적 네트워크를 기반으로 경제적 투자와 정치적 로비를 하는 등 소위 '원거리 민족주의'(long-distance nationalism)를 일상에서 실천하고 있다. 사실 20세기 중 후반 이후 급속히 진행되어 온 전지구화와 초국가적 환경은 탈 중심화 되고 지구화된 다양한 형태의 초국가적 공동체의 형성을 가져왔다. 이러한 초국가적 공간을 통해 인도인 디아스포라 역시 거주국 국민 국가의 경계를 뛰어 넘어 모국 인도와 다양한 해외 지역 인도인 디아스포라 간의 네트워크를 유지하고 있다.

한편 전지구화 과정은 인도사회의 소비문화 영역에도 큰 변화를 가져왔다. 예컨대 인도를 '크리켓 공화국'으로 만들고 있는 크리켓 경기는 인도인들에게 민족주의적 정체성을 부여하는 가장 대표적인 스포츠이자 여가다. 그러나 2008년에 크리켓, 상업주의, 대중매체 삼박자의 결정판인 '인도 프리미어 리그'(Indian Premier League)의 탄생은 인도인에게 민족정체성을 뛰어 넘는 글로벌 정체성을 요구하고 있다. 국적을 초월한 초국가적 선수들이 인도의 프로 크리켓 팀에 선수가 되어 운동장을 뛰고, 프리미어 리그에서는 서구 여성 치어리더의 퍼포먼스가 동원되어 인도인의 글로벌 정체성이 강하게 표출되고 있다.

그러나 인도사회의 전지구화는 농민, 불가촉천민, 부족민처럼 사회적 소수자 집단에게는 상황을 더욱 악화시키는 악재로 작용하고 있다. 이들에게 그간 제공되던 국가 지원이 감축 또는 삭제되는 등 더욱 소수자 집단을 어렵게 만들고 있기 때문이다. 다른 제 3세계 국가처럼 인도정부도 국가주도 개발 사업에 온 힘을 다하고 해외 기업의 개발투자 활동을 적극 유치하고 있다. 그러나 이 과정에서 소수자 집단의 목소리는 제대로 반영되고 있지 않기 때문에 소수자 집단에 대한 생존권 침해 등 기본권이 위태로워지고 있다.

초국가적 시대에 전개되고 있는 인도인 디아스포라의 '원거리 민족주의' 또한 인도사회가 안고 있는 갈등과 반목의 불씨가 되고 있다. 특별히 인도인 디아스포라의 초국가적 정치행위는 인도 내 다수집단인 힌두로 하여금 소수집단인 무슬림과 기독교인을 타자화 시키고 배격하는 결과를 낳고 있다. 인도 국내 무슬림에 대한 공격에 부족민을 동원시키기 위해 부족민을 교묘하게 힌두화 시키고 있는데, 여기에 소요되는 재원은 북미와 유럽의 힌두 디아스포라가 지원하고 있다. 힌두 디아스포라는 이러한 목적 달성을 위해 인도 국내의 힌두 근본주의 집단과 긴밀한 네트워크를 작동하고 있다.

인도 정부는 인도 사회 내의 불가촉천민과 부족민 등 소수자 집단에 대한 인권문제에 지속적으로 관심을 보이고 있다고 주장하지만 이들에 대한 차별구조에는 근본적인 변화가 없는 것이 사실이다. 특히 신자유주의 경제체제 하에서 발전을 위한 개발이라는 미명 하에 인도 정부 주도로 진행되고 있는 각종 개발 사업들은 사업지구 내에 거주하는 불가촉천민, 농민, 부족민의 생존권을 근본적으로 침해하고 있다.

한편 전지구화 과정은 인도 내 소수자 집단의 저항운동에 새로운 국면을 제공하고 있다. 인도 정부 등 전지구화 주체에 대한 소수자 집단의 저항운동도 전지구화 된 초국가적 환경을 맞이하여 그 내용과 전략이 변화하기 때문이다. 달리뜨 운동과 부족민 및 농민들의 생존권 침해에 대한 저항운동 주체들은 인도 국내 인권 관련 비정부조직 외에도 '달리뜨세계회의'(Dalit International Conference), '세계사회포럼'(World Social Forum) 등 국제적 무대에서 인도 정부의 비 인권적 행태를 고발하고 있다. 인도인 디아스포라 세계에서도 이러한 변화는 감지되어 왔다. 해외 거주 '달리뜨 디아스포라'(Dalit Diaspora)의 다양한 조직들이 영국과 북미에서 달리뜨 인권침해에 반대하며 활동하고 있는 초국가적 네트워크와 함께 온라인과 오프라인을 통해 인권상황 개선운동을 전개하고 있다.

대형 댐 건설처럼 '세계은행'(World Bank)과 같은 글로벌 자본의 지원으로 진행되고 있는 국가주도 개발 사업에 저항하는 주체들은 '국제강네트워크'(International River Network), '지구 후원회'(Friends of Earth) 등 초국가적 인권과 환경 네트워크들의 지원으로 개발로 인한 생존권 위협에 저항하고 있다. 역설적이게도 전지구화 과정은 인권 사각지대의 사람들이 국제적 무대에서 국제적 인권단체 등 외부 세력의 개입과 지원을 토대로 '초국가적 지원 네트워크'(transnational advocacy networks)를 작동하게 하였다. 이 책은 '전지구적 정의운동'(Global Justice Movement)에 관한 주장들에 기초하여 불가촉천민과 부족민의 인권 유린에 저항하는 몇 가지 사례를 제시하고 있다.

인터넷 등 통신수단의 발달이 인도인 디아스포라의 정치적 행위와 연결되는 단적인 사례를 우리는 캐나다 거주 시크 디아스포라를 통해 알 수 있다. 1980년대부터 분리주의운동을 전개한다는 이유로 인도 정부로부터 정치적 핍박을 받아 온 시크들은 1984년 시크 성지인 황금사원의 침탈과 델리 시크 대학살을 경험하였다. 인도 정부의 탄압을 피해 일부 급진적인 시크 분리주의자들이 캐나다로 이주한 후 이들은 1990년대 중반까지 캐나다의 대규모 시크 사원을 장악하였다. 그러나 인도에서 시크 분리주의 운동이 잠잠해지자 캐나다 시크 사회에 급진파를 중심으로 한 '기억의 정치'(politics of memory)가 시작되었다. 캐나다 시크들은 자신들에 대한 1980년대의 인도 정부의 탄압으로 발생한 트라우마를 온라인과 오프라인을 통해 재현함으로써 '기억의 정치'를 수행하고 있다. 시크 관련 수많은 포탈 사이트를 통해 '고통 받고 있는 시크의 몸'에 관한 동영상, 사진, 텍스트, 음성 등 다양한 자료들이 온라인에서 순환되고 있다.

이 연구서는 인도인 디아스포라, 인도 내 불가촉천민, 부족민 등을 대상으로 하여 필자가 지난 2-3년 동안 연구한 기존 논문들을 기본으로 삼아 일부 내용을 새롭게 삽입·삭제한 국내외 인도인에 대한 전문서이다. 이 책에서 활용하고 있는 필자의 기존 논문들은 다음과 같다. 제1부 '초국가주의와 인도인 디아스포라'에 포함된 네 개의 장은 이주(migration)와 디아스포라, '기억의 정치'를 핵심어로 삼고 있는 글들이다. 제1장은 「남아시아연구」의 "국내이주와 국제이주의 접목: 인도 뻔잡의 사회·경제적 양상에 관한 시론적 연구"(2010)를, 그리고 제2장은 「민주주의와 인권」의 "캐나다 시크 디아스포라의 기억의 정치"(2009)와 "퀘벡 '상호문화주의'의 문화적 다양성 관리의 한계: 시크 '끼르빤' 착용 논쟁을 중심으로"(2010) 를 토대로 삼았다. 제2장에는 캐나다의 인도인의 인구학적인 내용이 새롭게 삽입되었다. 제3장은 「민주주의와 인권」의 "'결코 잊지 못할 1984년': 시크 사이버 민족주의의 전개와 성격"(2008)을 그리고 제4장은 「남아시아연구」의 "탈 식민시기 크리켓과 인도 민족주의"(2010)를 토대로 하고 있다. 제2부 '전지구화와 인권'에 해당하는 다섯 개의 장은 주로 인권 관련 글들이 모아져 있다. 제5장은 다음 장에 언급될 초국가적 시대에 인도 뻔잡의 달리뜨의 역량강화에 관한 글에 앞서, 인도 불가촉천민의 인권문제 일반을 다루기 위해 새롭게 작성되었다. 제6장은 「민주주의와 인권」의 "전지구화와 인권 : 펀잡 달리뜨 운동의 초국가적 성격"(2010)을 기반하고 있다. 제7장과 8장은 인도의 또 다른 소수자집단인 인도 부족민에 대한 것이다. 제7장은 「아시아저널」의 "인도 정부의 부족민 정책과 인권현황"(2011)을 그리고 제8장은 「민주주의와 인권」의 "인도 부족민의 우익 힌두 민족주의와의 만남 : 반기독교와 반무슬림 폭력에 동원된 부족민"(2011)을 토대로 하고 있다. 마지막 장인 제9장은 「남아시아연구」의 "개발과 인권: 인도 '나르마다(Narmada) 계곡 개발 프로젝트'를 중심으로"(2010)가 그 기반이다.

본 연구서가 나오기까지 필자는 많은 분들에게 신세를 졌는데, 희수(喜壽)를 넘기고 80세를 바라보면서도 여전히 활발한 연구력을 보이고 계시는 필자의 박사 논문 지도교수이신 '라빈드라 쿠마르 제인 교수'(Prof. Ravindra Kumar Jain)께 감사를 드린다. 제인 교수님은 인도사회 국내의 연구에만 머물렀던 필자를 인도인 디아스포라에 대한 연구 영역으로 이끌어 주신 필자의 구루(Guru)이시다. 그리고 부족한 본 연구서의 과반의 내용이 작성될 수 있도록 기회를 제공한 전남대학교 5.18 연구소에 깊은 감사를 표한다. 해외 시크들이 펼치는 온라인과 오프라인에서의 '기억의 정치'에 대한 연구는 연구소의 지원으로 이루어졌다. 마지막으로 이 책이 나오는데 도움을 준 도움을 준 전남대학교출판부 모든 관계자들게 깊은 감사를 드린다.

2011년 12월

김경학

차 례

제1부

초국가주의와 인도인 디아스포라

제1장

국내이주와 국제이주의 만남

●●● 1. 상이한 이질적 노동력 회로의 만남

인도의 국제이주의 역사[1]는 영국 식민시대에 '계약노동자'(indentured laborers)의 대규모 국제이주와 독립 후 주로 서구와 걸프 지역으로의

1) 해외 인도인은 그들의 이주의 역사에 따라 성격이 다르다. 1830년대부터 1930년대까지 '계약노동제'(indentured system)로 가이아나, 피지, 트리니다드, 자메이카 등의 영국령 식민지와 과달루프와 마르티니크 등 프랑스령 식민지 그리고 수리남의 네덜란드령 식민지로 집단 이주하여 주로 사탕수수 플랜테이션에 투입되어 이들 지역에 정착한 인도인들과 그 후손들로 구성된 해외 인도인들은 편의상 '구 해외 인도인'이라 불리며, 인도 외무성 분류에 따르면 이들은 '재외 인도 동포'(Persons of Indian Origin, PIO: 인도 국적은 아니지만 인도인 혈통 보유자)에 해당 한다. 제2차 세계대전 종전 후 영국, 캐나다, 미국, 호주 등에서 아시아 이민자에 대한 규제가 완화되면서 이들 지역으로 대규모 인도인이 이주를 했다. 이들은 '신 해외 인도인'으로 불린다. 이들 가운데 여전히 인도 국적을 보유한 사람들은 '재외 인도인(Non-Resident Indians, NRIs)'으로 분류된다(김경학, 2006a: 67-70).

자발적 이주를 포함한 다양한 형태의 국제이주가 있었다. 1980년대 말부터 본격적으로 시작된 인도 국내외 학자들에 의한 인도인 국제이주에 대한 연구는 현지사회에서의 정착과 이주 사회의 형성과정에서 이주민이 경험하는 갈등 및 적응과 관련된 다양한 사회·문화적, 정치·경제적 양상들의 성격 규명에 주요 관심이 있었다. 특히 1990년대 중반 이후의 인도인 국제이주에 관한 연구들은 전지구화와 교통 통신수단의 혁신적 발달에 따라 이주자가 국민국가의 경계를 뛰어넘어 모국과의 다양한 형태의 초국가적 네트워크를 긴밀하고 밀도 있게 유지하고 있음에 주목하였다(Ballard, 2003; Gardner & Grillo, 2002; Lessinger, 2003; Mand, 2002; Mooney, 2006; Taylor et al. 2007; Voigt-Graf, 2004; Walton-Roberts 2001, 2004).

글로벌 인도인들과 모국 간의 다양한 초국가적 네트워크 형성과 유지는 모국, 특히 출신 지역사회에 다양한 형태의 영향을 주었다[2]. 국제이주의 초국가적 관점은 "국가적 경계를 넘는다"는 점을 강조하기 때문에(Vertovec, 1999; Conway, 2000), 흔히 개별 국가 간의 사회·문화적, 정치·경제적 네트워크의 연결에만 관심이 있었다. 따라서 초국가적 접근은 국제이주 다발지역 국가 내부에서 흔히 국제이주와 국내이주가 접목됨으로써 전개되는 다양한 사회·경제적 양상들에는 관심이 없었다.

그러나 초국가적인 국제이주의 흐름이 강하게 지속되고 있는 지역들, 예컨대 인도의 뻔잡과 께랄라[3]에 대규모 국제이주로 인해 인도의

2) 지역사회 발전을 가져오는 다양한 형태의 자선활동 등 긍정적인 영향도 있지만, '이주문화'가 지역사회에 팽배하여 사람들이 지역에 뿌리내리지 않으려는 경향, 이주자를 두고 있는 집단과 그렇지 못한 집단 간의 사회·경제적 불균등 야기, 토지 등 기본 자산의 인플레 조성 등 부정적인 영향도 있었다(Ballard, 2003; Gardner, 1995; Thandi, 2004; Taylor et al. 2007; Walton-Roberts, 2004).

3) 1970년대 중반 이후 걸프 지역의 오일 붐으로 인해 걸프지역으로 대규모 께

다른 주들로부터 많은 이주노동자가 유입되어 왔으며, 이에 따른 국제이주와 국내이주의 '이질적인 노동력 회로'(different labour circuits)가 상호 접목되는 지점이 발생하여 왔다. 사실 인도 뻔잡과 께랄라의 대규모 국제이주는 현지 사회의 노동력 수요와 공급에 불균형을 가져왔으며, 이들 지역으로 유입되는 국내이주는 이를 해결하는 하나의 방편으로 여겨져 왔다. 특히 녹색혁명을 통한 농업 근대화와 국제이주가 시기적으로 맞물린 인도 뻔잡은 내부적으로 농업 노동력 수요를 급격히 증가시킴으로써 인도 내 다른 주들로부터 이주민을 유인하는 '농촌-농촌 국내이주'[4]의 전형을 보여주었다.

사실 1960년대와 1970년대 초까지 인구 이동 현상에 관심을 지닌 사회과학학자들의 주요 관심사는 도시화와 국내이주에 있었다. 영국과 북미 국가들이 저 출산에 따른 생산성 유지를 위해 비 유럽계에게 큰 규모의 국제이민을 허용하면서 이들은 점차 다문화국가로 변모되어 갔다. 이런 변화는 1980년대부터 서구 학계를 중심으로 국제이주가 이주 연구의 핵심으로 자리 잡게 된 배경이 되었다. 이 무렵부터 이주 관련 대표적인 연구들[5]은 국내이주를 제외한 국제이

랄라 인구의 국제이주가 시작된 후 께랄라의 농업과 산업 부문에서 부족한 지역 노동력을 충원하기 위해 따밀나두, 서벵골, 비하르, 우따르 쁘라데시, 오릿사 등으로부터 계절 이주자들이 대거 유입하였다. 께랄라 사람들은 걸프지역으로 국제이주를 하고, 대부분 단순 기술자들로 구성된 인도 국내 계절 이주자들은 께랄라를 자신들의 '걸프'로 인식하였다(Zachariah et al. 2001).

4) 물론 농촌 간 국내이주를 다룬 연구들(de Haan, 1999; Gupta, 1988; Rogaly, 2001)이 국내이주의 원인을 국제이주에서 찾는 것만은 아니다. 예컨대 뻔잡으로의 국내이주를 다룬 굽따의 연구(1988)는 농촌-농촌 이주의 원인을 뻔자비의 국제이주와 뻔잡 지역의 녹색혁명에서 찾고 있다.

5) 1980년대 후반부터 국제이주의 대표적인 연구로 인식된 것들에는 코헨(Cohen, 1995)의 '캠브리지 세계 이주 조사'(Cambridge Survey of World Migration), 캐슬즈와 밀러(Castles & Miller, 1998)의 '이주의 시대'(Age of Migration), 와이너(Weiner, 1995)의 '전 지구적 이주의 위기'(The Global Migration Crisis) 등이 있다.

주 현상에만 관심을 두기 시작하였다. 이에 따라 이들에게 '이주'(migration)라는 단어는 국제이주만을 의미하게 되었고, 최근 들어서 '디아스포라' (diaspora)라는 용어는 국제이주와 동의어처럼 사용되는 경향이 되었다.

일반적으로 국내이주와 국제이주는 국가적 경계를 넘는가의 여부에 따라 구분되지만 최근 일부 연구들(Lyons & Ford, 2007; Natali, 2009; Skeldon, 2006; Zohry, 2005)은 이 두 가지 형태의 이주가 독립적으로 연구되는 것보다는 두 종류의 이주가 접목되는 지점에 주목할 필요가 있음을 강조한다. 이들 연구들은 국내이주가 국제이주를 유인하거나, 역으로 국제이주가 국내이주를 유인하는 사례들을 제시하고 있으며, 또한 두 범주의 이주가 상이한 선상에서 접목됨으로써 만들어지는 다양한 유형의 사회・경제적 현상들을 제시하고 있다.

농업이 국가의 중요 산업으로 인식되고 여전히 농업 종사인구의 비율이 높은 인도 사회에서는 다양한 유형의 국내이주[6]가 진행 되고 있으며, 특히 국제이주가 활발한 인도 뻔잡과 같은 농촌 지역에서는 국제이주와 국내이주가 접목되는 지점에서 다양한 사회・경제적인 양상들이 전개되어 왔다. 사실 국제이주가 국내이주와 접목됨으로써 나타나는 사회・경제적 양상은 인도 내 국제이주 다발지역인 뻔잡과 께랄라에서만 발견되는 것은 아니며, 국제이주가 대규모로 진행되어

6) 인도를 대상으로 한 국내이주에 대한 다수의 연구가 있었다. 대표적인 연구에는 구자라뜨의 계절 이주노동자를 대상으로 연구한 브레만(Breman, 1985, 1996, 2000), 벵골지역의 이주민을 대상으로 한 로잘리의 연구(Rogaly et al. 1999, 2001), 비하르를 대상으로 한 드 한의 연구(de Haan, 1993, 1999, 2000), 우따르 쁘라데시를 대상으로 한 파리스 연구(Paris et al. 2001, 2005), 뻔잡지방을 대상으로 한 연구들(Oberoi & Singh 1983; Gupta 1988) 등이 있다. 이들 연구들은 국내이주의 원인과 결과, 계절이주 과정과 속성, 도시-농촌 또는 농촌-농촌 이주의 원인과 결과, 남성 이주자의 부재가 남아 있는 여성에게 끼친 영향 등 다양한 주제를 다루고 있다.

온 남아시아 다른 지역에서도 목격되었다.[7)]

본 장의 목적은 인도에서 국제이주가 활발하게 진행되고 있는 대표적인 지역인 뻔잡 주의 도압(Doab)[8)] 지방을 중심으로 국제이주와 국내이주가 만나는 지점에서 전개되는 다양한 사회・경제적 양상을 규명하는데 있다. 이를 위해 도압 지역에 속하는 잘란다르 군의 '치마까란'(Cheema Karan)과 '루빠왈'(Roopawal) 두 곳의 촌락에 대한 단기 인류학적 현지조사에서 수집된 기초 자료를 관련 문헌 자료와 함께 분석 작업을 통해 다음과 같은 구체적인 내용을 다루고자 한다. 첫째, 독립 이전 영국식민시대의 뻔잡지방의 이주 역사에서 발견되는 국내와 국제이주의 상호 관계를 검토하고자 한다. 둘 째, 1960년대 말부터 시작된 뻔잡의 녹색혁명으로 인한 농업 환경의 구조적 변화 속에서 달리뜨[9)]운동과 국제이주가 국내이주의 흐름을 지속시키고 있음

7) 예컨대 영국에 거주하는 파키스탄인과 방글라데시인의 대부분은 파키스탄 미르뿌르(Mirpur)와 방글라데시의 실헤뜨(Sylhet) 출신이다. 이들의 고향으로의 대규모 송금은 지역 개발 사업 등에 활기를 불어 넣었고, 이들 지역에 필요한 노동력은 파키스탄과 방글라데시의 국내이주자들에 의해 제공되었다(Ballard, 2003; Gardner, 1995).

8) 뻔잡 주는 주요 강을 중심으로 다시 세분화 되어 지칭된다. 서뜨레즈 강 이남 지역은 말와(Malwa)로, 서뜨레즈강과 비즈(Beas) 강 사이, 즉 두 개의 강들 사이의 지역을 부르는 도압(Doab)으로, 도압 지역 북쪽부터 파키스탄 까지를 마자(Maajha)로 부른다. 도압 지역에는 잘란다르(Jalandhar) 군, 호시아르뿌르(Hoshiarpur) 군, 나완샤르(Nawanshahr) 군 등이 포함된다.

9) 불가촉천민을 지칭하는 용어로는 마하뜨마 간디가 사용한 '하리잔'(Harijan)과 '달리뜨' 그리고 인도 정부의 공식 명칭인 '지정 카스트'(scheduled caste)가 있다. 이 가운데 불가촉천민들 스스로가 가장 선호하는 명칭은 달리뜨이다. 달리뜨(Dalit)란 단어는 산스크리트에 어원을 두고 있는 마라티어(Marathi)로서 '달'(Dal)은 깬다, 열다. 분산시키다 등의 의미를 지녔다. 달리뜨는 흔히 '핍박받은 자'로 번역되는데, 이 단어는 불가촉천민 출신 운동가인 조티라오 풀레(Jotirao Phule)가 사용하고 이를 암베드까르가 선호하여 사용하면서 일반화되기 시작했다. 한동안 달리뜨는 마하라쉬뜨라 주의 최하위 불가촉천민인 마하르(Mahar) 카스트에 한정하여 사용하였으나 1970년대 달리뜨 운동 단체인 달

을 살펴보고자 한다. 셋 째, 뻰자비 디아스포라의 모국에 대한 막대한 송금경제는 지역 사원과 주택 등의 건축 붐을 야기 시키고, 이는 지속적인 국내이주 노동자를 요구하고 있다. 본 연구는 송금경제를 비롯한 다양한 유형으로 드러나는 국제이주 현상과 이에 따른 국내이주의 만남이 빚어내는 사회·경제적 양상을 분석하고자 한다. 뻰잡으로 유입되는 국내이주자 대부분은 비하르, 우따르 쁘라데시 출신 외에 네팔[10]에서 온 계절 이주 노동자 또는 반영구 노동 이주자들이다. 본 연구에서 이용되고 있는 치마 까란과 루빠왈에 대한 자료 수집은 2007년과 2009년의 두 번에 걸친 단기 현지조사에 의해 이루어졌다.[11]

●●● 2. 인도 뻰잡 주의 이주 역사와 조사 마을 배경

1) 뻰잡 이주 약사(移住 略史)

뻰잡 지방은 1849년 영국 식민통치하에 들어갔다. 식민지 뻰잡의

리뜨 빤터(Dalit Panther)가 빈곤한 농민, 부족, 무토지 농업노동자까지 포괄적으로 적용하여 사용하기 시작했다. 따라서 오늘날 달리뜨란 용어는 주변화되어 착취당하는 자에 대해 일반화시켜 사용되고 있다. 그러나 인도 정부는 달리뜨라는 용어를 지정카스트와 동일시하여 이해하고 있다.

10) 국내이주와 국제이주가 국경을 넘는 것의 여부에 따라 구분된다는 점에서 뻰잡으로 노동하기 위해 월경(越境)하는 네팔인의 행위는 실제적으로는 국제이주에 해당하지만 양국 간의 '국경개방 조약'에 따라 양국 당사자들은 양 국가 간의 이주 행위를 국내이주회로의 확장에 불과하다고 인식하는 경향이 있다.

11) 루빠왈에 대한 조사는 치마 까란에 거주하는 체딴 싱(Chetan Singh, 남 70)의 소개로 2009년 여름에 수행되었다. 필자는 2007년 치마 까란을 조사한 이후 체딴 싱과 친분을 유지하고 있었다. 2009년 당시 치마 까란과 약 6km 떨어져 있는 루빠왈 마을의 주민들에게 필자를 직접 소개해 준 장본인도 체딴 싱이었다. 필자는 2009년 루빠왈 조사 당시에 치마 까란의 사회 인프라 공사와 이주 노동자와의 관계에 대한 추가설명을 체딴 싱으로부터 들을 수 있었다.

농산물 생산량 증대를 위해 영국 식민당국은 뻔잡의 서부 황무지에 수로를 설치하여 개관시킨 후 뻔잡의 도압지역에 해당하는 중부지대의 잘란다르, 호시아르뿌르, 루디아나(Ludhiana) 군의 농민들을 라호르(Lahor), 리알뿌르(Lyallpur), 몽고메리(Montgomery) 등의 서부 군들로 이주시켰다. 이에 따라 1890년대 리알뿌르 군에 있는 '체나브 컬러니'(Chenab Colony)를 시작으로 서부로의 대규모 이주와 정착이 시작되었다. 체나브 컬러니의 인구는 1901년에 221,445명에서 1911년에 280,232명으로 증가되었다. 체나브 컬러니 하나에만 약 2백 2십만 에이커의 개간지가 생겼으며, 원주민에게 배당된 일부를 제외한 대부분 농지는 자뜨 시크에게 할당되었다(Gilmartin, 2004). 캐널 컬러니 농지에서의 농업생산성의 급증으로 잉여 생산이 크게 발생함으로써 자뜨 농부들 가운데 일부는 해외 이주를 원하는 가족원의 선박 운임을 감당할 수 있게 되었다.[12)]

1858년부터 제 1차 세계대전 기간 동안 많은 수의 시크들이 영국식민정부의 인도 육군에 복무하였다. 1914년 인도 육군 보병연대의 약 47%는 뻔잡 출신들이었다. 영국군 입대라는 역사적 사건들은 뻔잡 출신자를 중심으로 한 대규모 국제이주를 발생시켰다. 시크 연대 소속 자뜨 시크들은 영국군 주둔지였던 극동지역, 아프리카, 유럽 등에 배치되었으며, 군복무가 끝난 후 일부는 현지의 경찰이나 경호 분야에 취업되어 현지에 정착하였다(Tatla, 2004).

1947년 인도와 파키스탄의 분리·독립은 힌두와 시크들로 하여금 강요된 형태의 국내이주를[13)] 경험하게 하였다. 대부분의 난민들은 서

12) 20세기 초 캘커타에서 홍콩을 거쳐 밴쿠버까지 가는데 들어가는 경비는 당시 가격으로 농지 2에이커 정도였다. 당시 국제이주를 할 수 있는 농가는 자뜨 시크 가운데 운임 마련을 위해 저당할 농지를 소유한 자영농이거나 중농들이었다(Tatla, 2004).

뻔잡의 물딴(Multan), 리알뿌르, 바하왈뿌르(Bahawalpur) 출신들로서 뻔잡의 호시아르뿌르 등 도압지역으로 이주·정착 하였다. 이들에게는 파키스탄에서 경작했던 자신의 농지 규모에 해당하는 새로운 농지가 할당되었다. 그러나 새롭게 할당받은 농지로 가족을 부양하기 어려운 난민들은 1950년대 전후 영국 산업체의 단순 기술노동자의 부족 현상과 맞물려 시작된 뻔자비의 영국으로의 대규모 국제이주 대열에 합류하였다.

자뜨 시크의 영국군 입대와 람가리아 시크(Ramgariah Sikh)[14]의 아프리카로의 계약노동이주와 같은 국제이주는, 비슷한 시기의 캐널 컬러니로의 대규모 국내이주 그리고 분리·독립으로 인한 국내이주와 함께 뻔자비의 '이주문화'(culture of migration)[15] 형성에 크게 기여하였다. 이처럼 독립 이전의 뻔자비의 국제 및 국내이주 과정들은 독립 이후 뻔잡의 도압지역을 중심으로 한 대규모 뻔자비의 국제이주를 위한 결정적인 경험이 되었다.

---

13) 약 1,000만 명의 난민이 뻔잡 주를 경계로 무슬림은 서쪽 파키스탄으로 힌두와 시크는 동쪽의 인도로 이주하였다. 1947년 8월 분단 시점에 델리로 이주해 온 난민의 수는 15만에 이르렀고, 1948년 1월까지 델리로 이주한 난민 가운데 뻔잡 출신만 40만에 이른다. 대부분의 난민들은 현재 인도 뻔잡 등에 우선 정착하였다가 델리로 이주한 경우들이다(이광수, 2007).

14) 힌두 목수와 대장장이 카스트는 시크로 개종한 후 람가리아 시크로 명명되었다. 많은 수의 람가리아 시크들은 영국 식민시기에 아프리카 케냐의 몸바사(Mombasa)에서 우간다의 캄팔라(Kampala)에 이르는 철도 노선 건설에 투입되었다.

15) '이주문화'란 이주행위가 특정 커뮤니티에 지배적으로 자리 잡아가면 해당 커뮤니티의 가치와 문화적 개념이 미래의 이주 가능성을 높이는 방향으로 변화되는 경향을 띠는 것을 말한다. 이주가 사람들의 행위 목록 속에 깊이 각인되어감에 따라 이주와 관련된 가치들이 커뮤니티의 주요 가치 중의 일부로 자리 잡게 된다(Kendal & Massey, 2002). 뻔자비의 '이주문화'는 김경학(2007a)의 연구를 참조바람.

1950년대에 당시 농촌의 가난을 극복하고 고향 뻰잡 가족의 자산 확충을 통해 가족의 명예, 즉 '이자뜨'(izzat)를 높이고자 수많은 뻰자비가 국제이주 하였다(McLeod, 1986). 특히 이들 국제이주자들은 제2차 세계대전 종전 후 영국 산업체의 비숙련 노동자층으로 유입되었다. 특히 1965년 도입된 '취업허가'(work permit)제도가 시행되기 이전인 1962년부터 영국의 뻰자비들은 고향의 부인과 자녀, 친인척, 친구들에게 국제이주를 독려함으로써 대규모 영국으로의 뻰자비 국제이주를 주도하였다.

1970년대부터 영국이 아시아인에 대한 이민규제를 강화되자 뻰자비들의 이주 대상 국가가 캐나다와 미국 등으로 변화되었으며, 이곳으로의 이주자 대부분 역시 도압지역의 자뜨 시크가 주축이었다. 1970년대 캐나다 거주 전체 인도인의 약 70%가 뻰잡 출신 시크였으며(Wood, 1978), 이러한 비율은 1990년대에도 비슷하였다(Paynter, 1995). 1980년대 들어 본격적인 시크 칼리스탄 운동이 시작되고 1984년 황금사원 침탈과 델리 시크 대학살 사건, 이어진 시크 무장투쟁이 심화되자 급진파 시크를 중심으로 한 뻰자비들은 캐나다로 대거 이주하였다.

캐나다 거주 뻰자비의 약 80%는 가족 범주[16)]로 이주하였는데, 이들의 대부분은 결혼과 부모 초청을 근거로 캐나다로 입국하였다(Walton-Roberts, 2003). 가장 확실하면서 손쉬운 뻰자비의 이주전략은 해외 거주 뻰자비와의 '초국가적 중매결혼'(transnational arranged marriage)이다. 해외 거주 뻰자비들은 고국에 있는 친인척, 멀리는 고향 친구의 자녀가 혼인을 통해 국제이주를 할 수 있도록 해외 거주 뻰자비와의 초국가적 혼인을 중매한다. 캐나다의 뻰자비의 경우 가족범주를 통해

16) 가족범주에는 배우자, 약혼자, 부모, 자녀, 고아, 입양 등을 토대로 이주를 하는 경우들이 포함된다. 그렇지만 뻰자비들이 가장 빈번하게 가족범주를 통해 캐나다로 이민 오는 경우는 혼인을 통합 결합과 부모 초청이다.

이민 오는 비율이 여전히 가장 높지만, 1990년대 중반부터 기술 등 자격을 갖춘 소위 '숙련노동자범주'(skilled-worker class)로 독립이민을 오는 비율이 점차 늘어간다. 이러한 추세에 따라 뻔잡의 찬디가르(Chandigarh)나 암리짜르(Amritsar) 등의 이민 알선 업체의 브로커로서의 역할이 증대되어 이들 사무실의 수도 뻔잡 내에 급증하고 있다(Walton-Roberts, 2003).

2) 녹색혁명과 달리뜨운동

1960년대 중반 무렵부터 뻔잡의 녹색혁명은 시작되었다. 녹색혁명 결과 농업생산량이 급격히 증가하자 1970년대부터 1980년대 중반까지의 뻔잡의 개인당 소득도 인도 평균보다 약 1.5-2배 높아졌다. 뻔잡의 급격한 농업경제 발전은 뻔잡의 도시화 비율을 높였다. 농업 외 경제 분야를 찾아 농촌에서 도시로 향하는 뻔자비의 증가로 뻔잡의 도시 인구는 1951년 뻔잡 전체 인구의 21.7%에서 1981년 27.7%로 그리고 1991년 29.55%로 지속적으로 늘어났다(Gill, 2004).

녹색혁명 초기에는 뻔잡 농업부분에 많은 고용기회가 발생되었다. 고임금과 높은 삶의 질은 열악한 삶을 벗어나기 원하는 인도 국내 주들, 대표적으로 비하르와 우따르 쁘라데시 지역으로부터 많은 국내이주 노동자가 뻔잡으로 유입되었다. 1970~80년대 동안 뻔잡 농가의 수익이 올라감에 따라 농약과 제초제 등이 대량 사용되었고, 생산량 증대를 위한 탈곡기·트랙터, 관정(管井)과 디젤펌프 등의 신 기계 도입으로 농업활동에서의 기계 의존도가 크게 높아졌다[17]. 이에 따라

17) 영국 등 해외 디아스포라 가족원을 둔 뻔잡 농가는 농업에 도입된 새로운 변화를 십분 이용할 수 있는 기회를 잡았다. 초기 국제이주 한 뻔자비 디아스포라의 대부분은 고향 마을에 농지를 구입하고 트랙터와 관정 설치 등 새로운 기술을 도입하는데 아낌없는 투자를 하였다. 이 때문에 해외에 가족원을 둔

점차 고정된 농업 노동력의 사용은 줄어들고 대신 농번기의 집약적인 노동력 수요는 급증하였다. 즉 농업경제발전이 자본주의 유형을 따르게 됨으로써 고용노동의 사용이 급증하였다. 농번기에 요구되는 집약적 노동력이 국내 계절이주 농업 노동력으로 충당됨에 따라 그간 지역에서 농업 노동력을 제공하던 지역민들은 농업 외 다른 분야에서 일거리를 찾아나 설 수밖에 없게 되었다.

뻔잡의 사회구조는 인도 다른 주에 비해 독특하다. 즉 카스트 위계의 정점에 힌두 브라만이 아닌 자뜨 시크가 있으며, 전체 뻔잡 인구의 약 29% 이상을 달리뜨가 차지하고[18] 약 30% 이상은 자뜨 단일 카스트이다. 따라서 일반적인 뻔잡 마을은 자뜨 시크와 달리뜨로만 구성되어 있다고 해도 과언이 아니다. 뻔잡 달리뜨는 그들의 부정 탄 의례적 지위뿐만 아니라 그들의 열악한 경제적 상황으로 인해 뻔잡 지배 집단인 자뜨 시크에 의해 역사적으로 착취와 차별을 당해왔다. 자뜨 카스트가 뻔잡 전체 토지의 약 80% 이상을 소유한 반면 뻔잡 달리뜨가 소유한 2.34%의 농지는 인도 평균치 약 5.5%(Govt. of India, 2001)에도 못 미치기 때문에 농업부문에 종사하는 거의 모든 뻔잡의 달리뜨는 자뜨 시크 농지에서 일하던 무토지 농업노동자였다.

그러나 뻔잡 주의 도압지역의 달리뜨는 1920년대부터 시작된 '아드 다르미 운동'(Ad Dharmi Movement[19])으로 대표되는 달리뜨운동으로

자뜨 농부들의 농업생산율 증대는 획기적이었다(Ballard, 1983).

18) 뻔잡은 인도 내에서 달리뜨의 비율이 가장 높은 지역이다. 인도 전체 인구의 약 16%가 달리뜨인 반면 뻔잡의 경우는 약 29%가 달리뜨에 속한다. 특히 국제이주 다발지역이면서 경제적으로 윤택한 지역인 도압에 속하는 일부 군들은 뻔잡 주 평균보다 높은 약 35%의 인구가 달리뜨이다(Census India, 2001).

19) '아드 다르미' 명칭은 뻔잡 주의 달리뜨 운동이었던 '아드 다르미 운동'(Ad Dharmi Movement)에서 비롯되었다. 이 운동은 이 책의 제 6장에서 자세히 언급되고 있다.

점차 계급의식을 갖게 되었다. 아드 다르미 운동은 1920년대 당시 가죽 거래로 경제적 부를 축적하게 된 아버지 덕분에 미국 캘리포니아로 국제이주 하였던 짜마르 '만구 람'(Mangoo Ram)이 1925년에 뻰잡 고향에 귀국하여 짜마르 카스트의 지위 향상을 위한 다양한 운동을 통해 달리뜨의 새로운 의식형성을 가능하게 했던 도압 지역 최초의 달리뜨 운동이었다(Jodhka, 2009). 비록 이 운동의 동력이 1940년대 들어 약화되기 시작했지만 도압 지역 짜마르의 '아드 다르미'로서의 정체성은 구루 라비다스를 숭배하는 '라비다시' 정체성으로 전환되어 뻰잡의 달리뜨에게 집단적인 정체성과 자기 존중의식을 심어주는 데는 성공적이었다(Ram, 2004). 이러한 라비다시 정체성은 달리뜨들이 농업관계구조에서 발생하는 자뜨 지주의 착취 행위로부터 벗어나고자 하는 시도를 하였다.

도압의 잘란다르 군에 주둔해 있던 영국군병영은 인근의 달리뜨의 군 입대와 경제적 지위 상향이동을 위한 절호의 기회를 제공하였다. 지역 달리뜨 가운데 전통적으로 죽은 짐승의 가죽을 벗겨 가죽 구두를 제작하였던 짜마르는 영국군병영의 군부대에 군화제작에 필요한 가죽 원재료를 제공함으로써 큰 재산을 모을 수 있었다. 일부 기업가적 소질을 가진 짜마르들은 잘란다르 등 다른 도시지역으로 이주하였고, 더 나아가 이들 가운데 일부는 경제적 자본을 토대로 영국, 미국, 캐나다 등 해외로 나갈 수 있는 기회를 가질 수 있었다.

인도 독립 이후 영국과 북미 등으로 이주한 달리뜨, 특히 라비다시들은 현지 자뜨 시크들로부터 카스트 차별을 경험함에 따라 '쉬리 구루 라비다스'(Shri Guru Ravidass)의 이름을 딴 구르드와라, '템플', '사바'(Sabha) 등의 종교적 조직을 독자적으로 운영해 왔다. 초국가적 네트워크의 활성화에 따라 해외 라비다시의 뻰잡 고향과의 다양한 형태의 네트워크가 유지되었다. 이들의 뻔잡 방문 빈도가 급증하고 가족과 친족원에 대한 해외 송금이 늘어감에 따라 뻔잡의 달리뜨들은 자뜨 시크로부터 경제적 자율성을 확장할 수 있었다. 라비다시 디아스포라의 활발한 '자선활동'으로 뻔잡 농촌에 대규모 구루 라비다스 사원이 늘어가고, '데라 사츠칸드'(Dera Sach Khand)[20]의 인프라가 확장되어 왔다.

라비다시 달리뜨의 경제와 종교생활에서의 자율성 확보는 뻔잡의 사회・정치적 기존 질서에 대한 도전으로 이어졌다. 1960년대부터 달리뜨들이 자뜨 지주에게 더 이상의 농업 노동력을 제공하지 않고 그들과의 자즈마니체계'[21]를 단절하는 등 '거리두기'를 시도할 수 있었던 중요한 요인의 하나는 국제이주 달리뜨와 고향 달리뜨와의 종교와 경제적 영역에서의 초국가적 네트워크의 형성과 유지였다. 많은 달리뜨들이 점차 지주와의 예속된 농업계급구조에서 탈피하여 도시

---

20) '데라'(dera)는 종교 센터를 의미하는 용어로서 시크 사원인 구르드와라와가 시크중앙위원회의 칙령에 따른 통제를 받는 것과는 달리, 개별 데라는 독자적인 특정 지도자를 중심으로 의례가 비교적 자유로운 형태로 진행된다. '데라 사츠 칸드'는 잘란다르 군 발란(Ballan)에 위치해 있기 때문에 흔히 '데라 발란'이라 부른다. 따라서 본 글에서 사용되는 '데라 발란'은 '데라 사츠 칸드 발란'을 가리킨다. '데라 사츠 칸드'는 잘란다르 군소재지에서 약 13km 떨어져 있는 발란 마을에 위치해 있다. '데라 사츠 칸드'는 가난한 달리뜨를 위해 의료와 교육사업 등 다양한 프로젝트를 진행해 왔기 때문에 단순한 종교 센터 이상이다. 오늘날의 '데라 발란'의 위상이 정립되는데 해외에 거주하는 라비다시 디아스포라의 막대한 기여에서 비롯되었다. 이들의 대대적인 기부활동 없이 '데라 사츠 칸드'가 운영하는 대규모 사업, 예컨대 현 사원의 부속건물, 병원, 학교 등의 건축과 운영이 불가능하였다(Tatla, 2009). 자세한 사항은 제6장에서 다뤄지고 있다.

21) '힌두 자즈마니체계'(Hindu Jajmani system)는 지주에게 용역과 농기구 등을 제공하는 하위 카스트가 추수 때 곡물로 그 대가를 받았던 전통경제방식이었다. 예컨대 '짜마르'는 지주의 집으로부터 죽은 가축을 끌어내고 가죽을 벗겨 가죽신발을 만드는 일을 전통 직업으로 여겼다.

임금노동자로 변신하였으며[22], 일부 달리뜨는 지속적으로 해외 이주를 시도해 오고 있다. 지역 달리뜨가 농업 노동력 제공을 중지한 후 이로 인해 발생한 노동력 공백은 1970년대부터 인도 내 비하르와 우따르 쁘라데시 농촌 지역의 국내이주 노동력으로 채워지기 시작하였다(Gill 2004).

3. 뻔자비 디아스포라와 고향과의 네트워크

1) '치마 까란'과 '루빠왈'

치마 까란은 인도 뻔잡 주의 잘란다르 군에 속하며 치마 까란이 속해 있는 누르메할(Nurmehal) 면 소재지는 루디아나와 잘란다르 군 소재지로부터 각각 약 32km 떨어진 중간 지점에 위치해 있다. 잘란다르와 루디아나 군의 모든 지방 국도변 마을들에는 대부분 해외 이주민 소유의 2-3층의 신흥 호화주택들이 세워져 있다.

치마 까란의 마을 이름의 '치마'는 치마(Cheema)라는 자뜨 시크 씨족 명에서 유래 한다. 치마 까란은 약 300년 전에 치마 성씨의 자뜨 시크 입향조(入鄕祖)에 의해 마을이 조성되었다고 전해진다. 2007년 1월 현재 치마 까란은 전체 363가구이며, 인구는 약 2,000명으로 추정되고 있다. 자뜨 시크는 약 217가구로 전체 마을 가구 수의 약 60%

---

22) 뻔잡의 도압지역의 달리뜨, 특히 가장 많은 인구비율을 차지하는 라비다시(Ravidasi)는 지주인 자뜨 시크와의 예속적인 농업 계급관계의 탈피, 부정 낙인을 가져오는 전통적 직업의 중단, 해외 달리뜨 디아스포라의 영향력, 정체성을 고양하는 종교적 이데올로기 강화 등 다양한 변수들의 복합적인 작용을 통하여 자신들에 대한 차별과 억압을 극복하고 자기 존중과 존엄성에 대한 주장을 하고 있다(김경학, 2010).

를 차지하고 있는 다수집단이다. 달리뜨인 라비다시와 발미끼는 마을 전체 109가구로 약 전체의 30%를 구성하고 있다. 다수 집단에 속하는 자뜨 시크와 달리뜨를 제외한 전체 가구의 약 10%에 해당하는 35가구는 15가구의 힌두 브라만, 8가구의 시크 로하르(Lohar), 8가구의 시크 따르칸(Tarkhan), 4가구의 힌두 나이(Nai), 2가구의 힌두 체르(Cher)로 구성된다.

촌장에 따르면 다수 집단인 전체 자뜨 시크 217가구 가운데 해외에 나가 있는 사람들을 제외하게 되면 마을에 거주하는 자뜨 시크의 수는 크게 줄어든다고 한다. 마을의 농지세 징수를 보조하는 소위 '남바르다르'(*Nambardar*) 직을 맡고 있는 체딴 싱 자뜨 시크에 따르면 마을 전체 농지 규모는 약 700에이커이고, 이 가운데 약 90%는 자뜨 시크 소유이다. 4-5명의 소규모 토지 소유 달리뜨와 일부 브라만과 따르칸 등 비 달리뜨가 남은 10%의 농지를 소유하고 있다.

치마 까란 사람들의 주요 생계활동은 농업으로 밀, 사탕수수, 쌀이 주요 작물이다. 전통적으로 자뜨 시크는 전형적인 자영농이었다. 1970년대 말부터 마을로 해외 이주자의 현금이 들어오기 시작하면서 트랙터와 이앙기 등 농기계를 구입한 소수의 농가는 자신의 농지와 해외로 이주한 친인척의 농지를 소작 경작하는 등 농사의 규모를 키워갔다. 자뜨 시크가 고용한 전통적 농업 노동자는 달리뜨였다(김경학, 2007a).[23)]

두 번째 마을인 루빠왈(Roopawal)은 인도 뻔잡 주의 잘란다르 군에 속하며, 치마 까란과는 약 6km 그리고 면소재지인 필로르(Phillaur)와는 약 15km 떨어져 있다. 루빠왈은 마을 북쪽으로 약 10km 떨어진 '까나

---

23) 본 연구에서 언급되는 치마 까란 마을 배경은 본 연구자가 2007년에 수행한 현지조사를 통해 수집된 것으로서 이 자료를 토대로 작성된 필자의 연구(2007a) 가운데 일부가 발췌되었음을 밝혀 둔다.

데시'(Kana Deshi)로부터 약 250년 전에 '데시'(Deshi) 씨족에 속하는 자뜨 시크 한 명이 이주하여 입향조가 되었다. 현재 마을 내 모든 자뜨 시크는 데시 씨족에 속한다. 2009년 6월 현재 루빠왈에는 전체 248가구가 있으며, 전체 인구는 약 1,300명으로 추정되고 있다. 자뜨 시크는 60가구로 마을 전체 농지인 약 400에이커의 약 90%를 차지하고 있는 지주들이다. 달리뜨 라비다시는 150가구로 마을 전체 가구의 약 60%를 차지하고 있다. 루빠왈의 촌장은 달리뜨이며, 그는 달리뜨 할당제의 덕분으로 촌장이 되었다. 자뜨와 달리뜨를 제외한 남은 가구들은 힌두 브라만 2가구, 이발사 나이 5가구, 체르 11가구, 침바(Cheemba) 5가구, 로하르 10가구, 따르칸 2가구, 줄라하(Julaha) 2가구, 무슬림 1가구로 구성된다. 무슬림 1가구와 브라만 2가구를 제외한 남은 모든 가구들은 자신의 종교를 시크로 밝히고 있지만 달리뜨 라비다시 대부분은 자신들의 구루인 라비다스(Ravidass)를 섬기는 '데라'(dera)나 '구루 라비다스(Guru Ravidass) 구르드와라'에 다닌다.

루빠왈에는 치마 까란의 체딴 싱과 같은 비공식 지도자가 없고 단지 과거 천을 짜던 카스트인 달리뜨 줄라하 촌장이 공식적 지도자 역할을 수행하고 있다. 루빠왈에서 달리뜨가 절대 다수를 차지하기 때문에 그들의 거주 구역도 매우 넓게 퍼져 있다. 따라서 자뜨 시크 등 비 달리뜨 구역과는 다소 떨어져 있지만 치마 까란처럼 크게 격리되어 있지 않다. 그러나 이들의 주택 유형도 치마 까란의 달리뜨의 것과 별반 차이 없이 작고 낮으며 구역 전체에 집들이 오밀조밀 몰려 있다. 그러나 달리뜨 촌장의 노력으로 오폐수가 나가는 하수시설은 시멘트로 잘 조성되어 주거환경이 대체로 양호한 편이었다.

2) 국제이주 욕망의 지속

1950년대 말부터 큰 규모로 시작된 뻔잡, 특히 도압지방 자뜨 시크의 국제이주의 흐름은 중단될 기미를 보이지 않는다. 특히 도압 농촌 지역의 청년 자뜨 시크들의 국제이주의 욕망은 더욱 커져가고 있다. 뻔잡의 자뜨 시크들은 농사처럼 고된 육체적인 노동을 통한 부의 축적을 자뜨 시크의 정체성으로 삼았고, 이를 자존심과 지위의 상징으로 여겼다. 그러나 이러한 생각은 현재의 젊은 자뜨 시크에게는 더 이상 통용되지 않는다.[24] 이들의 해외 이주에 대한 열망은 무척 강하여 많은 이들이 특별한 일을 하지 않고 해외에 나갈 궁리만 하고 있다[25]. 농사를 크게 가치 있는 일로 여기지 않는 것은 뻔잡과 해외의 젊은 자뜨[26] 카스트들에게 공통적인 듯싶다(Taylor et al. 2007). 뻔잡

---

24) 해외 이주자들의 방문이 잦아지고 있고 이들의 우월성이 인정되는 분위기에, 잠시 고향을 방문한 또래 해외 이주민의 헤어스타일과 소비 행위, NRI 청년 결혼식에서의 과시적 소비행위, 마을 내에 늘어가는 NRI 소유의 2-3층 호화주택 등은 농촌에 남아 있는 젊은 자뜨 시크들, 특히 부모세대와 달리 루디아나와 잘란다르 군 소재지에서 고등학교 이상의 교육을 통해 신세계에 대한 열망을 키운 청년세대들로 하여금 더 이상 농사에 매력을 갖지 않게 만든다.

25) 이러한 뻔잡 젊은이들의 태도는 국제이주가 일상화 되어 버린 인도의 께랄라에서도 발견된다. 아버지나 형제 등 집안사람이 걸프지역에 일하고 있어 비자를 얻을 수 있는 경우에는 께랄라의 젊은이들도 열심히 공부하지 않는다. 때가 되면 아버지나 형제가 자신에게 '고용비자'를 마련해 줄 것이라 생각하고, 학업에 열중하지 않고 그저 나이가 차기를 기다리면서 빈둥거리며 소일하고 있기 때문에 께랄라의 사회적 문제꺼리가 되고 있다(박정석, 2007).

26) 대개 국제이주 한 후에도 농사의 중요성을 알았던 부모 세대는 뻔잡에 농지를 유지하거나 오히려 추가로 농지를 구입하는 일이 있었다. 이들은 가끔 토지를 직접 살펴보기 위해 고향을 방문 하였다. 그러나 점차로 가족 모두가 해외로 이주한 후 부모의 방문도 뜸해지기 시작하면, 젊은 세대들은 고향의 토지에 대해 점차 무관심하게 되고, 대신 자신이 거주한 해외에 자본을 투자하기 시작한다. 특히 농사에 가치를 두지 않는 젊은 세대들일수록 고향에 농지를 보유하는 일에 큰 의미를 두지 않는 경향이 있다.

의 농지에서 열심히 일하는 것은 이미 다른 지역에서 온 국내이주노동자의 몫이 되었다. 따라서 이주 노동자 없이 뻔잡에서의 농사가 불가능한 것은 벌써 20-30 여년 전부터였다. 사실 뻔잡 농업활동에서 차지하는 인도 국내이주 노동자의 비중은 점차 높아져 갔다. 1978~79년에는 계절 이주 농업노동자가 뻔잡 전체 농업 노동력의 7.6%를 차지했지만, 1983~84년 19%, 1995~96년 21%로 그 비중이 점차 높아져 갔다. 급기야 1995~96년 농번기에 뻔잡 농업 노동력의 약 50%를 이주 노동자가 제공한 사실은 이주노동자의 노동력 공급 없이 뻔잡의 농업활동이 정상화될 수 없음을 의미한다(Gill, 2004).

한편 뻔잡지방, 특히 도압의 지역 지배집단인 자뜨 지주로부터 사회・문화적, 정치・경제적 자율성의 확보를 통해 자신들의 권리주장을 했던 달리뜨운동이 라비다시 달리뜨를 중심으로 현재까지도 강하게 지속되고 있다. 달리뜨운동과 그들의 국제이주의 욕망은 뻔잡의 계절 이주노동자의 지속적인 수요를 발생시키는 중요 이유들로 작용하고 있다. 루빠왈이나 치마 까란처럼 뻔잡 대부분 농촌 지역에서 자뜨 시크를 제외한 다른 카스트가 농지를 소유한 경우는 흔하지 않다. 특히 루빠왈 전체 인구의 약 60%, 치마 까란 전체 인구의 약 30%를 차지하는 달리뜨 가운데 토지를 소유한 사람은 거의 전무하다. 라비다시와 지주 카스트 간의 자즈마니 관계는 약 40여 년 전부터 도압지역에서 사라지기 시작했다. 이에 따라 달리뜨에 대한 부정의 관념도 약화되기 시작했다. 자뜨 시크 지주의 착취의 굴레로부터 벗어나기 위해 달리뜨, 특히 라비다시는 30여 년 전 부터 자뜨 시크 지주의 농지에서 더 이상 농업노동을 하지 않았다.

달리뜨의 농업부문으로부터의 이탈은 달리뜨의 국제이주 붐과 맞물리면서 더욱 가속화되었다. 국제이주 분위기가 팽배한 잘란다르 군과 호시아르뿌르 군의 일부 마을의 경우 많게는 세 가구에 한 명꼴의 달리뜨가 국제이주 하였으며, 이들 대부분의 목적지는 걸프 지역이었다. 뻔잡의 자뜨 지주에게 30여 년 전까지 농업 노동력을 제공하던 도압지방의 라비다시 달리뜨가 농업에서 손을 뗀 이래 뻔잡의 농사는 국내이주 노동자와 도입된 농기계들에 의존하고 있다.

달리뜨가 주로 걸프지역으로 국제이주 하는 것은 그들에게 자뜨 시크에 비해 북미나 유럽으로 갈 수 있는 기회구조가 제한되어 있기 때문이다. 당사자의 기술을 토대로 한 독립 이민을 제외하고 서구로의 이주를 위해 가장 확실하고 편리한 길은 '초국가적 중매혼인'을 통해서이다. 그러나 달리뜨의 경우 이런 중매를 서줄 친인척과 친구의 사회적 연망의 범위가 자뜨 시크에 비해 절대적으로 좁기[27] 때문에, 결혼을 통해 서구로 이민갈 수 있는 기회를 쉽게 잡을 수 없다. 게다가 이민 브로커를 통해 서구로 가는 일 또한 필요한 경비가 감당할 수 없을 만큼 높기 때문에 쉽지 않다[28]. 그러나 걸프 지역, 예컨대 두바이와 사우디아라비 등에는 다른 카스트에 비교해 달리뜨가 상대적으로 더 많이 나와 있기 때문에 체류하고 있는 친인척과 친구를 통해 걸프 현지에서 '고용비자'를 뻔잡 브로커가 요구하는 금액보다 훨씬 저렴하게 구입할 수 있다. 이러한 상황 때문에 일반적으로 달리뜨는 서구가 아닌 걸프지역으로 국제이주를 더 많이 나가는 경향이

27) 영국과 북미로 이주한 뻔자비들에 대한 연구들(McLeod, 1986; Judge, 2002)에 따르면 대부분의 이주자가 자뜨 시크이지만 달리뜨 이주자들도 자뜨 시크의 약 10% 비율로 영국과 북미로 이주하였다. 소규모 달리뜨 이주 집단이 연결해줄 수 있는 중매혼인의 범주도 당연히 자뜨 시크에 비해 좁을 수밖에 없다.

28) 이민 브로커가 요구하는 금액에는 개인별로 차이가 있기 때문에 한 마디로 말할 수 없지만 대개 북미와 유럽을 가기 위해서는 80-90만 루삐(한화 2천 만원-2천 2백5십 만원), 걸프지역은 7-10만 루삐(한화 175만원-2백만 원)가 지출되기 때문에 빚을 내기 위해 담보할 농지가 없는 달리뜨가 유럽과 북미로 브로커를 통해서 이주하는 일은 현실적으로 매우 어렵다.

있었다.

루빠왈의 라비다시 가운데 15명이 현재 걸프지역에서 일하고 있다. 루빠왈의 쏘누 랄(Sonu Lal, 남 44) 라비다시는 1998년 두바이로 이주하였다가 2년 전에 귀국하였으며 그의 남동생은 여전히 두바이에 있다. 그는 1998년에 두바이로 가기 위해 약 5만 5천 루삐를 뭄바이에 본사를 둔 필로르 지사의 이주 브로커에게 지불하였다. 그는 두바이 간지 2-3년 내에 친인척으로부터 빌린 돈 모두를 변제한 후 한화 약 9천 만 원의 현대식 집을 4년 전에 장만하였다. 쏘누 랄은 두바이 가기 전에 잘란다르 인근에 있는 공장에서 일하였지만, 고된 노동에 비해 급여가 적어 큰 돈을 벌기 위해 두바이로 떠났다. 두바이의 임금은 뻔잡의 것보다 최소한 3-4배 많았기 때문에 뻔잡으로 귀국한 후에도 현지의 낮은 임금의 노동시장에 매력을 느끼지 못해 다시 두바이로 나갈 기회를 모색하고 있다. 두바이에서의 먹고 자는 여건은 열악하지만 짧은 기간 내에 현금을 모을 수 있기 때문에, 현재 고등학교를 중퇴하고 잘란다르 공장에서 일하고 있는 아들도 쏘누 랄이 걸프지역에서 기회를 만들어 부를 계획이다.

달리뜨 외에도 대부분의 무토지 '여타후진계급'(other backward classes, 이하 OBC) 역시 10-20여 년 전 부터 자뜨 시크 지주의 농지에서 일하기를 그만두었다. 2009년 현재 관광비자로 나가 불법체류를 하거나 브로커의 소개로 해외에 나간 7-8명의 루빠왈 OBC가 있는데, 이들은 체르, 나이, 침바의 각각 두 명 그리고 한 명의 로하르로서 두바이, 사우디아라비아, 영국에 체류하고 있다. 11가구의 루빠왈 체르[29] 가운데 두 가구의 아들들이 4-5년 전부터 두바이에 일하고 있다.

29) 11가구가 있는 체르 카스트의 전통적인 일은 자뜨 시크의 애경사 등의 소식을 마을 내외로 알리는 소식 전파와 자뜨 카스트의 결혼식 등 주요 의례의 연회(feast)에 필요한 식용수를 우물에서 떠 나르고 음식을 만들었던 용기를

두바이 가기 전에 한 사람은 공장에 다니고[30] 다른 한 사람은 목수일 하였지만 단 기간 내에 현금을 모으기 위해 국제이주를 하였다. 영국에 체류하고 있는 로하르는 불법체류자 신분이라 일단 귀국하면 다시 나갈 수 없는 처지기 때문에 뻰잡에 돌아오고 않고 현지에 머물고 있다.

3) 디아스포라의 자선활동

현재 해외 뻰자비 디아스포라의 인구는 약 200만으로 추정되고 그 대부분은 영국과 북미에 집단적으로 거주하고 있다.[31] 이들 대부분은 시크교를 신봉하고 있는 자뜨 시크지만 자뜨 시크 인구의 약 10%에 해당하는 달리뜨, 특히 라비다시 디아스포라도 포함된다. 뻰자비 디아스포라의 고향 지역사회에 대한 자선활동(philantrophy)은 자뜨 시크를 중심으로 이뤄졌다. 인도로의 국제 송금양의 중요 부분을 차지하고 있는 뻰자비 디아스포라 자선활동에는 모국과의 다양한 관계를

세척하는 것이었다. 이 대가로 추수철에 자뜨 지주들로부터 일정한 양의 곡물을 대가로 받았었다. 현재 70세가 넘은 노인 한 사람만이 전통적인 일을 하고 곡물대신 현금으로 받고 있지만 나머지는 오래 전에 이 일을 그만 두었다.

30) 루빠왈의 모든 체르 가구는 무토지 노동자들이다. 약 10 여 년 전에 자뜨의 농업노동자를 그만 둔 뒤 잘란다르나 필로르에 있는 공장을 다니기 시작했다. 통상 농사는 이른 새벽에 시작하여 늦은 밤에 끝났지만 월 급여는 불과 2천 5백-3천 루삐에 불과하였다. 반면 대부분의 체르가 다니고 있는 잘란다르 인근의 여물 분쇄기 제작공장에서의 일의 강도가 다소 높더라도 출퇴근 시간이 대체로 정확하게 지켜지고, 견습생 때는 급여가 낮지만 시간이 지나면 월 7천-9천 루삐로 농업노동에 비해 크게 높은 편이기 때문에 뻰잡 현지인들은 공장 일을 선호한다.

31) 약 2천만 명의 전체 인도인 디아스포라의 약 10-15%, 즉 200-300만 명이 뻰잡 출신이라고 주장된다(Tatla, 2004). 정확한 수자는 파악되지 않았지만 뻰잡 출신 인도인 이주자 가운데 약 1백 5십만에서 2백만 명이 시크라고 추정된다 (Jodhka, 2009).

유지하면서 자신의 가족과 지역사회의 발전을 위한 후원들, 예컨대 교육기관, 의료기관, 종교기관 등의 신・개축뿐만 아니라 뻔잡의 공공부문의 개발을 위한 뻔잡 정부의 대응투자를 토대로 한 합동 프로젝트 등도 포함된다(Dusenbury & Tatla, 2009). 대략 매년 해외 뻔자비로부터 유입되는 송금양은 미화 20-30억 달러에 달한다고 추정되고 있다(World Bank, 2004).[32)]

뻔자비 디아스포라의 약 80%는 도압지역 출신이다. 2002년에 도압지역에 속하는 4개 군에서 임의로 선정한 477개 마을을 대상으로 실시한 뻔자비 디아스포라의 지역사회발전프로젝트에 관한 연구(Channa, 2009)에 따르면 2002년 한 해 동안 약 미화 450만 달러가 이들 마을들에 유입되었다. 이 금액 가운데 지역 시크 사원인 구르드와라의 신・개축과 학교시설물 보완에 가장 높은 비율의 액수가 투자되었다. 예컨대 본 연구의 대상인 루빠왈과 치마 까란으로부터 약 15-20km 떨어져 있는 파그와라(Phagwara) 블록(Block)[33)] 경우 종교기관 시설 투자에 전체 송금액의 약 65.5%가 투입되었으며, 오르(Aur) 블록의 경우 교육 사업에 전체의 71.73%라는 높은 비율이 투입되었다. 다음으로 투자가 이루어진 분야는 마을 도로, 상수도 시설, 폐수처리장, 운동장, 마을회관, 마을 보건소, 화장터, 마을 입구 조형물 등의 개・보수 건축 사업들이었다. 뻔자비 디아스포라의 지역사회를 위한 자선활동 외에 개인의 호화 주택 건설[34)]까지 고려한다면 뻔자비

---

32) 2005년을 기준으로 인도는 해외 이주자들의 송금 면에서 세계 제일의 국가가 되었다. 2005년 한 해만 미화 270억불이 인도로 송금되었다. 총 송금액을 고려한다면 뻔잡으로 유입되는 송금액은 인도 전체 송금의 약 10%를 상회하고 있다(Dusenbery & Tatla, 2009).

33) 블록(Block)은 여러 개의 촌락의회인 '그람 빤차야뜨'(gram panchayat)로 구성된다. 인도의 행정구조 상 블록은 대개 떼실(tehsil)과 유사한 규모라 이해되는데, 떼실은 중심지 역할을 하는 소도시와 많은 수의 촌락들로 구성된다.

디아스포라의 송금과 기부의 절대 액수가 현지의 토목과 건축 사업에 투입되고 있음을 알 수 있다.

치마 까란에 대한 뻰자비 디아스포라의 자선활동은 루빠왈에 비해 크게 돋보였다. 해외 고향 사람들에 의해 치마 까란의 상수도 시설, 마을 중심 시크 사원, 화장터 등의 인프라의 신・개축이 가능하였다. 해외에 거주하는 치마 까란 출신 시크들은 해외에 후원회를 조직하여 마을 전체를 위해 지속적으로 현금을 기부하여 왔다. 특히 영국과 북미에 거주하는 자뜨 시크들은 치마 까란 내에 있는 중등학교, 보육원, 마을 보건소, 화장터, 시크 사원, 마을 도로의 신・개축과 보수를 위해 크고 작은 액수를 마을의 비공식적 지도자인 체딴 싱의 관리 감독을 통해 지속적으로 기부하여 왔다. 예컨대 1954년 영국으로 이주한 치마 까란의 자뜨 시크 다르바라 싱(Darbara Singh, 남자 81세)은 1970년대 말부터 지금까지 마을을 위해 크고 작은 기부를 꾸준히 해 왔다.[35)]

해외에서 유입되는 자선활동을 위한 송금은 치마 까란의 체딴 싱과 같이 마을 전체 사람들로부터 신망을 받고 있는 비공식적 지도자가 대표 창구가 되어 투명하게 처리하여 왔다. 체딴 싱에 따르면 화장터나 마을 도로 개・보수 등의 일은 파그와라 또는 필로르에 있는 토목 또는 건축업 '테께다르'(thekedar, 하청업자)에게 주었지만, 작업에 투입되는 구체적인 인력은 하청업자가 책임지고 고용하고, 투입된

---

34) 치마 까란에 30채 그리고 루빠왈에 11채의 2-3층의 해외 거주자의 호화 주택이 건축되어 있다. 이들 대부분의 주인은 캐나다, 미국, 영국 등에 나가 있는 자뜨 시크가 주인이고 2-3채만이 달리뜨 소유이다.

35) 마을 학교에는 학교 발전을 위해 기부한 해외 이주자들의 성명과 가족사항 및 기부 내용이 담긴 수십 개의 명판(名板)들이 학교장실과 복도 벽에 부착되어 있는데, 이곳에 여러 개의 다르바라 싱의 명판이 부착되어 있는 것으로 보아 그의 마을에 대한 기부활동은 활발했었을 것으로 추측된다.

경비는 마을 사람들에게 공개하였다. 투입된 노동자들의 상당수가 비하르와 우따르 쁘라데시 이주 노동자들이었으며, 작업 하는 동안 이들은 치마 까란 공사장 근처에 천막을 치고 거주하였다. 당시 치마 까란에는 벼, 밀, 사탕수수 농사 등에 고용된 이주 노동자가 대부분이었기 때문에 공사현장에서 일했던 이주 노동자는 외부에서 오거나 인근 마을에서 거주하였다.

●●● 4. 국제이주와 국내이주의 접목에 따른 그 사회 · 경제적 양상

1) 비하르에서 뻔잡으로 : 국내이주노동자

2009년 6월 현재 루빠왈에는 비하르 출신 60여명과 네팔 출신 21명의 이주노동자가 거주하고 있다. 루빠왈 인근 4-5개 마을들을 포함한다면 약 300여명의 비하르 출신, 75여명의 네팔출신, 30여명의 우따르 쁘라데시 출신 이주노동자가 있지만 루빠왈에는 우따르 쁘라데시 출신 노동자는 없다. 루빠왈의 대부분 네팔 출신 이주 노동자들은 농업에만 종사하고 귀향하는 순수 계절이주 농업노동자에 속하며, 비하르 출신들은 반영구 이주와 계절 이주자로 구성되어 있다.

루빠왈의 마을 시크 사원에 대한 개 · 보수, 마을 길거리의 식수대 설치, 화장터 조성, 마을 초등학교 건물 개 · 보수 등은 디아스포라 자선활동으로 이루어졌다.[36] 그간 루빠왈에서 진행되었던 해외 뻰자비

36) 그러나 치마 까란에 비교할 때 루빠왈의 뻰자비 디아스포라의 자선활동의 투자 규모와 공사 분야는 크게 제한적이었다. 루빠왈 주민들은 치마 까란의 체딴 싱과 같이 마을 사람 전체로부터 신임을 얻고 리더십이 있는 비공식적 지도자가 루빠왈에 없기 때문에 루빠왈 출신 해외 뻰자비가 마을 사업에 기부

에 의한 자선활동 중 많은 액수의 기부가 지속적으로 이루어지고 있는 분야는 마을 사람들이 가장 빈번하게 이용하는 시크 사원의 신·개축이었다. 루빠왈의 3개의 구르드와라에 이미 크고 작은 해외 기부금들로 이루어지는 사업들이 있어왔다. 2009년 6월 현재 두 번째로 큰 규모의 구르드와라에 시크 사원 공동식당 랑가르[37](langar)를 확장하는 공사가 진행 중이었다. 약 17년 전에 미국에 이주한 마을 출신 자스완 싱(Jaswan Singh, 남 56)이 신축되는 랑가르의 부지를 마을에 희사하였으며, 미국에 사는 그의 동생인 께왈 싱(Kewal Singh, 남 53)이 한화 약 1억 원의 건축비용을 기부하였다. 건축현장에서 땅을 다지고 둘레에 벽돌을 쌓는 등 막노동을 하고 있는 사람들은 라즈 끼소르(Raj Kisor, 남 42)가 이끄는 8명의 비하르 출신 이주 노동자들이었다.

루빠왈 구르드와라 공동식당 건축현장에서 일하고 있는 비하르에서 온 체르 카스트 라즈 끼소르는 비하르 주의 시따마르히(Sitamarhi) 군 출신이다. 네팔과 국경을 접하고 있거나 국경 근방에 있는 비하르의 무자파르뿌르(Muzaffarpur) 군, 시따마르히 군, 마두바니(Madhubani) 군 등 경제적으로 열악한 지역에 살고 있는 무토지 노동자와 일부 영세 자영농은 인도 국내의 다양한 지역, 특히 뻔잡처럼 노동자를 대량으로 요구하는 곳으로 국내이주[38] 하였다. 경제적으로 열악한 비하르 가족이 가족 구성원 전체 또는 일부를 상대적으로 경제적 형편이 좋아 높은 임금으로 많은 노동력을 필요로 하는 곳에 보내는 것은 이들

를 꺼리고 있다고 주장한다.

37) 시크는 태동할 때부터 카스트의 위계질서에 관계없이 하나의 주방에서 만들어진 식사를 공동으로 할 수 있는 공간인 공동 식당 '랑가르' 제도의 중요성을 강조하였다.

38) 1981년에 뻔잡의 호시아르뿌르와 루디아나 두 개의 군에만 이미 약 4십 만 명의 국내이주 노동자가 있었는데 이들 가운데 상당수가 비하르 출신이었다(Sidhu et al, 1997).

가족들이 취할 수 있는 일종의 기본적인 생존전략이라 이해된다.

끼소르가 루빠왈에서 이끌고 있는 이주 노동자의 일부는 끼소르처럼 뻰잡에 거의 일 년 내내 부인과 자녀를 동반하여 체류하는 '반영구 이주자'들이다.[39] 이들 반영구 이주자를 제외한 이주 노동자들은 뻰잡과 비하르를 왕래하는 계절 이주 노동자들이다. 이들은 우기가 시작되는 7월에 고향을 방문하여 우기가 끝날 무렵 루빠왈로 복귀하는 사람들로서 반영구 이주자에 비해 그 수가 많다. 이들이 고향을 떠나 뻰잡의 잘란다르 지역에 와 있는 중요한 이유는 비하르에 비교해 임금이 높고 충분한 노동 일수가 보장되기 때문이다[40]. 이주 노동자는 막노동 일당의 경우 비하르의 80루삐보다 높은 120루삐를 받을 수 있으며, 우기를 제외하면 1개월에 25일 이상의 일이 거의 확실히 보장되고 있다.

끼소르는 다섯 명의 친 형제와 그들의 식솔들, 어머니 그리고 사촌 형제들과 함께 루빠왈과 인근 마을인 빠슬라(Pasla)와 나그라(Nagra)에서 농사뿐만 아니라 일의 종류를 가리지 않고 닥치는 대로 일을 하

39) 계절이주 노동자들은 거의 대부분 남성 단독 이주를 한다. 남성들만이 오기 때문에 마을 사람들은 이들이 마을 내 주거지에서 몰려 사는 것을 오히려 부담스러워 한다. 특히 이들에 대한 마을 사람들의 신뢰가 쌓이지 않는 상황에서 외부의 남성들은 늘 경계의 대상이 된다. 한편 초기에 이주자 남성들이 부인 등 가족을 데리고 오지 않는 주요한 이유는 부인들이 마을의 지주들로부터 성적 착취를 당하는 사례가 가끔 발생하기 때문이다. 그러나 상당히 오랜 기간 동안 왕래가 잦아 마을 사람들과의 신뢰가 확인되면 가족들을 데리고 와서 마을 사람들의 주거지에서 방을 임차하여 오랜 기간 거주한다.

40) 비하르 지역에서 가해지는 카스트 억압을 회피하기 위해 국내이주를 선택하는 사례도 있다. 카스트 위계질서뿐만 아니라 가난이 겹쳐서 야기되는 지역사회에서 억압은 가난한 하층 카스트들에게는 가장 피하고 싶은 현실이다. 다얄과 까란(Dayal and Karan)이 비하르 36개 마을을 대상으로 수행한 연구(2004)에 따르면 계절 국내이주는 달리뜨와 슈드라 카스트 가운데 특히 가난한 집단에 유행하며 이들의 약 80%는 무토지 농업노동자이며 88%는 문맹이었다.

고 있다. 비하르 주의 시따마르히 군의 무라드뿌르(Muradpur) 고향에서 이주한 40여명의 끼소르 가족과 친족원들은 35년 전 끼소르의 큰형 친구를 통해 잘란다르 마을들의 이주 노동자로 오게 되었다. 모든 가족원들이 한꺼번에 오지 않고 시간을 두고 합류하는 '가족연쇄이주'(family chain migration)에 따라 현재는 약 40여명의 대규모 이주 집단을 형성하기에 이르렀다. 끼소르의 5명의 형제 중 4명은 1970년대 말에 캐나다로 이민 간 루빠왈 자뜨 시크 만지뜨 싱(Manjit Singh)의 빈 집에서 모친과 함께 전기세만 지불하고 지내고 있다.[41] 끼소르의 막내 동생은 인근 마을 빠슬라에 월 200루삐 하는 방을 임차하여 독립 거주하고 있으며, 그는 빠슬라의 잡화점에서 단순 노동을 하고 있다. 루빠왈의 만지뜨 싱은 캐나다로 이민가기 전부터 끼소르의 형에게 매년 농번기의 농사일을 맡겨왔기 때문에 끼소르 싱 집안과는 일종의 단골 관계를 맺어 왔다. 만지뜨 싱의 사촌 형제는 만지뜨 싱이 이민 간 후 만지뜨 싱의 농지를 소작하고 있으며, 그 역시 농번기마다 끼소르 싱 가족으로부터 농업 노동력을 제공받고 있다.

끼소르 일행은 농사든 건축 현장 일이든 닥치는 대로 하고 있다. 루빠왈 시크 사원 공동식당 건설에는 뻔잡 출신 기술자 한두 명에 끼소르 등 비하르 출신 노동자들이 투입되었다. 끼소르와 이주 노동자 일행은 벽돌 나르는 일과 땅을 다지는 일 등 단순 노동에 주로 투입되었다. 비하르에서 함께 온 일부 이주노동자들은 루빠왈을 벗어난 인근 지역, 멀리는 파그와라 읍내 근처까지 진출하여 막노동 하는 것

41) 가족과 함께 이주한 경우 좁은 방에 부부와 자녀들이 함께 생활하면서 심지어 식사까지 방 안에서 해결해야 하는 일도 있다. 이들의 열악한 삶의 환경 외에 이주 노동자은 현지인의 자신들에 대한 비하적 태도를 견디어야 한다. 뻔잡 마을 사람들은 흔히 비하르 이주 노동자들을 '비하르 바이야'(Bihar bhaiyya)로 부르는데 이 때 '바이야'는 형제를 뜻하는 원래 의미와는 달리 '자신들이 부리는 일꾼들'을 하시하는 호칭이다.

을 마다하지 않는다. 이들은 몇 년 전에 파그와라 읍 인근 마을 하디아바드(Hadiabad)의 4층 규모의 달리뜨 구르드와라 건설 현장에서 단순 노동자로 일한 바 있다. 파그와라 뿐만 아니라 잘란다르 군 일대의 농촌지역에는 해외에 거주하는 달리뜨 디아스포라의 송금에 의한 대규모 달리뜨 구르드와라 신축공사가 1990년대 말부터 활발하게 진행 중이다. 달리뜨 구르드와라의 건설을 통한 달리뜨의 과시적 소비[42]로 인해 잘란다르를 비롯한 도압지역에는 달리뜨 사원의 건축붐이 2009년 현재까지 지속되고 있다. 이러한 건축 현장에는 뻔잡 달리뜨 노동자들 스스로가 대거 참여하지만 이주 노동자도 단순 노동을 위해 고용된다. 이주 노동자들은 비하르의 일당보다 20-30루삐 이상 많이 받지만 뻔잡 현지 출신 노동자보다는 늘 더 적게 받는 불이익을 경험하였다.[43]

---

42) 파그와라 읍 인근 국도 입구에 위치한 '쉬로마니 쉬리 구루 라비다스 템플'(Shiromani Shri Guru Ravidass Temple)은 2009년 공사가 한창 진행 중이었다. 이 공사의 규모는 약 6천만 루삐(한화 약 15억 원)로 잡고 있으며 전체 경비는 영국의 라비다시 달리뜨 디아스포라들로부터 올 예정이다. 잘란다르 군의 부따 만디(Buta Mandi)에 '사뜨구루 라비다스 담'(Satguru Ravidass Dham) 사원이 2009년에 공사 중이다. 흰색으로 도색될 이 건축의 전체 경비는 약 90억이 소요되는데 이중 약 2/3는 해외 라비다시들로부터 기부될 예정이다. 해외 달리뜨의 대규모 후원을 통해 건축되는 구루 라비다스 사원들은 자뜨 시크로부터 벗어나 지역사회에서 독자적인 종교생활을 할 수 있는 '라비다시'로서의 정체성 확립에 도움이 될 수 있는 상징물로 기여한다. 이에 관련한 자세한 내용은 이책 제6장에서 다뤄진다.

43) 2004년 당시 단순 노동의 경우 이주 노동자들은 일당으로 100 루삐를 받았는데, 현지 출신 달리뜨들은 110 루삐를 받았다. 이러한 임금차별은 농업부문과 산업부문을 막론하고 흔히 벌어지며, 이러한 점은 1980년대 이주 노동자와 현지 노동자의 임금을 비교한 굽따(Gupta, 1988)의 연구에서도 발견된다. 그의 연구에 따르면 이주 노동자는 임금도 다소 적게 받았을 뿐만 아니라 노동시간도 더 길게 요구를 받음으로써 지역 출신 노동자에게 상대적인 박탈감을 느꼈다(Gupta, 1988).

2009년 현재 뻰잡의 잘란다르 내에는 끼소르 고향 마을과 인근 마을 출신들 약 300명의 비하르 이주 노동자가 있다. 바뿌(Bapu, 남 29) 역시 그 중 한명이다. 루빠왈에 기거하고 있는 바뿌는 비하르의 시따마르히 군 베롱 바딴(Berong Batan) 마을이 고향이다. 그는 2009년 현재 50-60여명의 고향 마을 사람들과 함께 루빠왈과 인근 마을에서 일하고 있다. 바뿌는 전통적으로 대장장이 일을 하는 로하르 카스트지만 동료 이주자와 함께 단순 노동에 가담하고 있다. 바뿌는 다른 이주 노동자와 함께 캐나다 시민권자인 자뜨 시크 자스윈더르 싱(Jaswinder Singh, 남 45)의 호화주택과 축사 건축 현장에서 일하고 있다. 자스윈더르 싱의 부친 다르샨 싱(Darshan Singh)은 1955년 영국으로 이주하여 4명의 아들과 함께 다시 1988년 캐나다로 이주하였다. 셋째 아들인 자스윈더르 싱은 4년 전부터 매년 고향 루빠왈에서 약 7-8개월을 보내고 있다. 그는 대규모 감자 농사뿐만 아니라 낙농업에 종사하기 위해 대규모 젖소 축사를 건축하고 있다. 자스윈더르 싱의 건축 현장에 투입된 바뿌 등 비하르 노동자들은 우기가 오기 전에 진행 중인 건축 일이 마무리 될 것으로 기대하였다. 그들의 일부는 우기 동안 고향을 방문하고 다시 돌아올 예정이지만, 일행 중 일부는 루빠왈에 남아 자스윈더르 싱의 농사일을 계속할 것이다.

루빠왈에 와 있는 일부 비하르 노동자는 자뜨 시크 지주와 일 년 계약을 맺어 주간에는 농사일을 하고, 밤에는 물소에게 여물을 주고 물소 분비물을 처리하는 등 물소 축사에서 숙식을 한다. 일 년 계약으로 소수의 이주 노동자를 두고 있는 뻰잡 마을 지주들은 대개 국제이주 한 형제나 마을 이웃의 농지를 경작하는 대농들이다. 따라서 일 년 계약으로 일하는 이주 노동자들에게 주어진 농사일은 결코 적지 않다. 이들 이주 노동자들은 고된 농사일 대가로 월 1,500-1,800 루삐

의 현금, 식사를 위한 곡식, 일 년에 두 벌의 의복 등을 지주로부터 받는다.[44)]

비하르에서 온 끼소르와 바뿌 일행은 반영구 이주와 계절 이주노동 사례를 보여주고 있다. 비하르에서 온 이주 노동자들은 상당 기간 동안 뻔잡의 동일 지역을 출입하면서 지주들과의 친분을 쌓는다. 뻔잡 지주에게 지속적으로 이주노동자가 공급되는 것은 끼소르나 바뿌처럼 뻔잡에 먼저 발을 디딘 기존 이주노동자들 덕분이다. 이들은 고향의 친인척과 친구들을 뻔잡으로 불러오는데, 이러한 이주는 흔히 가족과 지역 연망에 의존한 '연쇄이주'의 형태를 띠게 된다. 비하르주의 시따마르히 군의 하리하르뿌르(Hariharpur) 마을에 대한 데싱까르와 공동연구자의 다음의 사례 연구(Deshingkar et al. 2009: 50)는 연쇄이주의 전형을 보여주고 있다.

약 4천명의 인구가 사는 하리하르뿌르의 인구는 야다브를 비롯한 약 50%의 슈드라, 약 40%의 달리뜨 및 소수의 무슬림, 약 7-8%의 상위 카스트인 부미하르(Bhumihar)와 라즈뿌뜨(Rajput) 등으로 구성된다. 상위 카스트와 슈드라 가운데 약 25가구만이 대농에 속하고 나머지는 소규모 자영농인데 반해, 약 80% 이상의 달리뜨와 무슬림은 토지가 없는 농업노동자들이다. 이들 무토지 농업노동자의 대부분은 생존 전략의 하나로 가구마다 1-4명의 이주 노동자를 두고 있다. 이 마

44) 이들 가운데 고향에 남아 있는 가족들의 의료비와 경조사비의 충당을 위해 급전이 필요하여 지주로부터 몇 년분 임금을 선불로 받고 늘어나는 이자를 감당하지 못해 속박노동자(bonded laborer)로 전락되는 이들도 있다. 2009년 조사 당시 루빠왈에는 이러한 형태의 속박노동자는 없었다. 브레만(Breman, J. 1993, 1996)은 계절이주자(seasonal migrant) 또는 순환노동자(circular migrant)가 자칫 속박노동자로 전락할 수 있음을 주장하였으며, 그의 주장을 지지하는 후속 연구들(Mosse, 2002; Olsen and Ramannamurthy, 2002)도 이런 계약관계에는 착취적인 성격이 도사리고 있다고 주장한다.

을 출신의 약 1,500명의 이주 노동자는 약 15-20여 년 전 부터 뻔잡의 루디아나 군 농촌지역에서 이주 노동을 하고 있다. 뻔잡의 국제이주 다발지역의 한 곳인 루디아나 농촌지역에는 20-30여 년 전부터 농업 노동력이 크게 부족하였다. 하리하르뿌르 사람들이 오랜 기간 동안 연쇄이주를 통해 루디아나의 농촌 지역으로 이주하고 있기 때문에 루디아나의 일부 농촌들은 '뻔잡의 하리하르뿌르'로 불린다. 이주자 가운데 약 70% 이상은 단순노동자로 뻔잡의 농사를 도맡아 하고 있으며, 이들은 한 달에 약 20-25일 정도의 작업 일수를 확보하고 있기 때문에 고향 하리하르뿌르에 비교해 크게 안정적인 수익을 내고 있다.

2) 뻔잡의 네팔 계절 이주 농업노동자들

비하르와 우따르 쁘라데시 출신 이주 노동자 가운데 농업노동을 하던 일부 사람들은 점차 뻔잡의 대도시들, 대표적으로 공단이 많은 잘란다르와 루디아나의 공장지대로 일자리를 옮기고 있다[45]. 이러한 이동에 따른 뻔잡 농촌의 농업 노동력 공백은 네팔 출신 계절 이주 농업노동자에 의해 충원되기 시작하였다. 네팔에서 뻔잡 등의 인도지역으로의 계절이주는 국경을 넘는 일이기 때문에 실제적으로는 국제이주에 해당한다. 그러나 인도와 네팔 간 1950년에 맺은 '평화와 친선조약'(the Peace and Friendship Treaty) 때문에 양국 국민들에게는 자유로운 국경 통과와 이주가 허용되어 왔다. 이 조약에 따르면 양국 국민에게는 동등한 조건 하에서 고용하고 노동할 수 있는 권리가 인정되고 있다. 현재 인도 뻔잡으로 계절 이주 농업노동을 오는 대부분의 네팔인들은 네팔의 떼라이(terai)[46] 출신들이다. 떼라이 네팔인들은

45) 농업노동에 비해 상대적으로 높은 급여와 정확한 일과로 움직이는 산업부문 노동의 장점은 농업 부문에 종사하던 비하르와 우따르 쁘라데시 출신 이주 농업노동자들의 일부를 산업부문으로 유인하고 있다.

그림 1. 네팔에서 뻔잡으로 온 계절이주노동자가 동료 노동자의 아침 식사준비를 하고 있다.

인종, 종교, 문화적으로 비하르와 우따르 쁘라데시 등의 북부 인도인과 거의 유사한 배경을 가지고 있다. 다라서 떼라이 네팔 이주자와 이들을 고용하는 뻔잡의 지주들은 네팔인의 계절이주를 국제이주로 인식하지 않고 있는 경향이 있다(Subedi, 1991).

인도의 우따르 쁘라데시와 국경을 마주하고 있는 네팔의 모하뜨리

46) 네팔은 구릉지와 평지가 만나는 '떼라이'(terai)와 산지세계인 '빠하리'(pahari)로 대별될 수 있다. 빠하리는 산지 세계기 때문에 농업은 떼라이 지역에서 발전하여 왔다. 네팔과 국경을 맞대고 있는 인도의 비하르는 인도의 다른 지역에 비해 경제적 어려움이 극심했던 이유로 네팔에서 농업발전 잠재력이 가장 높은 떼라이로 1860년대부터 이주하여 그곳의 토지를 구입하였다. 떼라이 지역은 잔목들이 많이 있는 황무지였지만 개간 작업을 통해 농지로 변화되었으며 이에 따라 인도인들의 이주현상도 급증하였다. 이런 이유로 떼라이 네팔인들은 종족적으로는 인도인과 동일하며 그들의 인도인과의 혼인관계 등 사회・문화적 관계가 현재까지도 유지되고 있다(Rimal, 1997). 네팔인을 지칭하는 '네팔리'는 '네팔 사람'이라는 본 의미와 달리 인도에서 주로 허드렛일만 하는 사람들이라는 의미로 하시 하는 뉘앙스가 담겨 있다.

(Mohatri) 지역의 할꾸리(Halkuri) 마을 출신인 산제이 꾸마르 야다브(Sanjey Kumar Yadav, 남 35)가 이끄는 네팔 출신 계절 이주노동자 약 75명은 2009년 6월 현재 루빠왈과 인근 2-3 마을에서 계절 이주 농업노동을 하고 있다. 약 19년 전에 산제이의 큰 아버지가 루빠왈에 처음으로 계절 이주 농업노동자로 오기 시작하면서 산제이 삼형제의 뻔잡 잘란다르 군에서 계절 이주 농업노동의 인연이 시작되었다. 큰 형인 다레쉬 야다브(Daresh Yadav)는 18년 전, 산제이는 17년 전 그리고 막내 동생 라즈빈드르 야다브(Rajbindr Yadav)는 14년 전 부터 뻔잡으로 이주 노동을 오고 있다. 2009년 현재 루빠왈에 21명, 빠슬라에 25명, 나그라에 21명의 네팔 노동자들은 산제이의 소개로 온 네팔의 산제이의 마을 사람들이다. 산제이는 농번기에 농업 노동자를 필요로 하는 뻔잡 지주들과 계절노동을 원하는 네팔 현지인을 중개해주는 역할을 15년째 하고 있다. 루빠왈 인근에서 산제이는 '삼부'(Sambu)라는 애명으로 알려져 있는데 뻔잡의 지주들은 농번기를 앞두고 농사철에 필요한 노동력을 네팔의 삼부에게 전화하여 예약할 수 있다.

삼부는 2009년 5월에 캐나다로 이민 간 루빠왈의 모한 싱(Mohan Singh)과 나그라에 살고 있는 바잔 싱(Bajan Singh) 자뜨 시크들과 단골관계를 맺고 있다. 모한 싱은 캐나다로 이민 갔던 작은 아버지[47] 농지와 자신의 농지를 합친 22에이커의 농사를 짓고 있었다. 그는 14년 동안 농번기에 필요한 노동력을 삼부를 통해 구할 수 있었다. 2009년 5월 삼부 일행의 벼 심기가 끝난 뒤 모한 싱은 캐나다로 떠났다.

---

47) 가장 먼저 캐나다로 이민 갔던 작은 아버지가 모한 싱의 두 아들을 캐나다의 시크 여성과 중매 결혼시켰으며, 지난 해 2008년에 모한 싱의 부인도 이미 아들이 있는 캐나다로 갔다.

그림 2. 네팔에서 뻔잡으로 온 계절이주노동자가 모심기를 하고 있다. 대체로 농지면적으로 계약을 하여 수익을 분배하는 형식을 보인다.

삼부는 그간 모한 싱으로부터 큰 신뢰를 받아 왔다. 요구된 노동자를 뻔잡까지 데려오는 데에 소요되는 교통비가 여의치 않을 경우 모한 싱은 삼부에게 차비 일체를 선불로 송금할 정도의 신뢰가 있었다. 삼부의 신용은 이웃 마을 나그라에 사는 바잔 싱 자뜨 시크에게도 통하였다. 지난 해 삼부는 조카의 결혼식 비용에 필요한 4만 5천 루삐를 바잔 싱으로부터 무이자로 빌렸으며, 2009년에 바잔 싱에게 계절농업노동 인력을 제공함으로써 빌린 돈의 상당 부분을 변제하고 있다[48].

48) 삼부 형제들은 지난 18여 년 동안 뻔잡에 이주하면서 동생들의 결혼과 사우디에서 사망한 조카(큰 형 아들)의 장례비용을 해결했으며 네팔의 황무지 3에이커를 구입하였다. 향후 더 현금을 모아서 황무지에 관정이나 우물을 설치하고자 계획하고 있다.

삼부는 2년 전부터 루빠왈의 자스비르 싱(Jasbir Singh, 21) 자뜨 시크에게도 계절 농업 노동자를 공급하고 있다. 자스비르 싱은 자신의 농지 5에이커, 5년 전에 캐나다로 이주한 큰 아버지 구르메즈 싱(Gurmej Singh)의 농지 5에이커, 그리고 1992년에 캐나다로 이주한 이웃 자기르 싱(Jagir Singh)의 농지 10에이커[49]를 합친 20에이커를 2년 전부터 홀로 관리하고 있다. 잘란다르의 칼사 칼리지(Khalsa College)를 졸업한 형은 캐나다의 자기르 싱의 중매로 캐나다의 자뜨 시크 여성과 혼인한 후 2년 전에 캐나다로 떠났다[50]. 농업 노동력 없이 자스비르 싱 혼자 힘으로 전체 농사를 하는 것은 불가능하기 때문에 벼 심기 등에는 삼부 일행이 고용된다. 삼부 일행은 여름에 벼를 심고 네팔로 돌아가면 추수[51] 무렵에나 뻔잡 마을로 돌아온다. 벼를 심고 계절이주자가 떠난 후 농지에 물을 대는 일은 자스비르 싱의 몫이 된다.

대부분의 네팔 출신 계절 농업노동자는 1년에 약 9개월을 뻔잡 마을에서 보내고 남은 3개월은 네팔의 고향에서 보낸다. 이들은 뻔잡의 농사 주기[52]를 고려하여 네팔과 뻔잡을 순환적으로 왕래한다. 이들은

---

49) 자스비르 싱은 자기르 싱의 농지를 이용하는 대가로 그에게 일 년에 6만 5천 루삐를 송금한다. 마을의 지주는 거의 자뜨 시크이다. 이들은 국제이주를 떠나면서 자신의 농지를 마을에 남아 있는 친 형제나 사촌 형제에게 맡기거나 친분이 있는 자뜨 시크에게 소작형태로 농지를 내 주고 국제이주를 간다.

50) 자스비르 싱은 농사를 홀로 한다는 것이 힘들기 때문에 자신도 형처럼 기회가 주어지면 초국가적 중매혼인을 통해 캐나다로 떠나고 싶다는 뜻을 강하게 내 비쳤다. 형이 안정적으로 캐나다 생활을 하게 되면 자신을 위한 중매도 가능하지 않겠냐는 기대를 하고 있다.

51) 추수철에 계절노동자를 고용하는 것은 일손을 덜어주는 것 외에도 지주에게 경제적인 이득을 가져다준다. 기계가 아닌 사람이 추수하면 벼나 밀의 밑 동이에서 여물용 잔류물이 나오게 되는데, 여물 판매 이익금은 네팔 계절노동자에게 줄 임금의 상당부분을 충당할 수 있다.

52) 통상 이들은 2월 말경 밀 추수를 위해 뻔잡에 왔다가 6월 말에 벼 심기가 끝

개별 노동자가 뻰잡 농부와 계약을 맺기보다는 삼부처럼 노동자 무리의 대표를 통하여 8-10명의 노동자가 지주와 '에이커'(Acre) 단위로 지주와 계약을 맺는다.[53] 이들 작업 집단은 일반적으로 1 에이커의 농업 노동에 1,200-1,500 루삐의 임금을 받는데, 공동으로 작업하고 받은 금액을 균등 분배하는 형식을 취한다.[54] 농번기에 필요한 노동력의 공급에 어려움이 생길 경우 노동 임금은 높아지게 된다.[55] 특히 1990년대 말부터 인도가 아닌 다른 국가로 이주 하려는 네팔 노동자

나면 7월에 네팔 고향에 돌아간다. 네팔에서 자신의 농지에 벼를 심고 다시 9월 말에 뻰잡에 돌아와 10월 말에 벼를 추수하고, 11월에 밀을 심고 네팔로 돌아간다. 다시 2월 말에 밀 추수 준비를 위해 다시 뻰잡으로 귀환한다.

53) 집단적으로 지주와 일을 두고 계약을 맺기 때문에 일에 참여하는 8-10명의 노동자가 한 곳에서 공동생활을 하는 것이 일반적이다. 남성들끼리의 이주생활 환경은 열악하기 그지없다. 농지 바로 곁에 지어진 작은 오두막이나 마을 입구나 경계 언저리에 임시로 지어진 허름한 방에 남성 8-10명이 오밀조밀 잠을 자는 등 이들의 삶의 환경은 인내심을 요구한다. 오두막은 농지에 물을 대기 위한 관개시설인 관정이나 우물곁에 지어져 있으며 대개 근처에 물소 우리도 있다.

54) 이들은 식사 등 필요한 일체의 경비를 나중에 균등하여 부담하고 있기 때문에 소득을 분배하는데 크게 다툼이 없는 편이다. 삼부처럼 일꾼들의 대표도 마찬가지로 주어진 일을 함께 해야 하지만 무리의 대표로서 일을 찾아다니는 등 대외적인 일 때문에 반드시 동일한 양의 육체적 노동을 한다고는 볼 수 없다.

55) 2009년 루디아나의 산업부문에 종사하는 이주 노동자들은 상습적으로 현지인으로부터 물리적 폭력과 금품 강탈을 당하였다. 루디아나의 인구 약 4백만 명의 1/3 정도인 약 1백 3십만 명의 이주 노동자는 주로 우따르 쁘라데시, 비하르, 네팔 등에서 오고 있다. 루디아나에는 히로 혼다(Hiro Honda), 오스왈 그룹(Oswal Group) 등 대규모 공장들이 들어서 있어서 이주 노동자들의 노동력을 절대적으로 필요로 한다. 뻰잡의 도시 지역민들이 이주 노동자를 범죄인 취급하는 등 이주자에 대한 물리적 공격 사례가 빈번하자 이에 대한 항의로 루디아나 시내의 이주노동자들의 폭동이 2009년 여름에 일어났다. 폭동 야기의 영향으로 2009년 후반기에 뻰잡 농촌으로 오는 계절 농업노동자의 수가 급감하자 농번기에 일손이 필요한 자뜨 지주들은 1에이커 당 2,000-2,500 루삐까지 제공할 의사를 밝힌 바 있었다.

가 점차 늘어가자 인도로 노동자를 공급하는 삼부와 같은 중개인의 입장에서는 네팔 고향에서 계절 노동자를 확보하는 일이 예전보다 어려워지기 시작했다.

최근까지 네팔에서 외부로 나가는 이주자의 약 77% 이상은 인도로 왔으며, 인도 내 네팔인의 수는 약 1백 3십만에서 3 백만 명으로 추정된다. 인도에서 노동하고 있는 네팔인의 다수는 인도사회의 경제위계의 하위 층을 구성하고 있는 수위, 상점 종업원, 가정집 하인 등으로 반영구 이주자이지만, 농업노동자의 경우처럼 계절 이주자인 경우도 적지 않다. 2000년대 초 기준으로 인도를 제외한 다른 지역으로 국제이주 한 네팔인의 약 14%는 상대적으로 낮은 이주비용이 요구되는 걸프지역이었으며 경제적으로 다소 여유 있는 약 5%의 이주 희망자들은 일본, 한국, 동남아 등으로 이주하였다. 마지막으로 교육 수준이 높거나 특별한 기술 자격이 있는 사람들은 북미와 유럽으로 국제이주를 시도하는 경향이 있다(Thieme et al. 2005). 그러나 이주를 원하는 대부분의 네팔인들은 지리적 근접성, 개방된 국경, 문화적 친연성, 간편한 환전, 저렴한 교통비, 일부 가족과 친족원의 인도 내 거주 등을 이유로 인도를 이주 대상국가로 가장 많이 선호하고 있다. 사실 떼라이에서 뻔잡으로 계절이주를 오기 위해서는 기차를 타고 인도-네팔 경계까지 와서 버스로 뻔잡의 필로르까지 어렵지 않게 올 수 있기 때문에 시간은 걸리지만 이주 과정에 드는 비용은 매우 저렴하다. 비자 등 번거로운 서류 준비 등이 생략되기 때문에 이주하는데 고비용이 들지 않는 등 노동자들의 경제적 형편을 고려할 때 가장 현실적인 이주 대상 지역은 여전히 인도이다.

그러나 이러한 편리함에도 불구하고 인도로부터 벌어갈 수 있는 경제적 수익에는 한계가 있는 것 또한 현실이다[56]. 이 때문에 인도로 왔던 일부 계절 이주자들이 경제적 부담을 지고서라도 다른 국가로 이주하기를 열망하고 있다. 삼부의 손아래 동서도 자신과 함께 루빠왈로 2년 전까지 왔으나 결국 이주노동자의 신분으로 말레이시아로 이주하였다. 그는 그간 인도 다니면서 푼푼히 모은 현금과 친인척으로부터 얻은 빚으로 비자와 항공료 등 많은 수수료를 지불하고 떠났지만, 그의 가족들은 말레이시아에서 기대 이하로 안정된 일자리를 잡지 못해 고생하고 있는 그의 현황을 듣고 있기 때문에 그의 국제이주를 기대 반 우려 반으로 지켜보고 있다. 잠재적인 위험부담에도 불구하고 삼부의 동서처럼 더 많은 수입을 얻을 것이라는 기대로 인도가 아닌 동남아시아와 동아시아로 국제이주를 떠나려는 네팔인들이 서서히 늘어가고 있다. 그러나 대다수의 농촌 네팔인의 경제적 열악함은 인도로 계절이주를 떠나고자 하는 네팔인의 이주 열망을 유지시키고 있으며[57] 뻔잡 농촌의 노동력 결핍 상황에 호전될 기미가 전혀 보이지 않기 때문에 인도 뻔잡에서의 네팔 노동자의 수요 또한 지속될 것으로 전망된다.

56) 네팔로 유입되는 전체 송금액의 약 23%만이 인도로부터 오고 나머지는 네팔 전체 국제이주자의 10%에 불과한 다른 국가 이주자가 보내는 송금액이다. 그러나 네팔의 농촌지역으로 유입되는 송금액 전체의 약 40%가 인도로부터 온다는 사실은 네팔 농촌지역 사람들의 경제적 열악함으로 인도 외의 지역으로 국제이주를 시도하기 어렵기 때문이다(Bhattarai, 2007).

57) 루빠왈에 와 있는 네팔 노동자들에 따르면, 떼라이 지역의 지주들은 일을 시키고 현물로 주는 일이 많으며 이것조차 떼는 경우가 적지 않다. 이들이 뻔잡 농촌으로 지속적인 이주를 하는 가장 중요한 이유는 네팔에서보다 더 높은 임금을 받아 자신들의 당면한 의료와 의례 등의 비용을 감당하고 자산을 늘일 수 있기 때문이다.

●●● 5. 국내이주와 국제이주의 결합의 전망

초국가적 시각에서의 이주 연구가 인도 모국과 글로벌 인도인들 간의 초국가적 네트워크 형성과 유지를 연구하는데 유용함에도, 이들 연구의 대부분은 이주의 문제를 국가적 경계를 뛰어넘는 이주현상과 이주를 수용하는 국가의 입장에서만 바라보는 경향이 있었다. 따라서 국제이주가 송출 국가 내부에 가져오는 또 다른 형태의 이주인 국내이주에는 관심이 없었다. 국제이주는 모국 내의 '이주문화'의 형성을 가져왔으며 이로 인해 나타나는 사회·문화적, 경제적 양상뿐만 아니라 국내이주를 촉진시키는 요인의 하나로 작동하여 왔다. 본 연구는 국제이주와 국내이주가 접목되는 지점에서 발생되는 다양한 사회·경제적 현상들에 주목하였다.

뻔잡에서 녹색혁명으로 발생되었던 혁신적인 농업생산성 제고는 더 이상 기대하기 힘들고, 뻔잡지역 농부들의 농가부채로 인한 자살 사례가 점증하는 등 뻔잡의 농업환경에 다양한 형태의 적신호가 발견되고 있다(Joshi, 2004; Jodhka, 2006). 예컨대 뻔잡의 농업 관개작업에서 수위가 매년 43cm 낮아짐으로써 10여년 이내에 경제적 타산에 맞는 관개사업은 어려울 것으로 전망되었다(Singh, 2004). 뻔잡의 농업 채산성을 부정적으로 전망하는 현상들이 늘어감에 따라 뻔잡의 농부들, 특히 젊은 뻔자비들은 국제이주의 욕망을 토대로 매우 적극적인 방식으로 국제이주를 시도하고 있다.

지속되는 국제이주의 흐름과 뻔잡 주 정부에 의한 해외 뻔자비의 고향에 대한 적극적인 투자유치의 현실을 감안한다면, 뻔잡, 특히 국제이주가 빈번한 도압지역에 농업 노동력과 각종 개발사업 등에 필요한 노동력은 인도 내 다른 지역으로부터의 국내이주를 통해 해결할 수밖에 없을 것이다. 뻔잡지역에서 과거 농업 노동력을 제공하던 달리뜨와 여타 후진계급의 대다수가 이미 비 농업부문으로 자리를 옮겨 갔고, 이들 가운데 일부는 두바이 등으로의 국제이주를 지속적으로 시도하고 있기 때문에 뻔잡의 농업 노동력은 인도의 다른 주와 네팔의 이주 노동자로부터 충원될 수밖에 없을 것이다.

그간 국내이주의 형태로 뻔잡 농촌에서 활동하던 이주자들은 뻔잡 농촌 현지의 사회・문화와 경제체계에 적응해야 했고, 현지인들로부터 소외와 무시를 당하는 부정적 경험을 감내해야만 했다. 대부분의 국내이주 노동자들은 뻔자비를 구사해야 하는 등 비하르나 네팔 등의 문화적 요소보다 뻔잡의 그것들에 적응해야 했다. 그러나 특정 기간에만 노동하고 귀향하는 계절 이주자들 가운데 이 연구의 비하르 출신 끼소르 가족 일원과 같은 뻔잡 현지에 계속 머무는 반영구 이주자의 수가 점차 늘어감에 따라, 이들로 인한 뻔잡의 농촌사회구조에 적지 않은 변화가 가까운 장래에 일어날 가능성을 배제할 수 없다. 흔히 센서스와 각종 선거인 명부에서 주목받지 못하는 계절 이주 노동자와는 달리 끼소르 가족들처럼 반영구 이주자들은 최근에 빤차야뜨와 지방 선거의 선거인 명부에 이름이 올라가기 시작하였다. 이들의 수가 늘어감에 따라 뻔잡 마을과 지역사회의 정치적 구도에 작은 변화가 감지될 수 있음을 의미한다. 사회・문화적 영역에 있어서도 점차 이주자의 수가 점증하게 되면 뻔자비 문화와 이주자 문화 간의 상호작용이 현실화됨으로써 다양한 사회・문화적 양상들이 노정될 것으로 전망된다. 이러한 전망은 뻔자비의 국제이주와 인도 국내이주의 접목에서 발생되는 보다 구체적이고 다양한 내용의 사회・문화적, 정치・경제적 양상들에 대한 본격적인 후속 연구를 요구하고 있다.

제2장

캐나다 시크의 기억의 정치

일반적으로 시크 분리주의 운동으로 알려진 칼리스탄운동(Khalistan Movement[58])은 현재 인도 국내에서 거의 소멸된 것으로 이해된다. 1985년부터 인도 뻔잡을 중심으로 전개된 시크의 독립국가 건설을 위한 게릴라전과 이를 진압하려는 인도 정부의 다면적 형식의 진압작전으로 1990년대 초반부터 전투적인 칼리스탄운동의 힘은 약화되기 시작하여 1990년대 중반에는 인도 국내에서 거의 소멸된 것으로 간주된다.

인도 국내의 칼리스탄운동의 소멸과는 관계없이 인도 정부의 직접적 통제를 벗어난 해외 거주 일부 급진적 성격의 시크들에 의해 전개된 시크 디아스포라의 칼리스탄운동은 현재 진행형이라 간주된다. 그러나 인도 국내의 칼리스탄운동이 소멸되면서 해외 칼리스탄운동의

58) 칼리스탄운동에 관한 국내 기존 연구에는 김경학(2006b, 2007b, 2008a), 박금표(2003), 이광수(2006)의 연구가 있다.

형식 역시 투쟁 자금과 무장 전사 지원과 같은 과거의 형식에 의존할 수 없었다. 이에 따라 시크 디아스포라가 중심이 된 칼리스탄운동은 주로 1984년 학살과 핍박을 기억시키고 기념하는 형식으로 변화되어 왔다.

최근 기억은 전형적인 정치적 현상으로 간주되어 연구자들의 많은 관심을 받아왔다. 특히 특정 집단이 과거에 경험한 집단적인 학살, 즉 제노사이드에 대한 집단적 기억은 그 집단을 행동에 동원시킬 수 있는 중요한 자원[59]이 되었다(Hirsch, H.1995). 집단적 기억 개념은 기억들을 사회적 실천의 기반 속에 위치시킴으로써 기억하는 행위를 정치화시킨다. 집단적 기억 연구들은 '기억 텍스트'(memory texts) (Hodgkin & Radstone, 2003) 또는 과거가 공적인 영역에서 재현되는 다양한 유형에 관심을 두고 있다. 기억은 텔레비전, 영화, 박물관, 교과서, 패션 등을 포함하는 기억 텍스트를 통해 특정 집단의 사람들에게 이익이 되는 방향으로 정치적인 수단을 축적하고 지속시킨다(Samuel, 1994). 집단적 기억의 정치적 성격과 집단적 기억의 과거에 대한 다중적이고 흔히 경합하는 특성은 인도 국내외 시크의 '기억의 정치'에서도 어렵지 않게 발견된다.

인도 국내의 칼리스탄운동이 진정될 무렵부터 주로 시크 디아스포라에 의해 운영되기 시작한 사이버 시크민족주의 운동은 온라인상에

59) 미국의 아르메니아인 디아스포라에게 현재의 정치적 목적 달성을 위해 1915년에 투르크 제국(터키)에 의해 집단 학살된 제노사이드에 대한 집단적 기억은 매우 유용한 자원으로 활용되었다(Paul, R.A. 2000). 폴은 1990년 1월 아제르바이잔(Azerbaijan) 공화국의 바쿠(Baku)에서 자행된 아르메니아인에 대한 학살의 책임을 지고 있으면서도 공식적으로 사과하지 않는 아제르바이잔 대통령 알리브(Aliev)의 1997년의 미국방문을 앞두고, 미국의 아르메니아인 디아스포라가 전개하는 정치적 행위를 분석하면서 아르메니아인의 제노사이드 기억이 집단행동을 위해 필요한 이데올로기를 제공하고 이들의 종교는 종족 집단의 동원을 위한 기회구조로 기여하였음을 밝히고 있다.

서 1984년 인도에서 시크가 경험한 핍박과 그 이후 십 여 년에 걸쳐 인도 뻔잡을 중심으로 진행되었던 시크에 대한 인권침해 양상을 재현하고 기억시키는 형식으로 진행되고 있다. 인도정부가 온라인 기억의 정치를 제한하기란 사실상 쉬운 문제가 아니다. 그러나 인도 국내에서 행해지는 오프라인 상의 시크 기억투쟁과 기념행사에 대한 직간접적 감시는 그리 어렵지 않게 지금까지 진행되고 있다. 1990년대 중반 이후 인도 뻔잡 내의 정치가 정상화되기 시작한 후 아깔리 달(Akali Dal)은 인도 중앙정부와의 정치적 줄다리기를 통해 시크 관련 과거 사건들을 기념하는 일부 사업성과를 냈다[60]. 그러나 인도 정부 차원의 시크 기념사업에는 한계가 있으며[61] 더 나아가 1984년 사건을 기념하는 내용과 형식을 두고 중앙 정부와 경합[62]하는 경향이 있었다.

---

60) 인도 정부는 시크를 달래기 위해 1984년 사건들에 대한 직접적인 책임을 묻는 행사가 아니면 시크 기념행사에 지원을 보장하고자 하였다. 예컨대 1999년 시크 칼사단(Khalsa) 출범 300주년 기념을 위한 '칼사 유산 재단'(Khalsa Heritage Foundation) 건립에 필요한 약 10억 루삐(Rupee, 한화 약 250억)의 경비 가운데 절반을 중앙연방정부가 지원하였다. 그러나 이 재단 박물관의 내부 전시 내용은 1947년 까지 만을 다루기로 합의되었다. 인도 정부는 1984년 시크 관련 사건발발 이전의 시크 역사에 관한 기념행사만을 인정하고 지원하였다(Tatla, 2006: 74).

61) 1997년부터 2002년까지 뻔잡 시크 정당인 아깔리 달은 힌두 보수정당인 인도국민당(Bhartiya Janata Party, BJP)과의 연정을 통해 뻔잡 주 정권을 창출하였기 때문에 당시 BJP 인도 연방정부의 눈치를 살필 수밖에 없었다. 2005년부터는 아깔리 달과 뻔잡 주수상 등 주요 정치인들이 인도국민회의(Indian National Congress) 중앙정부의 눈치를 살피느라 기념행사에 참여가 쉽지 않다.

62) 시크 사태 당사자인 인디라 간디 전 수상의 관저는 '인디라 간디 추모 박물관'(Indira Gandhi Memorial Museum)으로 전환시켜 많은 추모객들을 맞이하고 있다. 국립(national)인 이 박물관에 전시되어 있는 시크 경호원 2명으로부터 피격당하여 사망할 때 입었던 그녀의 피 묻은 사리(sari)는 국가를 수호하다 시크 테러리스트로부터 피격당해 사망한 '국가적 희생'의 상징이 되어 있다(Tatla, 2006: 76).

국내의 사정과는 달리 일부 급진적 시크 디아스포라가 해외에서 보여주는 기억의 정치적 양상은 공식적인 추모식뿐만 아니라 축제현장에서도 발견될 수 있다. 특히 정착국가가 다문화주의를 표방하면서 다양한 문화적 표현을 허용하는 경우 일부 급진적 시크들은 1984년 인도에서 자행된 시크 제노사이드를 문화적 맥락에서 거주국 시크와 일반을 상대로 기억시키고 있다. 그러나 이들의 기억의 정치 역시 거주국 일부 주류 언론이 행하는 '대항 기억 만들기'로 인한 견제를 받아 왔다.

사실 급진파든 온건파든 대부분의 인도 국내외 시크들은 1984년과 그 이후 약 10년 이상 걸쳐 시크교와 시크에 대한 일련의 핍박, 학살, 인권침해에 대한 책임을 거의 추궁하고 있지 않는 인도 정부의 정치적 태도에 불만을 지니고 있다. 2005년 8월 1984년 델리 시크 대학살에 대한 인도 수상 만모한 싱(Manmohan Singh)의 공식적 사과가 있었고, 이에 관련된 '나나와띠 위원회'(Nanavati Commission)의 조사결과에 따라 소수의 인도국민회의 정치인의 공직사퇴와 피해자에 대한 보상금 액수가 상향조정되었다[63]. 당시 만모한 싱은 1984년에 시크에게 일어난 학살을 정부와 전 국민을 대신하여 수치스럽게 생각하고 시크 공동체와 전 국민에게 머리 숙여 사과하였다. 그러나 대부분의 시크들은 시크 홀로코스트를 배후에서 조정 한 당시의 책임자를 처벌하지 않는 만모한 싱의 사과를 거절하였다[64].

---

63) 나나와띠 보고서에는 1984년 당시 인도국민회의 고위 당직자였던 사잔 꾸마르(Sajjan Kumar), 자그디시 타이틀러(Jagdish Tytler), 하르 키쉔 랄 바가트(Har Kishen Lal Bhagat) 등이 연루된 정황 증거가 있었다. 이에 따라 인도 정부는 2005년 당시 '재외 인도인부' 장관이었던 타이틀러, '델리 농촌개발위원회' 의장이었던 꾸마르 등을 사임시키는 선에서 1984년 시크 대학살 관련자에 대한 문제를 마무리 짓고자 하였다. 그리고 조사위원회의 권고를 받아들여 피해자 보상액도 최고 250,000RS 로 상향 조정하였다.

일반적으로 급진파와 온건파를 막론하고 대다수의 캐나다 시크들은 인도 정부가 1984년 시크에게 가했던 폭력은 용서될 수 없으며, 당시 피해 입은 시크들에게 연민을 지니고 있다. 해외 시크들은 황금사원을 공격한 '블루스타 작전'(Operation Blue Star)과 델리 시크 대학살에 관한 목격담, 시크의 몸에 가해진 폭력관련 사진들, 관련 필름을 통해 당시의 처참했던 상황을 기억하고 있다. 특히 칼리스탄 건설을 지향하는 급진파로 분류된 시크 사원의 시크들은 인도 정부, 특별히 인디라 간디 집안(현재 정권을 잡고 있는 인도국민회의 당수 소냐 간디를 포함하여)에 대해 여전히 분노를 느끼고 있다.

이 장은 1984년 황금사원 공격, 시크 대학살, 인권침해에 대해 진심으로 사죄하고 책임자 처벌이 이루어지지 않고 있는 역사적 현실 속에서 캐나다의 시크집단들이 행하는 기억의 정치의 내용과 성격을 규명하고자 한다. 캐나다의 다문화주의의 환경 속에서 공식 인정된 광역 밴쿠버(Greater Vancouver) 서리(Surrey) 시의 '배사키'(Vaisakhi) 축제와 추모행사에 1984년 일련의 사건들과 인권침해를 추모하고 기념하고 기억시키기 위한 사진, 플래카드, 티셔츠 등이 등장하고 있다. 이들 '기억 텍스트'는 시크교에 대한 탄압과 시크 대학살에 대한 집단적 기억을 만들어 냄으로써 '기억하는 행위를 정치화'시킨다.

이 장에서 언급되는 내용에 대한 자료 수집은 2006년부터 2009년까

64) 시크들은 2005년의 만모한 싱의 사과를 개인적 수준의 사과 정도로 이해하고 있다. 시크 집단은 수도 델리에 있는 '구르드와라 방글라 사힙'(Gurdwara Bangla Sahib)부터 인도 국회의사당까지 '시크는 단지 정의와 평등을 요구한다!'는 플래카드와 함께 침묵시위를 하였다. 이들은 다음날 8월 15일 인도 독립기념일에 델리 시크 대학살 사건 연루 정치인을 처벌하지 않는 인도국민회의 정권에 저항하는 의미로 시크 남성들은 검정색 터번을 그리고 여성들에게는 검정색 두파타 착용을 권고하였다. 이들은 책임자들을 처벌할 것과 사과 당사자가 만모한 싱이 아닌 당시 인도국민회의 당수인 소냐 간디로 대표되는 인디라 간디 집안이 직접 나서야 한다고 주장하였다.

지 네 차례에 걸쳐 필자의 캐나다 밴쿠버의 방문을 통해 이루어졌다. 이 과정에서 광역 밴쿠버의 서리 일대에 위치한 소위 급진파 시크 사원인 '다쉬메쉬 다르바르 구르드와라'(Dashmesh Darbar Gurdwara)와 온건파 사원인 '구루나낙 시크 템플'(Guru Nanak Sikh Temple)을 방문하여 핵심 관련자와의 인터뷰가 행해졌으며, 2007년부터 2009년까지의 배사키 축제에 대한 관련 녹화 필름과 사진 관람 및 행사 관계자에 대한 인터뷰가 행해졌다. 또한 밴쿠버 소재 대학 교수이면서 서리의 시크문제에 대해 지속적인 연구와 관심을 지니고 있는 교수들의 기존 연구와 직접적인 인터뷰를 통해 그들의 유용한 의견을 수집하였다.

캐나다에서 특히 오프라인을 통해 전개되는 시크들의 기억의 정치를 분석하기 위해 우선 캐나다에 거주하는 시크의 이주의 역사를 간략히 살펴보고, 캐나다 시크의 사회문화적 특징을 언급될 것이다. 다음으로 캐나다 시크사회는 이주의 역사, 캐나다 사회와의 적응 관계, 인도 정부와의 태도 등에 따라 내부적 분화가 있음을 밝힐 것이다. 그러나 이러한 내부적 분화에도 불구하고 시크교에 대한 본질적인 도전에 대해서는 모든 시크들이 강한 결속감을 보여주고 있는데, 이러한 시크들의 태도는 캐나다 몬트리올에서 공교육 기관에서 시크 학생의 '끼르빤'(kirpan: 의례용 단검) 착용 문제를 둘러싸고 최근에 일어난 사건에서 명확하게 드러난다. 시크 사회의 기억의 정치는 밴쿠버의 시크 사회의 대표적인 축제인 '배사키'(Vaisakhi) 축제에 대한 분석을 통해 축제를 통해 규명될 수 있을 것이다.

●●● 1. 캐나다 시크의 이주 역사 개관

캐나다로의 인도인 이주의 역사는 시크의 이주사라 말해도 지나치지 않다. 캐나다로의 인도인 이민은 1897년 영국 빅토리아 여왕 즉위 60주년 기념퍼레이드에 영국 시크 연대 소속 시크 군인들이 참여하였으며, 그 가운데 일부가 캐나다 밴쿠버에 잔류하면서 시작되었다. 20세기 초 밴쿠버는 목재 산업 분야와 철도 건설 등에 필요한 노동력이 절대 부족하였다. 1904년 이전까지 브리티시 컬럼비아에는 약 100명의 시크 노동자들이 제재소 노동자로 종사하였으며, 1905년에서 1908년 사이에 이들 인구는 5,185명으로 늘어 대부분 제재소 노동자로 종사하였다(Chadney, 1984). 당시 대부분 시크들은 현재의 밴쿠버 시와 인접한 뉴 웨스트민스터(New Westminster)와 버나비(Burnaby) 자치시(municipality) 등을 포함하고 있는 '로우어 메인랜드'(Lower Mainland) 소재 제재소에서 일하였다. 특히 제재소가 밀집되어 있었던 폴스 크릭(False Creek: 현재의 밴쿠버 다운타운과 밴쿠버 시의 다른 부분을 경계짓는 작은 만(灣)으로 당시 제재소 산업의 중심이었음) 근방에 인도인 노동자들이 거주하였다.

당시 캐나다 서부 태평양 연안지역에는 반아시아인 정서가 팽배해 있었으며, 특히 터번을 착용한 유색인 시크들은 외모 때문에 인종차별의 주 대상이 되었다. 캐나다 정부는 늘어가는 인도인의 이민을 막기 위해 이민을 원하는 자는 개인별 200불을 소지할 것과 '직항 항해'(continuous journey) 할 것을 제도화하였으며[65], 이는 인도인의 캐

65) 당시에는 인도에서 캐나다로 오는 직항 배편이 없기 때문에 인도인의 캐나다 이민은 거의 불가능할 것으로 보였다. 그러나 1914년 5월 한 시크 사업가가 전세를 낸 일본 선박 '코마가타 마루'(Komagata Maru)편으로 376명이 입국을 시도하고자 각자 200불을 소지하고 홍콩을 출발하여 캐나다 버라드(Burrard)

나다 이민을 막는 주효한 역할을 하였다(Buchignani & Indra 1985).

1960년대 초반 캐나다 정부는 이주에 관한 인종적, 종족적 장벽을 대폭 완화하여 유럽계 이주민에게 부여했던 모든 특권적 혜택을 철폐함으로써, 1960년대 중후반부터 대규모 인도인의 캐나다로의 이민이 가능하였다. 경제적 이익에 부합된 이민자를 수용하고자 새롭게 도입된 '포인트제도'의 도입으로 이전까지 뻔잡 지방 출신들로만 구성되었던 인도 이주민의 출신지가 구자라뜨 등으로부터 이주를 오게 됨으로써 그 구성이 다양화되었다. 또한 캐나다 내 정착지도 초기 이주자와는 달리 서부의 브리티시 컬럼비아 주를 벗어난 동부지방의 토론토와 몬트리올과 같은 대도시로 확장되었다.

1960년대에 밴쿠버의 폴스 크릭 중심의 제재소들이 남부의 프레이저(Fraser) 강변으로 재배치됨에 따라 1970년대부터 인도인도 프레이저 강에 인접한 밴쿠버의 남동부 지역 대표적으로 선셋(Sunset) 지구에 밀집 거주하기 시작하였다. 사실 밴쿠버의 최초의 시크 사원인 '칼사 디완 소사이티'(Khalsa Diwan Society)도 선셋 지구에 있는 로스 스트리트(Ross Street)에 1906년에 건립된 바 있는데, 제재소의 이주로 시크들의 집중적 거주도 이 지역으로 가능하였다. 따라서 선셋 지구에 인도인과 인도 상가가 점차 집중함으로써 이 지역의 매인 스트리트(Main Street)에는 '리틀 뻔잡'(Little Punjab)이라는 명칭의 시크 집거지와 '뻔자비 스트리트'(Punjabi Street)라는 거리가 조성되었다.

항에 도착하였는데, 캐나다 정부는 이 가운데 겨우 22명만을 하선할 수 있도록 하고 배를 돌려보냈다(Chandrasekhar, 1986).

그림 3. 밴쿠버 시의 인도인 분포(2001년 센서스 기준), 조정규(2006: 295)

자유당 정권의 트뤼도 수상에 의해 다문화주의가 공식적으로 표방된 1971년 이후 인도인의 유입은 1986년까지 급속하게 증가하기 시작하였으며, 1970년대 말 이후 이민 온 소위 '신 이주자'들 대부분과 밴쿠버에 거주하던 일부 기존 인도인들은 신흥주택지구인 광역 밴쿠버의 서리(Surrey) 시와 델타(Delta) 시로 자리 잡았다. 당시 서리 시는 소수의 상점, 공장, 농장을 제외하고 온통 숲으로 둘러싸인 지역으로서 저렴한 주택비용에 따라 인도인의 이주가 몰리기 시작했으며 이에 따른 인도인을 상대로 한 신흥 상가들이 조성되기 시작하였다. 서리 지역에는 급증하는 시크 인구에 따라 시크 사원과 인도인 상가가 대거 조성되었으며, 시크 사원만 보더라도 1973년 '구루 나낙 시크 템플'(Guru Nanak Sikh Temple)을 시작으로 2008년 현재 9개의 시크 사원이 건립되었다(김경학, 2008b).

표 1. Greater Vancouver의 각 Municipality의 인도인 분포

	1996			2001		
	출생국적 (동 인도인)	모어		출생국적 (동 인도인)	모어	
		뻔잡어	힌디어		뻔잡어	힌디어
Burnaby	9,655	3,950	1,365	12,705	4,675	1,925
Coquitlam	3,205	990	410	3,015	785	305
Delta	7,330	5,295	605	10,420	7,280	1,345
Langley Dist	740	375	15	1,455	810	75
Langley City	100	30	-	155	10	25
Maple Ridge	935	465	25	1,175	640	105
New westminster	2,735	1,875	500	3,500	2,275	410
North Vancouver Dist	2,040	175	110	2,190	350	55
North Vancouver	1,415	610	100	785	255	45
Pitt Meadows	570	310	85	670	550	45
Port Coquitlam	1,230	645	205	2,030	600	650
Port Moody	335	55	60	545	20	30
Richmond	8,635	4,890	940	10,850	4,510	1,195
Surrey	44,530	35,500	5,565	64,970	50,615	8,385
Vancouver	22,500	12,885	4,755	26,180	14,290	4,580
West Vancouver	810	45	15	910	70	85
White Rock	100	-	15	150	10	30
기타	295	-	25	355	25	20
합계	106,865	68,095	14,795	142,060	87,770	19,310

출처: http://www.gvrd.dc.ca/growth/keyfacts. 조정규(2006: 300)

여전히 밴쿠버로 이민 오는 인도인의 다수는 뻔잡 출신 시크들이다. 1996년과 2001년 밴쿠버의 인도인 분포도에 따르면 밴쿠버의 인도인 전체 인구 가운데 약 63%(1996년)와 61%(2001년)가 시크로서 인도인 이주민의 과반수를 훨씬 상회하고 있다[66]. 시크들은 밴쿠버 시

의 남동부에 위치한 선셋 지구에서 여전히 다수집단이며, 밴쿠버 시에 인접한 뉴 웨스트민스터와 리츠몬드(Richmond), 서리와 델타, 이 가운데 특히 서리 시에는 가장 많은 시크들이 거주하고 있다. 가장 다수의 시크들이 거주하는 서리 시의 경우 2008년 서리 시 전체 인구 392,450명 가운데 약 1/3에 해당하는 103,495명의 남아시아인이 거주하는데 이들 대부분은 시크라고 알려져 있다.[67]

●●● 2. 캐나다 시크의 사회·문화적 특성

캐나다로의 인도인 이주는 주로 인도 뻰잡 지방의 시크들로부터 시작되었다. 이민사회에서 종교기관이 중요한 역할을 하기 때문에 초기 밴쿠버 인도인에게 구르드와라의 역할은 매우 중요하였다. '칼사 디완 소사이티'라는 최초의 시크 사원은 동인도인(East Indians)[68] 공동체의 종교적 중심지이자 공동체의 내적 결속을 위한 공간이었으며, 더 나아가 외부세계에 동인도인을 대표하는 기구 역할을 수행하였다. 구르드와라 외에도 '가다르 당'(Ghadar Party)과 같은 인도인 정치단체가 1910~20년에 운영되어 당시 팽배했던 반 인도인에 대한 인종차별적 행위에 대해 저항하였다. 인도인에 대한 이민이 다시 허용되었

66) 2010년 현재 캐나다의 시크 인구는 대략 3십 만 명 이상으로 추정되지만, 2001년 센서스에 따른 시크 인구는 278,410명이었다. 밴쿠버 중심 브리티시 컬럼비아 주에 135,310명, 토론토 중심 온타리오 주에 108,785명, 캘거리 중심 앨버타 주에 23,470, 몬트리올 중심 퀘벡 주에 8,225명의 시크가 거주하고 있었다(Statistics Canada, 2001).

67) 2008년 필자가 서리 시 통계과 직원과의 인터뷰를 통해 수집된 자료에 따름.

68) 인도를 비롯한 남아시아 출신자들을 캐나다 토착 인디언과 구분시키기 위해 '동인도인'이라는 명칭이 사용되고 있다. 그러나 당시 동인도인의 대부분은 인도 출신 시크교도들로 구성되었다.

던 1947년부터 1960년대까지는 캐나다 정부가 이민자에게 동화를 강요하였던 시기로 볼 수 있다. 이 시기에 대부분의 시크들은 주류사회에 편입하고 인종차별을 피하기 위해 근대식 생활양식을 채택하고 이를 위해 외형적으로 드러나는 시크의 상징물들, 흔히 5Ks[69]를 포기하였다.

1950~60년대 캐나다로의 인도인의 이주는 대부분 시크들이었으며, 이들은 가족들의 스폰서를 토대로 한 '가족재결합' 프로그램을 통해 캐나다로 이주하여 대부분 밴쿠버를 중심으로 한 캐나다 서부에 정착하였다. 인도인이 캐나다로 대거 이주할 수 있게 된 것은 1970년대 트뤼도 정권의 다문화주의정책이 개시된 이후였으며, 이들은 대부분 노동자나 하급 기술자로 종사하였다. 1970년대의 다문화주의 정책이 실시된 이후에도 유색 인종에 대한 적대감과 인종주의는 여전하였지만 점차 유색 이민자에 대한 우호적인 분위기가 조성되자 밴쿠버에 입국한 이른바 '신 이민자' 인도인 가운데는 터번과 수염과 같은 종교적 상징물을 유지하고자 했다.

한편 지난 몇 십 년에 걸쳐 일어났던 교통과 통신수단의 급격한 발달은 모국의 시크들과의 관계뿐 아니라 세계 도처에 흩어져 살고 있는 해외 시크들 간의 네트워크를 보다 긴밀하게 만들었다. 영토라는 물리적인 경계를 넘나들며 '초국적인 시크 네트워크'(transnational Sikh networks)를 통해 송금, 혼인, 종교 등 다양한 사회 문화적인 영역에서 긴밀한 관계를 형성·유지하고 있다. 캐나다 시크들 역시 지리적,

69) 성년식을 거친 '진정한' 시크는 'K'로 시작되는 5가지의 의례적 상징물을 착용해야 한다. 여기에는 께시(*Kesi*: 자르지 않은 머리), 깡가(*Kanga*: 머리 빗), 까치(*Kaci*: 순결을 상징하는 하의), 까라(*Kara* : 신성한 신랑에 대한 헌신의 상징인 철제 팔찌, 끼르빤(*Kirpan*: 자기 방어와 명예, 힘과 불굴의 정신의 상징인 검)이 있다. 사실 터번은 5Ks에 해당되지 않지만 시크를 상징하는 대표적인 항목이 되었다.

정치적, 사회적인 면에서 별도의 공간에서 거주하고 있지만, 이메일과 국제전화를 통해 뻔잡에 남아 있는 구성원들과 일상적인 대화를 나누고 현금과 선물 등을 보낼 뿐만 아니라 사업 계약을 하고 다양한 아이디어를 교환한다. 즉 이들은 해외에 흩어져 살고 있지만 여전히 결속된 '전지구적 시크 공동체'(global Sikh community)의 성격을 유지하고 있다(김경학, 2007a).

시크 역시 여타 인도인들처럼 가족과 친족으로서 의무 뿐 아니라 '정상적인' 혼인을 매우 중요하게 생각한다. 이들은 출신 지역, 종교, 카스트의 정체성을 지키기 위해 중매혼을 매우 선호한다. 따라서 캐나다 시크들 역시 뻔잡뿐만 아니라 세계 도처에 흩어져 있는 시크 사회로부터 적합한 혼인 대상을 찾아 '초국가적 중매혼'(transnational arranged marriage)을 행하며, 이런 혼인은 국내외 시크들 간의 초국가적 네트워크를 형성하고 유지하는 데 매우 중요한 역할을 한다. 이러한 이유로 시크들의 가장 전형적인 해외 이주는 가족연쇄이주(family chain migration)이다.

시크들의 초국가적 네트워크가 잘 드러나는 영역은 캐나기 시크들과 뻔잡의 가족들과의 송금과 선물 교류이다. 이들의 송금은 직접적으로는 가족들에게, 더 넓게는 지역 공동체의 사원 · 상수도 · 스포츠 · 교육 · 의료 시설 등 인프라를 구축하는 데 쓰여 지역사회 발전에 기여하고 있다. 캐나다 시크들은 뻔잡의 고향 농촌마을에 해외에서의 성공을 드러내기 위해 그들이 건축한 2~3층의 초호화주택을 건축하였다. 이들 집들은 겨울 휴가철에만 이용 하는 별장이다. 이 주택 소유주들은 자신의 고향마을 사원의 개축과 마을 공용 화장터 건립에 수만 달러를 기부한다.

위성 TV와 인터넷으로 대표되는 전자매체 시대에 시크 문화 역시 뻰잡이라는 특정 영토에 정박해 있기보다는 초국가적인 흐름을 타고 있다. 이렇게 전파된 시크 문화는 캐나다 외에도 시크들이 거주하는 해외에서 자신들의 정체성을 형성하고 유지하는 데 기여하고 있다. 뻰잡 지역 농부들의 '막춤' 스타일인 '방글라 댄스(bangla dance)'는 뻰잡을 넘어 해외 인도인에게 가장 인기 있는 춤으로 성장했다. 거칠고 단순하며 빠른 비트에 맞춰 몸을 흔드는 방글라 댄스는 종교와 출신 지역과 무관하게 전 세계에 흩어져 살고 있는 시크를 포함한 전체 인도인에게 가장 인기 있는 춤이 되었다.

시크들이 뻰잡의 고향과 초국가적으로 네트워킹을 할 수 있는 데는 통신수단과 국제 항공 산업의 발달이 한 몫 하였다. 뻰잡의 마을 내에도 개인 전화회선의 보급이 점차 확대되고 마을에 시외 · 국제전화 통화가 가능한 시설이 급속히 늘고 있어 농촌 사람들조차도 캐나다 거주 가족과 쉽게 국제통화를 할 수 있게 되었다. 세계적인 통신 산업의 발전은 시크 가족원들 간에 물리적 공간을 넘어 공유된 사이버 공간에서 만날 수 있게 한다.

••• 3. 캐나다 시크 사회의 내부적 분화와 결속

1) 내부적 분화

밴쿠버를 중심으로 한 캐나다 시크 사회의 내부적 분화와 갈등의 재현은 인도 국내의 시크 사회와 인도 정치와 밀접한 상관관계가 있다. 1970년대 말부터 밴쿠버 시크 집단 내에서는 구르드와라의 통제권을 둘러싼 갈등이 초기 이주자와 '정통' 시크를 지향하는 신 이민자 간에 시작되었다. 캐나다에서의 '칼리스탄운동'은 1984년 시크교의 성지 황금사원에 대한 인도 정부군의 침탈과 델리 시크 대학살 사건 발생이 계기가 되어 밴쿠버 내 주요 시크 사원인 구르드와라(gurdwara)에 대한 권력을 1985년부터 약 10년 동안 장악하였던 사실에서 확인될 수 있었다. 이 기간 동안 소위 급진적 성격의 시크들이 캐나다뿐만 아니라 해외 큰 규모의 구르드와라 대부분의 리더십을 장악할 수 있었던 것은 인도 국내의 칼리스탄운동이 활발히 진행되고 있었기 때문이었다.

1980년대 초 인도 정부의 시크 집단에 대한 정치적 압박이 본격화되자 해외 시크 사회에서도 점차 분리주의를 지향하는 단체들이 등장하였다. 특히 1984년 시크 황금사원 공격과 델리 시크 대학살 사건 이후 칼리스탄운동에 개입된 급진파 시크의 일부가 캐나다의 밴쿠버로 입국하였다. 해외에 칼리스탄 건설을 지향하는 시크 조직들 예컨대 '세계시크조직'(World Sikh Organization)[70], '국제시크청년연맹'(International Sikh Youth Federation)[71], '국제바바르칼사(Babar Khalsa International)[72]' 등은 1984년 전후의 급박한 분위기 속에서 캐나다의 기존 시크 사원들을 어렵지 않게 장악할 수 있었다. 예컨대 캐나다의

---

70) '세계시크조직'은 온건한 칼리스탄운동지원 단체이며 이로 인해 해외 거주국 당국으로부터 테러집단으로 분류되지 않아 가장 많은 시크 회원을 유지하면서 현재까지도 운영되고 있다. 이 조직은 간접적인 방법으로 칼리스탄운동을 지원하고 있다.

71) '국제시크청년연맹'의 외형적인 목표들은 비폭력을 지향하고 있지만 칼리스탄 건설을 위한 활동으로 간주될 때는 폭력도 불사하였다. 이로 인해 캐나다 정부는 청년연맹을 불법단체로 지목하여 조직을 폐쇄시켰다. 청년연맹은 캐나다 내에서 온건파 시크에 대한 살인, 폭파, 유괴사건에 연루된 것으로 의혹을 받았다. 인도 정부 편에서 발언하는 인도출신 정치인과 온건파 시크에 대한 테러도 감행했다고 추정되었다.

72) '국제바바르칼사'는 캐나다에 근거지를 두고 있으며 가장 과격한 폭력행위에 관여한다고 알려졌다. 캐나다에 거주하였던 딸윈더르 싱 파르마(Talwinder Singh Parmar)가 이 조직을 이끌었다.

경우 이들 조직들 특히 급진적 조직으로 알려진 국제시크청년연맹 운동원들은 칼리스탄운동을 명분으로 캐나다 시크 다수가 집중 거주하고 있는 밴쿠버의 다운타운과 광역 밴쿠버 서리의 주요 사원들을 장악하였다[73]. 이들은 커다란 저항 없이 대부분의 시크 사원을 1985년부터 1995년까지 10년 이상을 독점 운영하였다. 세계시크조직이나 청년연맹은 신자들의 헌금액 가운데 상당 부분을 인도 뻔잡으로 보냄으로써 무장투쟁에 기여한 바 있다(김경학 2006b: 152-3).

그러나 이들은 인도의 통합과 다문화사회에 대한 적응을 강조하는 온건파로부터 1990년대 중반 이후 강한 도전을 받았다. 1985년 급진파 시크들의 소행으로 알려진 에어 인디아 182 여객기 폭파사건으로 인해 국제시크청년연맹과 국제바바르칼사 등의 급진파 단체들은 캐나다 정부로부터 불법단체로 지목되어 해체되면서 온건파의 목소리가 다시 살아나기 시작하였기 때문이었다. 1990년대 중반 이후 인도 내 시크 분리주의 운동을 둘러싸고, 시크 집단 내부에도 분리주의를 표방하는 급진주의자와 그렇지 않은 온건주의자와의 갈등이 표출되고 있다. 특히 1997년에 불거진 시크 사원의 공동식당인 '랑가르'(langar)에서 테이블과 의자의 사용 여부를 둘러싼 급진파와 온건파와의 갈등은 물리적 충돌[74]로 연결되어 구르드와라를 분리하여 운영하

---

73) 1906년에 세워진 다운타운의 '칼사 디완 소사이티'의 지도부는 1985년부터 1988년까지 '세계시크조직'에 의해 이어 1989년부터 1995년까지는 '국제시크청년연맹'에 의해 접수된 바 있다. 서리의 '구루나낙 시크 템플'은 1986년에 '국제시크청년연맹'에 의해 1995년까지 운영되었다. 1996년의 선거에서 패배한 급진파들은 구루나낙 시크 템플에서 분리하여 '다쉬메쉬 다르바르 구르드와라'를 만들어 독자적으로 운영하고 있다. 현재 서리 시에 있는 가장 큰 사원인 구루나낙 시크 템플은 온건파 사원으로, 다쉬메쉬 다르바르 구르드와라는 급진파 사원으로 일반인에게 인식되어 있다.

74) 1997년에 국제시크청년연맹 출신 소위 급진 시크들은 구루나낙 시크 템플을 비롯하여 캐나다 대부분의 사원의 공동 식당인 '랑가르'에서의 식사예법을 문

고 있는 형편이다. 급진파가 주장하는 시크의 '진정성' 논란은 흔히 시크 사원의 장악을 위해 다시 권력투쟁을 시도하는 모습으로 해석될 수 있었다(김경학, 2006b).

2) 시크 사회의 결속

'세계시크조직'(World Sikh Organization)을 비롯한 온건한 일부 시크 조직들은 해외 거주국 당국으로부터 테러집단으로 분류되지 않았기 때문에 현재까지 유지될 수 있으며 가장 많은 시크 회원을 관리하고 있다. 이들 조직들은 캐나다에서도 시크의 종교적 권리와 인권을 보호하는 일에 적극적으로 참여하였다. 특히 터번과 수염뿐만 아니라 끼르빤(의례용 단도) 등 시크의 종교적 상징물의 착용을 고수하고자 하는 '신 이민자' 시크의 수가 늘어가면서 이들 상징물 착용을 둘러싸고 주류 사회와 시크 사회와의 다양한 유형의 분쟁의 사례도 늘어갔다. 예컨대 캐나다 경찰에 임용된 시크의 터번 착용이 금지되는 등 공적 공간에서의 종교적 상징물 착용을 불허했던 사건들이 있었지만, 브리티시 컬럼비아, 온타리오, 캘거리 등 영어사용 주의 이러한 논쟁들은 1990년대까지 시크에게 유리한 방향으로 정리된 바 있다. 이미 학교 현장[75]에서도 끼르빤과 같은 분쟁의 소지가 있는 시크 상징물

제 삼았다. 이들의 주장은 시크교가 카스트의 위계질서를 깨고 평등주의를 구현하기 위해서는 인도에서 하고 있듯이 랑가르의 바닥에 둘러 앉아 식사를 해야 한다는 것이었다. 그러나 당시까지 캐나다 시크 이주역사에서 바닥에 앉아 식사를 한 사원은 한 곳도 없었으며 이런 주장을 하는 급진파도 마찬가지였다.

75) 예컨대 1990년 온타리오 주의 '필 교육위원회'(Peel Board of Education) 관할 공립학교 시크 교사인 '하리바잔 싱 빤도리'(Haribhajan Singh Pandori)의 학교 현장에서의 끼르빤 착용 금지에 대해, 교사 빤도리는 종교의 자유에 대한 침해를 이유로 해당 교육위원회를 '온타리오 주 인권위원회'를 통해 제소하였다. 빤도리와 인권위가 제소한 이 사건에 대해 온타리오 지방법원은 입문식을 거

그림 4. 구르바지 싱 물타니가 자신이 착용하고 있는 끼르빤을 보이고 있다.

의 착용조차 이들 주에서 허용되었다. 그간 시크 사회는 다문화주의를 지향하는 캐나다 사회가 자신의 종교적 정체성을 인정해 주길 지속적으로 요구하여 왔으며, 이러한 요구에는 인도 정부에 대한 이념적 태도의 차이와 상관없이 시크들의 결속력이 드러났다. 이런 집단적 결속감은 밴쿠버 등 영어 사용 캐나다 지역에서는 시크의 요구가 거의 수용되는 결과를 가져왔다.

가장 늦은 2001년에 몬트리올 불어 학교가 제기한 공교육 기관에서의 끼르빤 착용 금지 사건을 두고 몬트리올을 포함한 캐나다 시크사회뿐만 아니라 해외 시크들의 시크 학생에 대한 전폭적인 지지를 보냈던 다음의 사례는 내부적 분화에도 불구하고 종교적 권리의 보호를 위해 강하게 결속하는 캐나다 시크사회의 단면을 볼 수 있다.

행한 시크가 종교적 계율 상 끼르빤을 착용할 수 있는 권리를 보장해주는 것은 캐나다의 다문화주의 정책에도 맞는 것이라고 판결하였다(Peel Board of Education vs Ontario Human Rights Commission, 1991).

그림 5. 몬트리올에 거주하고 있는 물타니 부모와 형제

2001년 11월 18일 캐나다 퀘벡 주의 몬트리올 라살(La Salle) 지역의 '마그리뜨 부르지오 교육위원회'(Marguerite Bourgeoys School Board) 관할 '쌩 까뜨린 라부'(Sainte-Catherine-Laboure) 불어 초등학교에 재학 중이던 당시 12세의 시크 소년 구르바즈 싱 물타니(Gurbaj Singh Multani)[76]는 중간 휴식 시간에 운동장에서 노는 도중 허리춤에 착용

76) 2001년 사건 당사자 '구르바즈'는 퀘벡 주의 몬트리올에 거주하고 있는 시크였다. 2010년 현재 퀘벡에는 1만 여 명의 시크가 거주하고 있는 것으로 추정되며, 이들의 과반수가 몬트리올에 거주하고 있다. 몬트리올에는 6개의 시크 사원이 있으며, 구르바즈는 '구루드와라 구루 나낙 다르바르'(Gurdwara Guru Nanak Darbar, 이하 '나낙 다르바르')에 소속되어 있다. '나낙 다르바르' 사원은 몬트리올의 라살(La Salle) 지구에 위치해 있는 대규모 시크 사원이다. '나낙 다르바르' 사원은 칼리스탄 건설을 지향하는 급진적 성향의 시크들이 다른 사원에 비해 많은 편이며, 이들 대부분은 입문식을 행한 '정통' 시크들이다.

하였던 시크 의례용 단도(ceremonial dagger)인 '끼르빤'을 땅에 떨어뜨렸다. 마침 이를 목격한 퀘벡 학부모가 학교장에게 구르바즈의 '흉기' 소지 사실을 알렸다[77]. 구르바즈 가족과 라살 시크 사원 사제는 끼르빤 착용의무에 관한 시크교의 계율을 학교장을 상대로 설명했으나, 학교장은 학교 현장의 '무기 무관용의 원칙'(zero tolerance against weapons)을 내세워 구르바즈 측에 학교 등교 시 끼르빤을 착용한다면 퇴학이 불가피하다는 통보를 하였다.

구르바즈 가족은 이러한 학교 명령이 종교의 자유를 보장하고 있는 퀘벡과 캐나다 연방의 인권헌장에 맞지 않음을 이유로 해당 교육위원회를 상대로 법정 싸움에 들어갔다. 2002년 퀘벡 상급법원은 일정한 조건[78]을 준수하는 조건으로 구르바즈가 끼르빤을 학교에서 착용하게 함으로써 개인의 종교의 자유를 지켜야 한다는 판결을 내렸다. 그러나 이 학교의 프랑스계 학부모들은 학교에 끼르빤을 착용한 채 등교하는 구르바즈를 향해 "야 파키!, 네 나라로 돌아가라[79]"는 야

77) 무기를 내 놓으라는 학교장의 요구에 구르바즈는 자신이 무기를 소지한 적이 없다고 답변하였다. 그러자 학교장이 구르바즈의 허리춤에서 끼르빤을 빼들고 이것이 무기가 아닌가라고 꾸중을 하자, 그것을 무기라고 생각해본 적이 없다고 구르바즈는 대꾸하였다. 이러한 구르바즈와 학교장과의 대화 내용은 구르바즈가 끼르빤을 무기로 생각지 않고 있었음을 말해주고 있다(구르바즈와의 2009년 11월 인터뷰 자료 이용).

78) 끼르빤은 일정한 조건 하에 착용이 허용되었는데, 우선 허리춤에 착용되는 끼르빤의 칼집은 금속이 아닌 나무로 만들어져 안전하게 여러 겹으로 포장되어야 하며, 학교 교사는 앞서 언급된 조건들이 준수되고 있나 적절하게 점검해야 한다. 또한 착용자는 끼르빤을 칼집에서 뺄 수 없으며, 이를 분실하였을 때는 지체 없이 학교 당국에 보고해야 한다. 이러한 착용조건들이 준수되지 않을 시 구르바즈는 끼르빤 착용 권리를 상실할 것이다(Shariff, 2006).

79) '파키'는 '파키스탄'(Pakistan) 사람을 비하하여 부를 때 사용하는 호칭으로 인도인, 파키스탄인, 방글라데시인 등 남아시아 사람들을 구분하지 못하는 서구인들이 남아시아인을 비하하여 부를 때 통상 사용된다. 구르바즈를 향해 '파키'라고 부르는 퀘벡인의 행위에는 인종주의적 색채가 반영되어 있었다.

유를 던지며, 학교라는 공적 공간에서 종교적 상징물 착용은 허용될 수 없으며, 다른 학생들의 안전에 대한 권리가 무시되는 상황을 용납할 수 없다는 이유로 상급법원의 판결에 불복하였다. 450명의 끼르빤 착용에 반대하는 퀘벡 학부모의 연대 서명에 힘을 받은 해당 교육위원회는 이 사건을 퀘벡 항소법원에 항소하여 승소하였다. 2004년 3월 퀘벡 항소법원은 끼르빤은 종교적 상징물이기에 앞서 위험한 흉기라는 본질적 성격을 벗어날 수 없기 때문에 일정 조건 하에서 이를 착용한 채로 학교에 등교하는 것조차 다른 학생들의 안전에 관한 권리를 제약한다는 이유로 교육위원회의 손을 들어 주었다[80]. 결국 구르바즈와 시크 측은 캐나다 연방 대법원에 상고하였으며, 2006년 3월에 끼르빤 착용에 관련하여 구르바즈를 퇴학 처리한 교육위원회의 결정은 잘못된 것이라는 대법원의 판결이 나왔다. 대법원은 구르바즈처럼 입문식을 행한 '정통' 시크들에게 학교 현장에서 끼르빤 착용이라는 종교적 계율을 지키도록 허용하는 것은 캐나다의 다문화주의 원칙에 일치된다고 판시하였다.[81]

---

80) 항소법원은 개인의 자유를 보장해야 하는 현장에도 불구하고 항공기와 법정에서 안전을 이유로 끼르빤 착용이 허용되지 않으며, 학교 현장에서 폭력이 증가하고 있는 현실을 이유로 학교에서 끼르빤 착용이 금지되어야 함을 판시하였다(Multani de vs Commission scolaire Marguerite-Bourgeoys, 2004).

81) 2006년 대법원은 구르바즈의 승소를 판결하였다. 판사들은 구르바즈가 끼르빤 착용을 종교적 계율에 따른 행동으로 진실로 믿고 있으며, 이를 착용하지 못하게 하는 일은 그의 종교와 신념에 큰 장애가 됨을 법정에서 확인하였다. 또한 법정은 학교에 반입이 허용되는 컴퍼스, 박스커터, 야구방망이 등도 상황에 따라 폭력적 목적으로 사용될 수 있을 뿐 아니라, 이들이 끼르빤 보다 위험하지 않다는 객관적 증거가 없기 때문에 끼르빤 만을 제한하는 것은 설득력이 부족하다고 지적하였다. 학교 현장은 항공기나 법정처럼 익명의 사람들이 모인 곳과는 달리 상호 인지가능한 사람들이 모인 곳이기 때문에 학교를 법정과 항공기 내와 동일 선상에 놓고 끼르빤의 위험성을 논하는 것은 합당치 않다고 강조하였다(Multani de vs Commission scolaire Marguerite-

구르바즈가 2001년에 해당 불어 학교로부터 끼르빤 착용 금지명령을 받자마자 라살의 '나낙 다르바르' 사원의 시크 사제, 시크 원로들, 일반 신도들, '세계시크조직' 등 글로벌 시크 결사체들이 시크의 끼르빤 착용의 종교적 정당성을 주장하는 홍보 활동에 적극 참여하였다. 이 사건이 법정싸움으로 전개되자 '나낙 다르바르'는 퀘벡의 인권 변호사를 선임하였다. '나낙 다르바르' 시크들은 캐나다 전역과 해외 시크들을 대상으로 모금활동을 벌여, 2006년 대법원 판결까지 지출된 전체 경비 약 20만 캐나다 달러를 충당하였다.

특히 '나낙 다르바르' 시크들은 지역 언론과의 인터뷰를 자청하여 '정통' 시크의 끼르빤 착용의 중요성, 시크 집단과 캐나다의 핵심적 가치들 간의 일치, 무기가 아닌 종교적 상징물로서의 끼르빤 등을 집중 홍보하였다. 또한 이들은 상급법원, 항소법원, 대법원에서 열린 재판 현장을 가득 메워, 이 사건이 몬트리올뿐만 아니라 글로벌 시크들에게 중요한 사안임을 시위하였다. 몬트리올 소재 불어 공립학교에 다니는 일부 시크 학생들도 끼르빤 사건에 대해 무언의 시위를 하였다[82].

시크 원로 만지트 싱은 퀘벡 신문에 시크와 끼르빤 간의 종교적 관계에 대한 내용을 기고하였으며, 자신이 대변인으로 있는 '캐나다 시크 위원회'(Canadian Sikh Council) 이름으로 구루바즈 사건 관련한 성명을 발표하였다[83]. 만지트 싱은 말레이시아, 인도, 미국, 영국 등 해

Bourgeoys, 2006).

82) 그간 시크 학생들은 체육시간에 반지 등 장신구 착용을 금하는 규칙에 따라 통상 '까라'(철제 팔찌)를 벗었으나, 구르바즈 사건이 터지자 이들은 체육시간에 까라를 벗느니 체육시간에 참여하지 않겠다는 무언의 시위를 위해 벤치에 앉아서 체육시간을 보냈다. 학생들의 이런 행위들은 구르바즈의 종교적 신념에 따른 행동을 자신들도 지지한다는 의미의 시위였다고 한다(구루바즈 싱과의 인터뷰 자료, 2009년, 11월).

외 시크 약 5천 명으로부터 구르바즈를 지지하는 서명을 받아 해당 기관에 청원하였다. '세계시크조직' 등 시크 관련 글로벌 조직들은 인터넷 포탈 사이트와 신문 지상을 통해 끼르빤이 무기가 아닌 종교적 상징물이며, 종교적 상징물 표현의 자유를 주장하였다.

●●● 4. 배사키 축제와 정치적 자원으로서 기억

급진파 시크 집단은 칼리스탄운동을 명분으로 캐나다 시크 다수가 집중 거주하고 있는 밴쿠버의 다운타운과 광역 밴쿠버 서리의 주요 사원들을 장악하였다. 캐나다 정부는 1985에어 인디아 182 여객기 폭파사건의 배후로 캐나다 내의 급진적인 시크조직들인 '국제시크청년연맹'과 '국제바바르칼사'로 지목하였다. 캐나다에 본거지를 두고 있는 '국제바바르칼사'는 소수의 '골수' 시크 조직원으로 구성되어 있는데 이들은 329명의 무고한 승객 전원이 사망한 1985년 아일랜드 상공에서 에어 인디아 폭파사건을 모의·주도하였다는 혐의를 받은 바 있다. 총책에 딸윈더르 싱 파르마[84], '돈줄'에 리푸다만 싱 말릭 현 서리 칼사학교 이사장, 폭탄 제조 책에 인더르지뜨 싱 레이야뜨 등이 폭파 용의자들로 지목받았다. 탑승자 전원이 사망하는 캐나다 역사상 가장 큰 규모의 1985년의 테러사건은 1984년 황금사원 침탈과 델리 시크대학살을 주도한 인도 정부에 대한 캐나다 거주 시크들의 보복

83) 구르바즈 사건은 다양한 문화적 표현을 보장하고 있는 캐나다 다문화주의에 어긋나며, 특히 종교의 자유를 침해하는 인권 침해상황임을 성명서는 강조하였다(만지트 싱과의 인터뷰, 2009년 11월).

84) 1985년 에어 인디아 폭파를 주도하였으며 해외 무장단체들과 긴밀한 연결을 맺어왔다고 알려진 파르마는 1992년 인도로 잠입하였다가 인도에서 경찰에 의해 피살당했다고 알려졌다.

으로 알려졌지만, 약 20년의 법정공방 결과 인도에서 1992년에 피격 당한 딸윈더르 싱을 제외한 이들 용의자 대부분은 2005년에 증거 불충분으로 무죄 석방되었다.

캐나다의 급진파 사원들 가운데 서리 시에 있는 '다쉬메쉬 다르바르 구르드와라'는 가장 대표적인 급진파 사원이다. 이 사원은 서리의 구루나낙 구르드와라 사원의 지도부를 10여년 장악하였으나 1996년 선거에서 패배하였다. 다쉬메쉬 다르바르 구르드와라의 지도부는 현재까지 터번을 착용하고 끼르빤(kirpan) 등 소위 5Ks를 착용한 입문식을 거친, 종교적으로는 '보수적' 또는 '정통' 시크들이며, 이념적으로는 칼리스탄운동을 지지하는 급진파[85] 시크들이다. 최근에 이민 온 많은 시크들은 주택 가격이 상대적으로 저렴하면서도 매트로 역이 있으며 시크들이 밀집되어 있는 서리 시를 선호한다. 이들의 대부분은 서리 내에서도 사원의 랑가르 사용과 예배방식이 고향 뻔잡의 그것과 유사하고 가끔 뻔잡에서 사제와 종교음악 연주단이 방문하는 다쉬메쉬 다르바르 구르드와라의 의례에 참여한다. 이런 이유로 최근 다쉬메쉬 다르바르 구르드와라의 신자 성장률은 매우 높은 편이다. 한편 규모 면에서 가장 큰 사원인 구루나낙 시크 템플은 소위 온건파로 분류되어 있으며, 지도부의 대부분은 삭발하고 터번을 착용하지 않은 소위 '자유주의적' 시크들로서 랑가르에서는 테이블과 의자를 이용해 식사하고 있다.[86]

사실 캐나다 시크 사회에서 종교적으로 보수주의자와 자유주의자

---

85) 사원의 중앙 홀의 벽면 중심부에는 "칼리스탄이 승리하리라"(*khalistan zindabad !*)라는 구호가 선명하게 부착되어 있다.

86) 캐나다 밴쿠버의 시크들이 종교적 실천의 적합성 시비로 급진파와 온건파 사이의 대립과 그 변화의 역동성에 대해서는 김경학(2006b)의 연구를 참조 바람.

간의 대립은 1950년대부터 있었던 문제이다. 이러한 종교적 성향의 차이에 1984년 인도에서 시크 핍박이 시작되고 이로 인해 칼리스탄을 지향하는 일부 급진적인 시크들이 캐나다로 이민 오면서 정치적으로 '칼리스탄 지지세력'과 '비 칼리스탄 세력'의 구분이 부가되었다. 캐나다 일부 시크 세력들과 캐나다의 주류 언론의 "터번을 착용한 종교적 보수 시크는 정치적으로 급진세력이며, 그렇지 않은 시크는 정치적으로 온건하다"는 등식은 잘못된 것이다. 사실 종교적 보수주의 시크 가운데에도 칼리스탄운동에 반대하는 사람들도 있고 그 역의 경우도 있기 때문이다.[87)]

1) 서리 '배사키' 퍼레이드 줄거리 따라잡기

배사키(Vaisakhi)는 시크 캘린더에서 가장 중요한 축제의 하나로서 1699년 10대 구루인 고빈드 싱에 의해 칼사단이 출범한 것을 기리는 날이다. 특히 뻰잡의 배사키는 하리야나(Haryana), 히마찰 쁘라데시(Himachal Pradesh), 우따란찰(Uttaranchal)에서도 전통적인 추수 축제로 여겨진다. 시크뿐만 아니라 힌두도 배사키를 즐기지만 특별히 시크들은 배사키를 칼사가 세워진 날로 기념하기 때문에 선명한 정체성과 행동수칙을 각인시켜주는 날로 여긴다. 전 세계에 흩어져 있는 시크 디아스포라도 구루들이 가르친 가치들을 생각하며 배사키 축제를 즐기는데, 캐나다 브리티시 컬럼비아 주 서리 시의 배사키 퍼레이드는 약 10만의 시크가 참여하는 해외에서 가장 큰 규모의 축제로 알려져 있다.

---

87) 나야르(Nayar, K.E. 2006)는 캐나다의 주류 언론이 "터번착용 시크=시크 근본주의자"로 잘못된 이미지를 조장함으로써 종교적인 계율 때문에 터번을 착용한 온건 성향의 시크마저도 과격한 근본주의자로 색칠하게 되는 오류를 범하고 있음을 비판하였다.

그림 6. 배사키 퍼레이드에 참여하고 있는 트럭 옆면에 부착된 사진들과 구호. 사진 속 인물들은 인도 정부군을 상대로 투쟁하였던 시크 순교자이며, 칼리스탄 건설만이 유일한 해결책이라는 구호가 부착된 퍼레이드 차량행렬

서리 시의 배사키 축제는 다쉬메쉬 다르바르 구르드와라가 주관하고 있는데 참여 인원 규모가 크면서 1984년 시크사원 침탈과 시크 대학살 사건을 기억시키는데 있어서 가장 급진적 방식을 동원하는 것으로도 알려져 있다[88]. 급진파 시크가 운영하는 것으로 알려진 서리

88) 야후나 구글 등 다국적 인터넷 포탈 사이트와 무료 동영상 사이트인 유튜브(YouTube)에 '배사키'축제라는 검색어를 입력하면 가장 많이 등장하는 곳이

소재 다쉬메쉬 다르바르 구르드와라 집행부는 2007년부터 2009년까지 세 번에 걸쳐 배사키 퍼레이드 프로그램에 1984년 시크 관련 이미지 사진, 인물 사진, 티셔츠 등을 동원함으로써 축제라는 문화적 맥락을 칼리스탄운동을 위한 기억투쟁의 장으로 이용한 바 있었다.

서리 시장 디안 왓츠(Dianne Watts)는 2006년 4월 15일에 캐나다의 시크 인구가 가장 밀집된 광역 밴쿠버의 서리 시 소재 '다쉬메쉬 다르바르 구르드와라'가 주관하는 배사키 축제를 서리 시 공식 축제의 하나로 공표하였다. 서리 시 당국은 배사키 축제를 시크뿐만 아니라 전체 인도계 캐나다인 그리고 일반 캐나다인들도 함께 즐길 수 있도록 시차원에서 행사 당일 교통 통제 지원과 소액의 행사 지원금을 지급하고 있기 때문에, 배사키 퍼레이드는 명실 공히 캐나다의 '다문화주의'를 실천하는 하나의 축제로 인정받기 시작했다. 서리 시 관내에는 캐나다에서 규모가 가장 큰 시크 사원인 '구루나낙 시크 템플'을 비롯하여 다쉬메쉬 다르바르 구르드와라, 싱사바 사원 등 크고 작은 9개의 시크 사원이 있다. 그러나 서리의 배사키 퍼레이드는 다쉬메쉬 다르바르 구르드와라 단독으로 1999년부터 현재까지 진행되고 있지만 축제에는 사원소속에 관계없이 모든 서리 시크들이 참여할 수 있다. 2000년대 초에 배사키 참여 인원은 대략 3-4만이었지만 2007년 이후 약 10만 명으로 급증하였다.[89]

캐나다의 서리 시가 주관하는 퍼레이드 내용이다. 이는 1985년 캐나다 서리 소재 시크들의 공모에 의해 에어 인디아의 폭파가 일어났다는 추정과 시크 사원 운영을 둘러싸고 온건파와 급진파 간의 물리적 충동이 가장 심했던 곳이 캐나다 서리였기 때문이다.

89) 구루나낙 시크 템플의 규모가 크지만 1999년 전에 배사키 퍼레이드를 시도하지 않은 것은 밴쿠버 다운타운에 위치한 전통 있는 '칼사 디완 소사이티'가 다운타운에서 배사키 퍼레이드를 조직해 왔기 때문이다. 구루나낙 시크 템플 측은 동일한 온건 노선을 걷고 있는 칼사 디완 소사이티의 퍼레이드에 힘을

서리 배사키 축제의 내용은 다음과 같다. 서리 85번 아베뉴(85th Avenue)에 위치한 다쉬메쉬 다르바르 구르드와라 앞에서 오전 7시 30분경 시크 사원임을 알리는 높은 철제 깃대의 끝자락에 묶여있는 삼각형 깃발, 즉 '니산 사힙을 새 것으로 교체하는 간략한 의례가 있다. '구루 그란티 사힙'은 대형 트럭을 수레모양으로 장식한 특설 무대에 모셔져 있는데, 이 수레를 선두로 하여 사원 주변 도로를 따라 퍼레이드가 시작된다. 퍼레이드 노선은 사원이 위치한 85번 아베뉴-129번가-76번가-124번가를 거쳐 다시 사원으로 돌아오는 것이다. 선두 수레 앞에 터번과 5Ks를 착용한 5명의 선두가 캐나다 국기와 시크기인 칼사 깃발을 들고 퍼레이드를 이끈다. 퍼레이드에는 시크 전통 무술 기예를 보여주는 수레, 방글라 댄스와 노래 부르는 수레, 칼사 학교 수레 등이 참여한다. 퍼레이드가 잠시 정지하면 도로 한 복판에서 시크 전통 무예시범이 있으며 다시 퍼레이드가 진행된다. 수레를 동반한 행렬이 124번가의 '스트로베리 힐즈 학교'(Strawberry Hills School) 근방에 도착하면 도로 변에 설치된 특설 무대에서 약 한 시간의 공식 행사가 진행된다. 무대 위에 다쉬메쉬 다르바르 구르드와라의 간부들, 서리 시장, 브리티시 컬럼비아 주 수상, 주의원, 국회 하원의원 등이 자리한다. 먼저 다쉬메쉬 다르바르 구르드와라의 지도급들이 뻰자비로 1984년의 황금사원 공격과 델리 시크 대학살을 저지른 인도정부를 비난하고 칼리스탄 건설에 관한 정치적 연설을 한다. 이곳에서 빠지지 않는 구호가 '칼리스탄 진다바드(*khalistand zindabad*, 칼리스탄은 승리할 것이다)'이다. 이들 곁에는 뻰자비로 진행된 시크의 정치적 연설의 내용을 이해하지 못하고 자신들의 순서만을 기다리는 캐나다

실어주었지만 단독으로 개최하고자 하는 노력은 하지 않았다. 그러나 1990년대 말부터 서리가 '시크 촌'으로 본격 변화하면서 대다수의 시크가 서리 배사키에 참여하는 경향을 보인다.

정치인들이 서 있다. 순서에 맞춰 다문화주의를 추구하는 캐나다에서 배사키 축제를 축하한다는 등의 이들의 축사들이 있다. 이들 정치인들이 매년 서리 축제에 참여하는 중요한 이유는 서리의 약 1/3에 해당하는 인구인 시크의 표를 무시하지 못하기 때문이다. 이 한 시간의 연설무대는 시크의 정치에 캐나다 주류 정치인들이 참여하고 1984년 사건에 대한 인도정부의 태도를 비판함으로써 문화적 행사가 정치적 행사로 변모하는 순간이다. 퍼레이드는 다시 출발하여 다쉬메쉬 다르바르 구르드와라에 도착하여 간략한 의례를 지낸 후 약 4시경에 행사는 종료된다. 배사키 퍼레이드가 진행되는 도로변에 설치된 수많은 임시 천막에는 밤새워 집과 사원에서 시크들이 손수 장만한 뻔잡 음식이 음료와 함께 행사에 참여한 모든 사람들에게 무료로 제공된다. 이 행사 참여자의 대부분은 시크이지만 시크가 아닌 남아시아인과 유럽계 캐나다인도 적지 않게 눈에 띈다.

그림 7. 배사키 축제기간 동안 임시로 설치된 사진 전시장에서 시크의 몸에 가해지는 고통스런 사진들을 보고 있는 밴쿠버 시크

2) 축제의 기억의 정치

다쉬메쉬 다르바르 구르드와라가 주관한 2007년부터 2009년의 배사키 축제에는 1984년 시크 핍박에 관련된 '기억 텍스트들'이 포함되었다. 캐나다의 주류 언론과 소위 온건파 시크사원은 이를 신랄하게 비난하였으며, 이 행사에 참여한 캐나다 정치인들, 예컨대 브리티시 컬럼비아주지사, 서리 시장, 각 정당의 하원의원들 역시 비판받았다.

1985년 에어 인디아 182기 폭파 주범으로 혐의를 받았던 딸윈더르 싱 파르마의 사진이 시크 순교자의 지위로 일부 수레에 부착된 2007년 퍼레이드부터 배사키 축제는 세간의 관심을 모으기 시작했다. 1984년 황금사원 저항을 주도하였던 빈드란왈레(Bhindranwale)와 인디라 간디 인도수상을 살해했던 저격범인 빈뜨 싱(Beant Singh)과 사뜨완 싱(Satwan Singh)의 사진 역시 순교자의 지위로 또 다른 수레에 부착되었다. 게다가 행사에 참여한 일부 청년 시크들은 2002년 캐나다 정부로부터 테러단체라는 이유로 강제 해체된 국제시크청년연명(International Sikh Youth Federation, 이하 ISYF)의 이니셜 'ISYF' 글자와 두 정의 총이 인쇄된 티셔츠를 착용하였다. 이 티셔츠에는 "우리의 목적은 칼리스탄"(OUR AIM KHALISTAN)이란 글귀가 인쇄되어 있었다. 티셔츠를 착용한 청년들은 행진을 하면서 '칼리스탄 진다바드' 등의 인도정부를 비판하면서 칼리스탄을 지지하는 구호를 외쳤다. 또한 스트로베리 힐즈 학교 주변에 설치된 연설무대에는 캐나다 정치인들과 함께 해체된 국제시크청년연맹 전직 고위 지도자였던 사띤더르빨 싱 길(Satinderpal Singh Gill), 국제 바바르 칼사 캐나다 지부 후원자이자 에어 인디아 182기 폭파 공범으로 법정에 섰다 2005년 무죄로 판결받았던 아자이브 싱 바그리(Ajaib Singh Bagri)와 리푸다만 싱 말릭이 단상위에 나란히 자리하고 있었다.

2008년 4월 12일의 배사키 퍼레이드에는 지난해 행사에 대해 캐나다 주류 언론과 에어 인디아 182기 희생자 가족들의 비난을 의식하여 딸윈더르 파르마 사진은 등장하지 않았다. 2008년 역시 2007년만큼 정치적 구호가 등장하여 축제에 참여한 일부 정치인들[90]이 황급히 자리를 떠나든지 공식적인 연설무대에 나서지 않았다. 빈드란왈레와 두 명의 인디라 간디 저격범이 순교자로 숭배 받았고, 청년연맹의 이니셜 'ISYF' 글자대신에 칼리스탄운동을 고무하는 구호들이 찍힌 티셔츠를 약 60-70명의 시크 청년들이 착용하였다. 일부 티셔츠의 전면에는 "살아 있는 동안 우리는 명예롭게 살 것이다"(while we live, we shall live with dignity)는 구호가 다른 티셔츠에는 "우리의 신앙을 위해 죽을 것이다"(when we die shall be for our faith)는 구호가 찍혀 있었다. 티셔츠 후면에는 "칼리스탄 공화국이여 영원하리라"(Long Live the Republic of Khalistan)는 구호가 찍혀 있었다.

또한 2008년 행사에는 다쉬메쉬 다르바르 구르드와라 입구 상단에 "시크는 자유와 칼리스탄을 원한다"(Sikhs want Freedom & Khalistan)고 적힌 대형 플래카드가 부착되어 있었다. 그리고 빈드란왈레, 빈뜨 싱과 사뜨완 싱 사진이 사원 출입구 오른쪽 화단에 설치된 간이 나무 벽보판에 "우리의 위대한 순교자들에게 경의를 표합니다"(We salute our great martyrs)는 구호와 함께 부착되어 있었다. 서리 배사키 축제 조직위원회는 1984년 인도에서 야기된 시크 핍박에 맞서 싸운 전사들을 순교자의 반열로 올리면서 인도 정부에 의한 1984년의 시크 핍박을 기억시키고 있었다.

2008년부터 새롭게 추가된 '기억 텍스트'는 사원 주차장에 임시로

90) 2007에 이어 2008년 행사에도 참여한 정치인들은 시크 유권자의 '마음을 살' 필요가 있어 배사키 축제에 참여했지만 이들은 이 축제 참여로 인해 반 시크 정서를 유지하는 주류 언론으로부터 지탄을 받았다.

설치된 사진 전시텐트였다. 텐트 입구에는 "인도의 시크 제노사이드 스토리"(Story of Sikh Genocide in India)라는 전시 내용을 알리는 플래카드가 부착되어 있었다. 텐트 내부에는 1984년 인도에서 자행된 시크 황금사원 진압, 델리 시크의 대학살, 1985년부터 인도 뻰잡에서 자행된 시크에 대한 인권유린 사태들 관련 수많은 사진들이 전시되었다. 울부짖는 시크 여성과 아이들 그리고 백발의 시크 노인의 애처로운 모습이 배경 처리된 포스터에 붉은 글씨로 "1984년 기억하기"(Remembering 1984)라는 문구가 선명하게 적혀 있었다.

2009년 4월 12일 비가 오는 날씨임에도 불구하고 수 만 명의 시크들이 서리 축제에 참여하였다. 이 행사에도 여전히 빈드란왈레와 두 명의 저격범 사진이 부착된 수레가 퍼레이드에 참여하여 시크들의 참배를 받았다. 사진이 부착된 수레의 측면에는 "1984년을 결코 잊지 말자"(1984 Never Forget)라는 구호의 플래카드가 부착되어 있었다. 또한 다쉬메쉬 다르바르 구르드와라 주차장에는 지난해에 이어 임시 텐트 사진 전시공간이 설치되어, 인권침해과정에서 시크의 몸에 대한 핍박 관련 사진들이 전시되어 있었다.

2009년에도 칼리스탄 관련 슬로건이 담긴 티셔츠를 착용한 청소년들이 참여하였다. 2009년에는 그 수가 늘어 대략 150-200여명이 착용한 것으로 알려졌다. 티셔츠 전면에는 "무릎 꿇고 사느니 죽음을 선택하겠다" (we would rather die standing than live on our knee)는 구호와 빈드란왈레와 인디라 간디 저격범 2명의 사진을 포함 전체 13명의 시크 전사 사진이 찍혀 있었다. 티셔츠 후면에는 "혁명이여 영원하라"(long live revolution)는 문구가 프린트 되어 있었다. 2009년에도 문제시 될 수 있는 사진들이 동원된다는 것을 사전에 안 대부분의 정치인들은 거리에서 축제를 즐길 뿐 공식적인 무대에 서는 것을 꺼렸다.

3) 1984년 사건 시크 추모제

서리의 배사키 퍼레이드 외에도 1984년 황금사원과 시크 대학살에 관한 집단적 기억을 정치화 하는 다양한 행사들[91)]은 거의 서리의 다쉬메쉬 다르바르 구르드와라에 의해 주도되어 왔다. 매년 진행되고 있는 1984년 시크 대학살 희생자를 추모하는 2008년 촛불 전야제가 다쉬메쉬 다르바르 구르드와라의 회장 수다가르 산두[92)]와 이미 해체된 국제시크청년연맹 전 지도자였던 산띤더르빨 싱 길(Santinderpal Singh Gill)에 의해 준비되었다. 추모제를 주관한 사람들은 본인들이 밝히듯 칼리스탄을 염원하는 소위 급진파로 분류될 수 있다. 그러나 추모 행사에 참여한 모든 시크가 칼리스탄을 지향하는 급진적 시크인 것은 아니다[93)]. 다쉬메쉬 다르바르 구르드와라의 2008년 델리 대

---

91) 1984년 사건을 정례적으로 추모하는 일 외에도 2008년 10월 3-4일 양일간 '서리 예술센터'에서 시크 감독 '하르쁘릿 꼬르(Harpreet Kaur)'의 다큐 영화 '과부촌: 인도의 불안한 정착지구'(The Widow Colony: India's Unsettled Settlement)가 많은 수의 서리 시크들을 대상으로 상영되었다. 이 다큐는 1984년 델리 시크 대학살의 직접적인 희생자들이 거주했던 뜨릴록뿌리(Trilokpuri), 깔랸뿌리(Kalyanpuri), 술딴뿌리(Sultanpuri), 몽골뿌리(Mpngolpuri)에 남아 있는 학살당한 자 부인들과의 인터뷰를 통해 당시의 상황과 이들의 트라우마, 책임자 처벌과 정의를 위한 이들의 투쟁 등을 그려낸 영상물이다. 이 영화는 당시 참혹하게 살해당한 남편들을 잃고 난 후 지금까지 과부들의 삶을 쫓아다니는 트라우마를 실감나게 전달하고 있다. 사건이 발생한지 21년이 지났음에도 책임자 처벌을 제대로 하지 않는 인도정부를 비난하는 이 다큐영화는 과부들의 트라우마, 정의와 생존을 갈구하는 투쟁을 탁월하게 그렸다는 점에서 여러 국제다큐영화제에서 수상하였다.

92) 2008년 인터뷰에서 산두는 지금까지 델리 대학살에 대한 책임자 처벌이 이루어지지 않는데 대해 분노하며, 델리에서 사망한 시크들이 바로 우리의 영웅인 반면 자신들의 성지를 침탈하고 인명을 학살한 인디라 간디 집안은 폭력자라 믿고 있다. 이들은 간디의 며느리가 인도를 통치를 하고 있기 때문에 시크 대학살에 대한 철저한 조치가 불가능하며 이 때문에 칼리스탄이 더욱 필요하다고 역설하였다.

93) 그러므로 추모제에 참여한 모든 시크들이 정치적으로 칼리스탄을 지향하는

학살 24주기 추모 촛불 전야제에 참석한약 400명은 희생자를 추도하는 예배와 당시 델리에서 사건을 경험한 시크의 목격담이 발표되었다. 촛불 전야제에도 배사키 퍼레이드에서처럼 일부 청년들이 행사 관련 티셔츠를 착용하였다[94]. 티셔츠 전면에는 "1984년을 결코 잊지 말자"(Never Forget 1984)는 구호가, 후면에는 "인도군이 하만디르 사힙(황금사원)에 발을 딛는 순간 칼리스탄의 주춧돌은 세워질 것이다"(when the Indian Army sets foot in the Hamandir Sahib Complex, the foundation stone of Khalistan will be laid)는 빈드란왈레의 어록이 찍혀 있었다.

2009년 6월 6일에는 인도 정부군에 의해 성지 황금사원이 침탈받은 25주년을 기억하기 위한 추모제가 급진파와 온건파 합동으로 저녁 6시부터 9시까지 밴쿠버 다운타운의 '밴쿠버 아트 갤러리'(Vancouver Art Gallery)에서 있었다. 이날 행사의 주제는 "25주년: 잊을 수 없다 1984년, 1984년 홀로코스트, 인권 캠페인"(25 Years, Never Forget 1984. 1984 Holocaust, Campaign for Human Rights)으로 이 행사에는 광역 밴쿠버의 수천 명의 시크들이 참여하여 1984년 황금사원 침탈, 델리 시크 홀로코스트, 시크 인권침해와 관련한 성토대회를 가졌다. 시크교와 사회정의를 위해 1984년에 희생당한 순교자가 추앙되

근본주의자로 인식되는 것은 적합지 않다. 참여자의 일부는 과거 핍박과 인권문제를 기억시킴으로써 인도 정부의 올바른 행동을 촉구하고자 참여했으며 폭력사용에는 절대 동의하지 않음에도 불구하고 자신들 전부를 테러리스트로 보는 것은 맞지 않다고 주장하였다.

94) 당시 티셔츠를 착용하였다는 대학 2년생인 다르찬 싱(Darchan Singh, 20)은 자신의 부모가 아픈 역사에 대해 가끔 이야기를 해주었는데, 자신처럼 칼리스탄에 전적으로 동의하지 않는 사람조차 학살과 인권침해에 대해서는 분노를 느낀다고 말하였다. 그는 티셔츠 착용을 통해 자신의 신념을 표현하는 것이 두렵지 않으며, 평화로운 방법을 통해 1984년의 사건을 말하는 투쟁을 계속할 것이라고 강조하였다.

고 기억되는 연설들이 이어졌으며, 당시 사건 내용을 담은 다큐 필름이 대형 스크린에 상영되었다. 행사 마지막에 아트 갤러리의 전체 계단에 촛불을 들은 시크들은 촛불 물결을 만들어 정의를 기다리는 시크들의 염원을 그려냈다. 이 행사에는 정치적, 종교적 내부 이질성에도 불구하고 시크라는 동질성에 근거하여 모든 시크들이 함께 참여하였다[95].

4) 외부시선의 대항 기억 만들기

2007년부터 2009년까지 밴쿠버의 유력 일간지 '밴쿠버 선'(*Vancouver Sun*)은 서리 근본주의 성격의 시크 사원이 축제형식을 빌어 칼리스탄 운동을 하고 있기 때문에, 캐나다는 테러로부터 자유로울 수 없음을 신문 지상을 통해 맹렬히 주장하였다. '밴쿠버 선'의 킴 볼란(Kim Bolan)[96] 기자는 서리 배사키 축제를 급진 시크집단이 정치적 이용하

95) 그간 1984년 관련 추모제는 서리의 다쉬메쉬 다르바르 구르드와라가 주관하였는데 2009년 합동 행사가 가능하였던 것은 지난 해 다쉬메쉬 다르바르 구르드와라의 추모제에 온건파 시크 사원인 구루나낙 시크 사원 회장인 발완뜨 싱 길(Balwant Singh Gill)이 참여하면서 합동 행사의 가능성에 물꼬를 튼 것으로 추정된다. 당시 발완뜨 싱 길은 자신의 사원의 일부 운영위원들로부터 근본주의자들의 행사에 참여하였다는 비난에 직면하였다. 그러나 발완뜨 싱은 칼리스탄운동에는 반대하지만 인도에서 1984년에 시크에 대한 탄압과 인권을 유린한 점은 사실이기 때문에 자신의 참여가 순수한 의도였음을 해명하였다고 전해진다.

96) 그녀는 1984년 인도에서 벌어진 황금사원 침탈과 델리 시크 대학살로 인해 밴쿠버의 시크들이 다운타운에 몰려가 행한 반인도 시위부터 시크 관련 취재를 시작하여 결정적으로는 이듬 해 에어 인디아 182기 폭파 사건을 심층 취재하기 시작하면서 밴쿠버 시크 집단에 대한 전문 기자가 되었다. 킴 볼란은 급진파 시크집단에 의한 에어 인디아 폭파로 인해 대부분이 캐나다 시민이었던 329명의 무고한 인명이 살상된 데에 분노하며 용의자들에 대한 법정싸움을 20여년 이상 취재하였고 용의자가 캐나다 법의 심판을 받을 것을 기대하고 있었다. 그녀는 여러 번에 걸쳐 급진파 시크들로부터 살해협박을 받은 바

고 있는 점에 대한 비판적 기사를 작성해 왔다. 서리의 다쉬메쉬 다르바르 구르드와라 시크들은 킴 볼란 기자가 칼리스탄을 지지하지 않고 단지 터번만을 착용하는 보수적인 시크 남성조차도 테러단체와 연결된 것으로 신문 독자가 추측 가능하도록 유도하는 기사를 작성한다고 비난하였다.

인도 정부는 캐나다 정부가 인도 수상 암살범과 테러리스트들이 순교자로 미화되도록 방치하였다는 이유로 2007년도 서리 배사키 축제의 내용을 문제 삼아 캐나다 정부에 공식 항의하는 사태가 발생하였다. 국제 테러리즘 전문 비영리조직인 캐나다의 '매킨지 연구소'(the Mackenzie Institute, 2009)는 2007년 캐나다 서리의 시크 축제를 문제 삼으며, 인도 뻔잡의 칼리스탄운동은 재개될 가능성이 거의 없지만 오히려 캐나다 국내에서 칼리스탄운동이 재개할 가능성이 있음을 우려하는 의견을 남겼다. 그리고 '남아시아 테러리즘 포탈'(South Asian Terrorism Portal, SATP 2009)도 자신들의 웹사이트를 통해 2007년 축제 내용을 문제 삼으며 파키스탄의 정보당국이 캐나다의 'ISYF'의 재기를 기획하고 있다는 주장을 하게 이르렀다.

서리의 축제를 테러리즘의 징후로 캐나다인이 이해하도록 각인시킨 결정판은 2007년 4월의 배사키 퍼레이드가 끝난 2개월 남짓 되는 시점인 2007년 6월 28일 캐나다의 주류 언론인 '캐나다방송국'(Canadian Broadcasting Corporation, CBC) 뉴스의 Terry Milewski 기자가 만든 '사모사 정치'(Samosa Politics)라는 특집 다큐였다. 이 프로그램은 캐나다의 주류 정치판에 시크 극단주의자들이 자리 잡았음을 비판하였다. 특히 이 프로그램은 2007년 서리의 배사키 퍼레이드에

있으며 이런 모든 이야기를 토대로 하여 2005년에 "신뢰의 상실: 에어 인디아 폭파범들이 어떻게 살인죄를 모면 하였는가"(*Loss of Faith: How the Air-India Bombers Got Away With Murder*)라는 단행본을 캐나다에서 출간한 바 있다.

캐나다 테러 역사상 최악의 희생자를 낸 에어 인디아 182기 폭파 사건에 연루된 용의자들이 연계된 점을 시청자들에게 부각시켰다.

또한 이 다큐는 서리 퍼레이드에 테러리즘의 정치색이 있었음에도 축제에 참여한 캐나다 정치인의 어느 누구도 폭파 용의자 딸윈더르 싱 파르마의 사진 부착과 테러단체로 지목된 국제시크청년연맹 티셔츠와 정치적 구호들을 문제 삼지 않았음을 비판하였다. CBC는 딸윈더르 파르마가 에어 인디아 182기의 주범이라는 어떤 구체적인 증거도 없으며, 자신은 그를 대단한 사람으로 존경한다는 다쉬메쉬 다르바르 구르드와라의 회장 수다저 싱 산두와의 인터뷰를 방송에 내 보냄으로써 일반 캐나다인들에게 시크집단은 테러와 연결된 집단이라는 인상을 강하게 심어주었다.

게다가 이 프로그램은 법정에서 에어 인디아 관련 참고인으로 참석 예정이었으나 원인 모를 테러로 숨진 따라 싱 해이어(Tara Singh Hayer)의 아들이자 당시 브리티시 컬럼비아 주 의원인 대브 헤이어(Dave Hayer)와의 인터뷰를 방송하였다. 대브 헤이어는 배사키 퍼레이드에서 잘 드러나듯이 캐나다는 테러리스트들의 천국이기 때문에 캐나다인은 급진파 시크들에 대해 경각심을 갖도록 촉구하였다. 또한 시크 출신이면서 터번을 벗고 수염을 자른 연방정부 자유당 하원 의원인 우잘 도산즈(Ujjal Dosanjh)의 서리 퍼레이드를 우려하는 인터뷰를 프로그램에 포함시킴으로써, 캐나다 일반인으로 하여금 도산즈처럼 터번을 두르지 않는 시크들은 온건하고 터번을 착용한 시크는 모두 테러와 관련된 것으로 오해할 수 있게 유도 하였다[97].

2008년 4월의 배사키 축제가 종료된 지 2개월 남짓 후 또 다시 캐

97) 방송은 폭파범으로 지목된 딸윈더르 파르마의 터번 두른 사진과 다쉬메쉬 다르바르 구르드와라의 회장 수다저 싱 산두는 터번을 착용하였다는 점을 염두에 두고 '터번착용=급진주의자'의 등식을 묵시적으로 강조하였다.

나다 주류 언론의 대항 기억 만들기 프로그램이 방송되었다. 2008년 6월 22일 CBC TV는 1985년 에어 인디아 182기 폭파 23주기와 '캐나다 테러리즘 희생자를 위한 국가 기념일'(Canada's National Day of Remembrance for Victims of Terrorism) 전야를 맞이하여, 에어 인디아 폭파 사건 관련 방송을 하였다. 이 프로그램은 사건 발생부터 관련자들이 법정에서 증거부족으로 2005년 무죄로 석방되는 전 과정을 그린 다큐로서 상업광고도 하지 않은 채 저녁 9시 프라임 시간에 방송되었다. 이 다큐는 이 사건과 관련된 인물들 예컨대 당시 조사했던 경찰, 피해자 가족들, 사건에 대한 일부 시크의 반응을 인터뷰 기사로 편집하고, 법원 조사문건과 캐나다연방정보국의 보고서 등을 참조하여 사건을 주모했던 것으로 의심받는 단체와 인물의 테러 행위를 재현함으로써 이 사건의 잔혹함과 캐나다 내에서 배양된 테러리스트들의 소행을 경고하였다. 영화제작자인 Sturla Gunnarsson은 캐나다 역사상 가장 잔혹한 테러사건의 주모자와 공모자가 법의 정당한 심판을 받지 않는 현실을 비판하고자 영화를 만들었다고 전해진다. 그는 자신의 작품에 대한 인터뷰 기사에서 "사건의 공모가 밴쿠버에 근거를 두고 있는 자들에 의해 이루어졌고, 또한 대부분의 희생자가 캐나다인이었다는 것이 우리가 자신과 우리가 살고 있는 사회에 대해 심각하게 생각해야 할 점을 강조하기 위해 제작하였다" 주장하였다.

••• 5. 캐나다 시크 사회의 기억의 정치의 전망

1984년 자국의 군인들에 의해 종교 성지가 침탈당하고, 단 4일 동안 3,000여명 이상이 집단 학살당한 시크의 고통은 인도 국내외 시크들의 마음속에 집단적 트라우마로 남아 있다. 시크 커뮤니티의 트라우마와 폭력에 대한 기억의 형상화는 여전히 시크 개개인과 집단전체의 '기억경관'(memoryscapes)을 구성하고 있다(Verma, 2006). 특히 1984년 사건을 인도에서 직접 경험한 후 캐나다로 이민 온 '신 이민자'[98]의 일부는 트라우마로 인한 스트레스 장애를 호소하고 있다[99].

해외에 나와 있는 거의 모든 시크들은 황금사원 공격과 시크 홀로코스트를 공식 인정하고 책임자 처벌을 하지 않는 인도정부의 태도에 실망과 분노를 나타낸다. 다만 시크 독립국가인 칼리스탄을 지향하기 위해 물리적 폭력을 사용하는 것에는 시크 내부에도 극단적인 차이가 있다. 특히 1985년 에어 인디아 182기의 폭파가 캐나다 시크의 소행이라는 정보당국의 주장은 온건한 시크들이 급진파 시크들로부터 멀어지게 된 결정적인 계기가 되었다.

그러나 인도 국내의 칼리스탄운동이 거의 소멸된 1990년대 중반 이후 '물리적 폭력'으로 칼리스탄을 추구하려는 세력은 최소한 캐나

98) '신 이민자'는 시크들이 영어로 일상적으로 말하는 'new comers'라는 표현을 번역한 것이다. 물론 용어가 사용되는 맥락에 따라 상대적이지만, 이들은 대략적으로 1970년대 말 이후, 특히 1984년 이후에 캐나다에 입국한 사람들을 지칭한다.

99) 2008년 서리의 다쉬메쉬 다르바르 구르드와라에서 인터뷰한 차란 싱(Charan Singh, 남 66)은 1992년에 캐나다로 이민 왔다. 1984년 11월 2일에 델리 하우즈 카스(Hauz Khas) 인근에 거주하면서 폭도들이 집 근처의 다른 시크 집을 공격하였을 때 자신의 집도 공격할 것 같아 숨을 죽이고 있었던 때를 생각하면 지금도 몸에서 식은땀이 나고 소화가 되지 않으며, 가끔 이런 장면들이 꿈속에서도 나타나 괴롭힌다고 한다. 자신뿐만 아니라 당시를 직간접으로 경험한 시크들은 정도의 차이는 있지만 본인과 유사한 신체적 어려움을 겪고 있다고 말하였다. 차란 싱은 일종의 고난의 생존자로서 해외에서 종교적 자유를 누리며 안심하고 살 수 있는 자유의 소중함을 강조한다. 책임 당사자들이 자신들의 잘못된 과거를 은폐하지 않고 이를 인정하고 희생자를 공식적으로 위무하는 것만이 이들을 집단적 트라우마로부터 치유할 수 있을 것이다.

다 시크 집단에서는 거의 찾아보기 힘들게 되었다. 특히 2001년 9.11 사건 후 터번을 착용한 시크들이 '빈 라덴'의 테러 집단으로 오해 받아 현지인으로부터 살해를 당하거나[100] 다양한 형태의 불이익을 받는 등 의혹의 눈길을 받는 해외 상황에서 소위 급진파 시크들에게 물리적인 폭력을 사용하기 보다는 1984년 사건으로 인한 집단 트라우마를 기억시키는 전략을 선택하는 것이 보다 현실적이었다.

지난날 캐나다의 시크들은 캐나다 일반인으로부터 '근본주의자' 또는 '테러리스트'로 인식되는 경향이 있었다. 1984년 인디라 간디 인도 수상이 피살되었다는 소식을 듣고 밴쿠버의 다운타운에서 춤추고 기뻐하는 장면, 1985년 에어 인디아 182기 폭파사건에 캐나다의 시크가 연루되었다는 보도, 사원 내부의 권력 장악을 둘러싼 물리적 충돌 관련 소식 등은 캐나다 시크들의 호전적 이미지를 만들기에 충분하였다. 더 나아가 1985년 캐나다 역사상 최악의 테러사건인 항공기 폭파가 캐나다 일부 근본주의 시크들에 의한 소행이라는 확신을 갖고 있는 캐나다의 주류 언론에게 2005년 용의자들에 대한 무죄선고는 믿을 수 없으며 용납될 수 없는 사안이었다.[101] 무죄로 풀려난 일부 용

---

100) 9.11사태 후 최초의 인종차별적 희생자는 미국 아리조나 메사(Mesa)에 주유소를 운영하고 있는 시크 달비르 싱 소디(Dalbir Singh Sodhi)였다. 그는 2001년 9월 15일 75$를 희생자를 위해 기부하고 미국 성조기를 사기 위해 근처의 코스트코(Costco)를 다녀오자마자 Frank Roque이라는 백인이 쏜 5발의 총탄을 맞고 자신의 주유소에서 현장 사망했다. 가해자는 법정에서 검은색 피부, 수염, 터번을 착용한 사람을 9.11사태의 주범들과 같은 '패거리'라 생각하고 발사했다고 주장했다. 오해로 인한 추가적인 피해를 막기 위해 '시크 터번은 무슬림 터번과 다르다'는 점과 "시크는 평화를 사랑한다"는 알림판을 사원 입구에 별도로 부착시키는 일까지 있었다.

101) 캐나다의 일부 주류 언론과 일부 온건파 시크들의 이러한 확신과는 다르게 급진적인 시크를 포함한 많은 수의 온건파 시크들조차도 항공기 폭파가 인도 정보국의 작품이라는 의심을 하고 있다.

의자가 다시 캐나다에서 다쉬메쉬 다르바르 구르드와라처럼 칼리스탄 지지자와 교류를 하는 일은 주류 언론에게 급진적 시크를 비판할 수 있는 절호의 뉴스 감을 주는 것이었다.

2007년부터 2009년까지의 서리 배사키 퍼레이드에 등장한 일련의 급진적 구호와 사진들은 시크 당사자들에게는 집단 기억을 위한 '기억 텍스트'였지만, 주류 언론에게는 테러리즘이 진행되고 있는 것으로 해석되기에 충분하였다. 이들 언론은 칼리스탄을 고무하는 티셔츠 착용과 테러단체로 해체된 'ISYF' 문자의 등장, 시크 몸에 대한 탄압을 홍보하는 사진전시장 등은 시크 테러리즘이 캐나다 사회에 잔존하는 것으로 해석되는 증좌들이었다. 따라서 2007년과 2008년 배사키 퍼레이드가 종료된 시점에서 테러리즘을 터번을 착용한 보수적 시크와 연상시킬 수 있는 특집 다큐들을 주류 언론이 방영한 것은 1984년의 트라우마의 집단적 기억을 통해 칼리스탄운동을 지속시키고자 하는 시크들의 기억의 정치에 '대항하는 기억의 정치'로 해석될 수 있다. 일부 연구들(Tatla, 2006; Verma, 2006; Gohil & Sidhu, 2008; Nayar, 2008)이 지적하고 있듯이 해외 시크에 대한 주류 언론들은 터번을 착용한 보수적 시크를 테러리즘과 연결된 것으로 그리고 1984년 인도에서의 시크 대학살에 대한 기억의 정치를 테러리즘이 살아 움직이고 있는 것으로 주장해 왔다.

사실 1984년의 인도에서의 시크 탄압과 그에 대한 칼리스탄운동의 흔적은 해외 구르드와라가 소위 급진파와 온건파로 나뉘어져 있는 현실에 드러나 있다. 즉 이러한 이념적 분화도 1984년 인도에서 시크들에게 있었던 하나의 고통의 흔적으로 간주될 수 있다. 그간 캐나다 주류 언론은 캐나다 시크가 정치적으로 매우 극단적인 두 집단으로 분화되어 있음을 부각시키는 일에 열중하였다. 그러나 캐나다의 시크 사회에서 최근 이러한 이분화의 골을 메울 수 있는 조심스런 징후들[102]이 나타나기 시작했다. 2009년에 합동추모제는 칼리스탄 이념을 전면에 내세우지만 않는다면 캐나다 내의 소위 급진파와 온건파가 이념적 차이를 넘어 시크라는 공동체적 의식과 집단 학살 트라우마라는 공통의 기억을 토대로 1984년 시크 대학살, 시크교 탄압, 시크 인권침해에 대해 기억의 정치에 함께 동참할 수 있는 가능성을 보여준 대표적인 예시가 되었다.

칼리스탄운동에는 직접적인 흥미가 없지만 다쉬메쉬 다르바르 구르드와라가 조직한 배사키 축제와 일련의 추모제에 적극 참여하고 있는 '신 이민자' 부모 세대들이 있다. 이들은 1984년의 집단적 기억 유지를 위해 기회가 될 때마다 1984년 기억의 편린을 자녀들에게 구술로 전하고 스스로 터번을 착용하며 뻔잡 언어(뻔자비)를 사용하는 등 시크 공동체를 위한 '망각 금지 행위'에 동참하고 있다. 이들은 다양한 방식으로 1984년의 시크 대학살을 생생하게 기억시키면서 자신의 종교를 자유롭게 실천할 수 있는 권리의 중요함을 자녀들에게 강조한다.

102) 1998년 캐나다 시크 사원의 공동식당인 '랑가르'에서의 테이블과 의자 사용을 둘러싸고 온건파와 급진파 간의 이견이 있을 때 뻔잡 암리짜르에 있는 시크교 최고 기관인 아깔 따크뜨(Akal Takht)의 최고 사제 자테다르(jathedar)는 해외의 시크들도 랑가르에서 바닥에 들러 앉아 식사를 해야 한다는 칙령을 내렸다. 그러나 당시 온건파로 분류된 밴쿠버 다운타운 '칼사 디완 소사이티'와 서리의 '구루나낙 시크 템플'의 회장인 '캐시미르 달리왈(Kashmir Daliwal, 남 55)과 발완뜨 싱 길(남 68)은 이를 거절하였다. 이에 따라 아깔 따크뜨는 길과 달리왈을 포함한 5명의 캐나다 시크들을 시크교에서 파문시켰다. 2009년에 두 사람은 자테다르 앞으로 자신들의 파문을 철회해 줄 것을 간청하는 서안을 보낸 것으로 확인되었다. 이러한 온건파의 움직임은 자테다르의 칙령이 인도 내에서만 수용되는 것으로 주장했던 해외 온건파의 주장에 다소 변화가 온 것으로 감지되어 온건파와 급진파 간의 소통의 여지가 엿보인 것으로 해석될 수 있다.

최근 캐나다 시크 사회에서 가장 주목되는 것은 배사키 축제와 추모제의 실제적인 조직 활동이 일부 청년 시크들에 의해 수행되고 있다는 점이다. 다쉬메쉬 다르바르 구르드와라의 부대변인 서크쁘리뜨 싱[103)](Sukhpreet Singh, 남25세)처럼 청년 세대들은 가정에서의 1984년에 대한 이야기 듣기, 추모제에서의 1984년 관련 목격담 청취, 다큐필름 관람, 컨퍼런스 참여를 통해 1984년을 새롭게 알게 되고 이를 기억하게 되었다. 특히 온라인 세계에 익숙한 이들 청소년 세대들은 1984년 관련한 수많은 웹사이트를 방문함으로써 당시 시크에게 가해졌던 폭력과 인권침해의 상황을 사진, 동영상, 텍스트, 음성 등을 통해 인지하게 되며, 이와 관련한 자신의 입장을 토론방에 남기고 있다. 사이버 공간을 통한 기억의 정치는 이들 신세대 청소년들로 하여금 사원의 배사키 축제와 같은 오프라인 행사에 적극 참여하게 함으로써 기억을 정치화시키고 있다.

이처럼 캐나다 밴쿠버 시크 사회에 신세대의 바람이 서서히 변화를 일으키고 있다. 거주 사회의 주류 언론들이 시크를 테러리스트 또는 '위험한 타자'로 집중 보도함에 따라 오히려 일부 시크 청소년들은 시크라는 자신의 정체성을 보다 확고하게 하는 계기가 되기도 한다. 배사키 퍼레이드에 티셔츠를 입고 참석한 청년들 가운데 칼리스탄의 염

---

103) 서크쁘리뜨 싱을 비롯한 일부 청년들은 행사에서 티셔츠 착용한 이유를 단순히 칼리스탄운동을 지지해서가 아니라 시크 신앙을 위해 순교한 자를 존경하는 의미의 문화적이고 종교적인 표현 때문이었다고 주장한다. 특히 이들은 1984년 인도에서 벌어진 황금사원 공격과 델리 대학살에 대해 말할 자유로운 권리를 시위하는 것이며, 젊은 세대들도 시크의 아픈 지난 역사를 기억하고 있음을 세상에 보여주기 위해 그런 구호들이 있는 셔츠를 착용하였다고 말하였다. 특히 CBC와 같은 캐나다 언론이 시크에 대해 편협적인 방송을 함으로써 전체 시크의 명예 손상뿐만 아니라 캐나다 시크 사회의 분열이 오기 때문에 이에 대해 침묵하지 않기 위해 티셔츠를 제작하고, 착용하였다고 강변하였다.

원이 현실적으로 가능하다고 믿는 이는 거의 없다. 이들 시크 청년들이 칼리스탄에 막연히 관심을 갖게 되거나 시크 기억의 정치에 발을 딛게 되는 계기는 시크 학살 등을 알게 되고, 주류 언론의 편파적인 방송을 접하고, 이민사회에서 인종주의를 경험하는 등 다양한 계기로부터 '자신은 누구인가'라는 정체성 문제[104]를 생각하면서부터이다.

지금까지 캐나다의 모든 시크 사원의 지도부는 인도 국내외에서 시크 관련한 사건들을 직접 경험한 50-60대들로 구성되어 있다. 그러나 캐나다에서 가장 큰 규모의 온건파 사원으로 알려진 구루나낙 시크 템플에 신세대의 바람이 일고 있다. 1996년 급진파로부터 리더십을 되찾은 이후 현재까지 발완트 싱 길 회장과 사두 싱 삼라(Sadhu Singh Samra) 부회장을 비롯한 50-60대가 사원의 지도부를 구성해 왔다. 그러나 2008년 11월의 사원 선거에서 시크 입문식을 거행한 후 터번을 두른 27세의 젊은 시크인 아마르딥 싱 데올(Amardeep Singh Deol)이 이끄는 청년 회원들이 차기 회장단으로 선출되었다. 기존 지도부 대부분은 삭발하여 터번착용을 하지 않고 수염을 자른 소위 자유주의적 온건파로 분류된다. 이들은 음주, 흡연, 육식도 마다하지 않는다. 11월 선거에서 승리한 데올은 캐나다에서 출생하여 브리티시 컬럼비아 대학교에서 컴퓨터를 전공한 후 캐나다의 유명 온라인 스포츠 게임사의 하나인 '일렉트로닉 아츠'(Electronic Arts)에 근무하는

---

104) 서리의 Queen Elizabeth Secondary School에서 12학년 뻰자비를 가르치고 있는 마민더르 싱(Maminder Singh, 남 33)은 1976년 밴쿠버에서 출생했다. 그의 부친은 1972년 밴쿠버로 이민 왔다. 마민더르는 서리의 칼사 학교 출신으로 현재는 입문식을 하지 않았지만 머리를 기르고 터번을 착용하고 있다. 그는 자신을 '시크'(세계 도처의 시크처럼)로, 다음은 '캐나디안-시크'로, 마지막으로 '캐나디안' 또는 '인도-캐나디안'으로 인식하고 있었다. 마민더르 싱처럼 많은 수의 시크 청소년들은 자신의 정체성에서 '시크'라는 종교적 요인이 우선적임을 강조한다.

소프트웨어 프로그램머이다. 그리고 부회장으로 내정된 란즈 다리왈(Ranj Dhaliwal) 역시 젊은 환경운동가이면서 작가이다. 데올[105]과 그 지지자들 대부분은 머리와 수염을 기르고 있으며 터번 등 5Ks를 착용하고 육식, 음주, 흡연 등과는 거리가 먼 매우 강한 종교적 신념[106]을 지니고 있다.

구루나낙 시크 템플의 최근 선거 결과가 말해 주듯이 캐나다 시크 사회에 적지 않은 청년층들이 터번을 착용하는 등 전통주의적인 종교 성향을 보이면서 시크 사원의 정치에 개입하기 시작했다. 선거 결과를 두고 온건파 사원의 급진화를 우려하는 주류 언론의 기대와는 달리 이들 신세대들은 칼리스탄을 무조건 지지하는 일은 없을 것이라 선언하였다. 이들은 배사키 축제와 다양한 추모 의례를 통한 기억의 정치에 합류함으로써 캐나다 정부와 주류 언론 및 사회 일반을 향해 시크로서의 존재와 정체성을 인식시키기 위한 노력을 경주할 것을 인터뷰에서 밝힌 바 있다. 캐나다 시크 사회에서 청년 세대의 역할이 점차 중요하게 인식되면서 온라인과 오프라인을 통한 이들의 1984년 시크 집단학살에 대한 기억의 정치가 어떤 방향으로 흘러갈 것인지는 향후 몇 년 동안의 이들의 움직임을 지켜봐야 할 것 같다.

---

105) 사실 데올은 초등학교 5학년 때에 머리를 잘랐지만 대학교 1학년 때에 입문식을 받고 다시 머리를 기르고 터번을 착용하기 시작했다. 그와 그의 지지자 청년들은 주류 언론의 구분에 따르면 '근본주의적'(fundamentalist), '전통주의적'(traditionalist), '정통주의적'(orthodox) 시크들로서 소위 '칼리스탄주의자'(Khalistani)로 분류될 수 있다. 현재 선거 과정의 문제점이 발견되어 당선이 보류되었으나 데올 등이 재선거에 합의하여 2009년 11월에 있을 재선거까지 과거 지도부가 사원을 이끌고 있다.

106) 이들은 신체장애자와 노약자를 위한 일부 테이블과 의자만 남기고 시크 전통에 따라 랑가르(시크 식당)에 매트를 깔아 바닥에서 식사를 할 의사를 밝힘으로써 '밴쿠버 선'과 같은 주류 언론은 온건파 사원이 급진파의 손에 들어갔다는 비판적인 기사를 낸 바 있다.

제3장

시크 사이버 글로벌 민족주의

인도 국내외 시크들에게 1984년은 종교적으로나 종족적으로 가장 치욕적이고 치명적인 한 해였다. 1984년 6월 인도 정부군의 소위 '블루스타 작전'(Operation Bluestar)으로 성지 황금사원이 침탈되고 빈드란왈레를 비롯한 분리주의 운동원과 분리운동과 무관한 성지순례자가 살상되었다. 같은 해 10월 31일부터 4일 동안에 걸쳐 공식적 집계로 약 3천명에 이르는 시크들이 델리를 비롯한 일부 도시에서 집단학살되는 피해를 입었다. 1985년부터 시크들이 천명한 칼리스탄 독립을 목표로 한 시크 분리주의운동이 본격적으로 전개됨에 따라 시크 게릴라와 이를 진압하는 인도 정부 군경과의 유혈 사태는 약 10여 년 동안 양측의 수많은 인명피해를 가져왔다. 특히 시크 분리주의운동 진압과정에서 뻔잡 시크에 대한 인도 정부 군경의 다양한 유형의 인권침해가 있었다. 인도 정부 군경의 대대적인 소탕작전에 의해 대략 1990년대 초반부터 인도 국내의 칼리스탄 운동은 약화되기 시작하여

1990년대 중반에는 인도 내에서 거의 소멸되었다.[107)]

인도 시크 집단들에 의한 1984년 델리 시크 대학살에 대한 책임자 처벌 요구가 있었지만 2005년 마지막 진상조사위원회 '나나와띠(Nanavati) 보고서'가 나오기까지 인도 정부 측의 구체적인 대책이 나오지 않았다. 1984년 사건 이후 매년 6월과 11월이 되면 황금사원 침탈과 델리 시크 대학살 사건을 추모하고자 하는 일부 시크 집단들의 시도가 있었지만 인도 경찰의 철통같은 감시 때문에 공식적인 기념행사는 생각지도 못했다. 인도 정부의 시크 희생자들과 시크교단에 대한 공식적 사과는 2004년 시크 출신 만모한 싱이 수상직에 오르면서 시크 대학살로 인해 피해를 입은 당사자와 유가족에 대한 공식적 사과와 나나와띠 보고서에서 제기한 보상책을 충실히 이행하겠다는 말을 덧붙였다.

아직 인도 국내의 오프라인에서의 시크 참사에 대한 직접적이고 공식적인 기념화 작업은 거의 이루어지지 않았다. 약 1998년부터 2004년까지 인도 정권을 잡았던 힌두보수정당 '인도국민당'(Bharatiya Janata Party, BJP)의 집권 시기를 제외하고 1984년 시크 핍박부터 현재까지 대부분 시기의 정권을 잡고 있는 인도국민회의(Indian National Congress) 정부의 입장에서 시크에게 진실로 사죄하고 사건 주모자를 처벌하고 희생자에게 보상하고 이들 사건을 기념화 해주는 일은 거의 불가능하였다[108)].

107) 1984년 시크 성지 침탈과 델리 시크 대학살에 관한 구체적인 내용은 김경학(2007b)을 참고바람.

108) BJP 역시 시크 사건을 직접적으로 다루지 않은 것은 최근에 있었던 극우 힌두 세력들에 의한 무슬림 집단학살 사건, 예컨대 2002년의 구자라뜨 고드라 사건에 대한 책임을 지지 않으려는 자신들의 입장과 인도 회의당 입장이 동일하기 때문이었다.

한편 인도 뻔잡 내 칼리스탄 운동이 거의 약화될 무렵인 1990년대 중반 무렵 해외 시크 디아스포라에 의해 운영되는 시크 관련 인터넷 웹 사이트와 동영상 사이트들이 등장하기 시작하여 2008년 현재까지 지속적으로 늘어갔다. 이들 웹 사이트들은 시크의 역사, 시크교, 시크 정체성, 특히 1984년에 시크에게 닥친 일련의 시련을 담은 멀티미디어 자료를 이용하여 시크의 아픔과 시련을 기억시키고 있다. 사이버상에서 운영되고 있는 이들 사이트들은 특별히 1984년 인도에서 시크가 경험한 핍박에 대한 기억을 재현시키고자 다양한 유형의 자료들을 세계 도처에 거주하는 시크들을 대상으로 유포시킴으로써 전지구적 수준으로 칼리스탄 운동이 건재함을 과시하고 있다. 현재 시크 분리주의 운동과 직접적으로 관련된 웹 사이트 수는 약 50개 이상이며, 여기에 시크 역사와 문화를 소개하면서 특별히 칼리스탄 운동을 주요 항목으로 소개하고 있는 사이트를 포함시키면 그 수는 엄청나게 늘어난다. 게다가 개인이 운영하는 분리주의 운동 관련한 웹 사이트나 블로그를 포함시킨다면 시크 관련 웹 사이트 수는 거의 거의 헤아릴 수 없을 만큼 많다.

시크 관련 웹 사이트는 나름의 뚜렷한 목적을 지니고 운영되기 때문에 그 내용이 매우 정교하게 구성되어 있는 것이 일반적이다. 사이트 개설 시기와 운영의 목적 등이 명시되어 있을 뿐만 아니라 시크 사회 관련한 뉴스와 다양한 종류의 멀티미디어 자료실 등이 준비되어 방문자로 하여금 문서, 음성, 이미지, 동영상 등을 손쉽게 이용할 수 있도록 구성되어 있다. 또한 웹 사이트 외에도 구글(Google)에서 운영하는 '유튜브'(YouTube)는 사이버 상에서 시크의 역사적 경험을 매우 생생하게 동영상으로 재현해 주고 있는 대표적인 동영상 공유 사이트이다.

사이버 공간에서 운영되는 시크 관련 웹 사이트는 성격에 따라 종교적이고 문화적인 것, 지역의 구체적인 뉴스를 제공하는 것, 시크 디아스포라 전반적인 사항을 다루고 있는 웹 블로그, 칼리스탄 운동과 뻔잡의 인권침해를 다루고 있는 정치적 성격의 것으로 구분될 수 있다(Sokol, 2007). 본 연구가 관심을 두고 있는 사이버 공간에서의 시크 관련 웹 사이트는 칼리스탄 운동과 관련을 맺고 있는 정치적인 성격을 띤 것들이다. 이들 웹 사이트들은 사이버 공간을 통해 1984년의 블루스타작전, 델리 시크 대학살, 약 10년 동안의 시크에 대한 인권침해를 동영상, 문자 텍스트, 이미지 사진, 음성자료 등의 멀티미디어 자료를 통해 재현하고 있다. 본 연구는 사이버 공간에서의 웹 사이트들을 통해 직접적으로는 세계 도처에 있는 시크집단을 향해 그리고 광범위하게는 세계인을 향해 시크들이 전개하고 있는 '기억의 정치'의 성격과 그 내용을 규명하고자 한다. 이 연구에 이용되고 있는 자료들은 다국적 인터넷 포탈 사이트의 검색을 통해 얻을 수 있었다. 시크 사이버 민족주의 관련 연구로 대표적이라 말할 수 있는 연구(Gunawardena, 2000)가 주로 웹 사이트 내용에 관한 분석에 치중한 반면, 본 연구는 이들 웹 사이트를 포함하여 2005년 이래 영어권에서 가장 인기 있는 무료 동영상 사이트인 유튜브(YouTube)[109]의 관련 자료들도 분석하였다.

109) 유튜브는 인기 있는 무료 동영상 공유 사이트로 사용자가 영상 클립을 업로드하고, 보고, 공유할 수 있다는 특성이 있기 때문에 시크 관련 웹 사이트가 운영자들에 의해 일방적으로 구성되어 메시지를 전달하는 것과는 달리 관련 동영상에 대해 댓글을 게시함으로써 자신들의 의사를 적극적으로 표출할 수 있는 쌍방적인 성격이 있다. 2005년 이후 유튜브를 통해 게시된 일련의 시크 핍박 관련한 일부 동영상들은 기존 웹 사이트에서도 발견될 수 있는 것들이지만 세계 도처에 거주하고 있는 시크 개인들도 관련 자료를 업로드 시키고 이를 개인적 활용을 위해 공유할 수 있기 때문에 메시지 유포의 효과 면에서는 웹 사이트보다 더 크다고 볼 수 있다.

●●● 1. 사이버 공간과 '비 국가적 정치행위'

새롭고 혁명적인 통신수단과 과학기술의 등장 및 발전으로 영토성에 기반을 두고 형성되었던 공동체와 국민 국가 등의 개념은 도전을 받고 있다. 대표적으로 인터넷은 사이버 공간을 통한 상호연결을 가능하게 함으로써 오프라인 정치에 큰 영향력을 행사하고 있다. 인터넷과 같은 새로운 통신수단의 등장은 시크처럼 구체적인 영토성을 가지지는 못하지만 정치적으로 칼리스탄(Khalistan)이란 독립 국가의 열망을 품고 있는 정치적 소수집단에게 새로운 정치적 공간을 제공하고 있다. 이들 소수집단은 가상공간에서 자신들의 정치적 아젠다를 선전하고 집단적 결속감을 쟁취하고자 한다.

이러한 가상공간은 영토적인 한계를 극복하여 자신들의 정치적 목적을 위해 투쟁하는 표상적인 공간이자 전자적인 토론광장 아고라로서 기여하는 공공적인 공간이 되고 있다. 영토에 토대를 두지 못한 정치적 집단들 예컨대 시크나 위구르(Uighur) 집단들에게 웹 사이트와 같은 가상공간은 자신들의 정치적 입지와 다양한 정치적 전략을 전개시킬 수 있는 유익한 공간이 되고 있다.

구나와르데나(Gunawardena, 2000)는 해외 거주 시크들의 주도하에 운영되고 있는 인터넷 웹 사이트들이 시크 결속을 강조하는 가상민족주의(cyber-nationalism)공간으로 활용되고 있음을 강조하고 있다. 그는 9개의 대표적인 시크 관련 웹 사이트를 분석하여 이들 사이트들이 시크들에게 칼리스탄에 관련된 아젠다를 유포하고 가상공간에서의 시크 민족주의 고취에 기여하고 있다고 주장한다.

페터센(Petersen, 2006)은 중국정부의 신장지역 위구르 분리 독립주의자들에 대한 탄압이 거세지자 해외로 도피하여 디아스포라가 된 위구르들이 운영하는 인터넷 웹 사이트들을 연구하였다. 그는 위구르 웹 사이트들이 위구르 종족집단에 대한 중국의 인권침해와 탄압의 실상을 알리고 자신들이 열망하는 독립국가인 '동투르키스탄' 건설을 세계에 널리 홍보하고 세계 도처에 거주하는 위구르인의 정체성 강화와 결속에 기여하고 있다고 주장한다.

또한 소수의 연구들(Fandy 1999; Friedlander 1999; Kitchin 1998)은 정보통신기술의 혁명적인 발달로 인해 이론적으로는 모든 집단과 개인들이 동등하게 접근 가능한 새로운 초국가적인 영역이 창조되었으며, 이러한 변화는 국가의 주권성과 영토성이라는 전통적인 개념에 근본적인 도전을 제기하고 있음을 주장한다. 특히 후리드랜더(Friderlander 1999)는 영토적 경계(boundary)의 개념은 한정된 영토 내에서의 주권, 권위, 통제의 개념을 구체화함으로써 국민국가 개념의 핵심적 위치를 차지하여왔다고 주장한다. 그러나 그는 인터넷과 이메일과 같이 즉각적인 의사소통이 가능하고 거의 장소에 구애받지 않고 정보가 흐르며, 보다 광범위하게 보급된 통합정보체계가 등장함으로써 전통적 개념의 국민 국가의 경계가 약화되고 있음을 주장한다. 즉 그는 새로운 유형의 '비 국가적 정치행위자들'(non-state political actors)이 등장하고 있음을 강조한다.

사실 교통과 통신수단의 발달은 모국을 떠나 해외에 거주하는 디아스포라를 대량 생산하였다. 또한 이러한 발달은 해외 거주 디아스포라 간의 긴밀한 연결을 가능하게 만드는 초국가주의 시대의 도래를 가져왔다. 특히 모국을 떠나 있는 디아스포라 가운데 망명자나 정치적 소수자들은 인터넷과 같은 과학기술을 통해 새로운 유형의 정치적 공간과 조직을 만들어 가고 있다. 인터넷과 같은 새로운 기술을 통해 비 국가적 정치행위자, 국가, 국제적인 조직들 간의 새로운 유형의 체계적인 상호작용의 영향과 역동성이 나타나는 그 전형적인 사례는 멕시코 반군으로 알려진 치아파스의 농민 반란에서 알 수 있다. 전통적인 국민국가의 영토성과 국가의 정보 통제를 무너뜨린 대표적인 사례로 언급되고 있는 치아파스의 자파티스타 게릴라들은 인터넷을 이용하여 멕시코 정부에 의한 소수자들에 대한 부당한 대우와 자신들 투쟁의 정당함과 이념을 세계적으로 홍보하였다. 이로써 이들은 세계로부터 동정심을 얻어내고 자신들의 대의에 대한 국제적인 지지를 얻어냈으며 이를 통해 국내와 국제적인 정책에 영향력을 얻어낸 바 있다. 지방의 열악한 원주민 농민군들인 자파티스타 게릴라 반군은 인터넷 힘을 적절하게 이용함으로써 자신들을 가시적인 정치적 존재로 만들어 냈다(Cleaver, 1996; Froehling, 1997; Kellner, 1997).

●●● 2. 사이버 공간에서의 시크 '기억 투쟁'

2007년 기준으로 대략 해외에는 3백만 이상의 시크가 거주하고 있으며, 이 가운데 미국, 캐나다, 영국에 이들의 약 2/3가 거주하고 있다. 인도 국내에 거주하는 약 2천만 명 이상의 시크는 주로 뻔잡 주와 인근의 하리야나 주에 밀집되어 있으며 수도 델리에도 상당수가 거주하고 있다. 그러나 1990년대 중반 이후 인도 국내 시크집단에 의해 주목할 만한 시크 분리주의 운동의 조짐은 거의 보이지 않는다.[110)]

110) 현재 인도 뻔잡주는 인도 중앙 정부와 특별한 갈등이 없는 평화로운 인도 주들 가운데 하나이다. 다른 어느 곳보다 국제이주의 문화가 강하며, 특히 젊은 시크들은 유럽과 북미행 이주를 꿈꾸고 있다. 국제이주에 따른 부족한 농업노동력은 주로 비하르(Bihar) 주에서 온 농업 노동자들에 의해 충원된

그러나 국내의 사정과는 달리 해외 시크 디아스포라에 의한 칼리스탄 운동은 일부 급진파 시크 디아스포라 집단에 의해 해외에서 여전히 진행 중이다.

1) 시크 관련 웹 사이트와 기억의 정치

대부분 시크 관련한 웹 사이트들은 해외에서 활동 중인 공식적인 조직이나 개인에 의해 운영 관리되고 있다. 그러나 대부분의 이러한 사이트들은 인도 국내인에게도 개방되어 있다. 대략 1990년대 중반부터 본격적으로 등장한 시크 관련 웹 사이트들 가운데 정치적 성격을 띤 사이트들에는 인도 정부에 의해 인도라는 국민 국가를 위협하는 주범으로 이미지화된 '터번을 두르고 수염을 기른 시크 남성'[111]이 주로 등장한다.

시크 정체성은 흔히 터번을 두른 남성 시크로 표상화 되고 있으며 (Singh, H. 2006), 1984년 6월 시크 황금사원 공격, 11월 델리 시크 대학살, 1985년부터 약 10년 동안의 인도 정부군에 의한 인신 구속, 고

다. 20여 년 전 가족원과 재산을 상실하는 고통을 경험한 노년 세대 시크들은 여전히 과거의 고통을 기억하고 있지만, 뻔잡이 인도의 한 부분으로 남아 있는 데 대한 거부감은 없다. 사실 그간의 각종 테러와 인권유린에 겁을 먹은 시크들은 여전히 마음속에 아픔을 간직하고 있는데, 이들의 아픔은 1984년 시크대학살 등을 자행한 책임자들이 처벌된다면 경감될 수 있을 것으로 본다(Mohanka, 2005: 594-5).

111) 시크의 전통에 의하면 입문식을 거친 칼사단에 속하는 남성 시크는 5K를 준수하고 터번을 착용한 남성이다. 특히 입문식을 거행한 정통 시크를 '암므리뜨다리'(ammritdhari)라 부르며 입문식을 거행하지 않았거나 시크로서 준수해야 할 결정적인 계율을 외형적으로 준수하지는 않았지만 시크교의 이념을 따르는 사람을 '사하즈다리'(sahajdhari)라 부른다. 인도 정부는 시크 분리주의 운동이 한창일 때 암므리뜨다리든 사하즈다리든 머리 터번을 착용한 소위 '께스다리'(kesdhari)를 분리주의에 참여 여부와 상관없이 분리주의를 지향하는 시크로 낙인찍은 바 있다(김경학, 2008b).

문, 살해 등으로 신체 불구가 되거나 처참히 살해당한 터번 두른 남성의 이미지들은 시크의 핍박과 고통의 상징으로 다양한 웹 사이트들 사이에서 순환되고 있다. 이들 정치적 성격의 웹 사이트들은 1984년의 일련의 사건들과 뻔잡에서의 시크 인권침해에 관한 동영상, 사진, 증언 등으로 다양하게 구성되어 있다.

사이트 방문자들은 몇 번의 클릭으로 1984년 당시와 그 이후에 시크가 경험한 아픔과 핍박을 사이버 상에서 간접적으로 느낄 수 있다. 또한 1984년 블루스타 작전시에 희생된 분리주의 운동의 지도자였던 빈드란왈레와 그 추종자들은 인도 정부로부터는 극악한 테러분자로 취급되지만, 대부분의 시크 웹 사이트에서는 시크 순교자로 미화되고 있다. 대부분의 웹 사이트들은 빈드란왈레가 1984년 블루스타 작전으로 사망하기 전에 시크 대중을 대상으로 하였던 연설 내용과 외국 언론과의 인터뷰 광경 등을 당시의 동영상, 이미지 사진, 음성, 문자 텍스트 등의 멀티미디어 자료들을 통해 투쟁과 분리 독립의 정당성을 강조하고 이를 진압한 인도 정부를 비난하고 있다.

대표적인 정치적 성격의 웹 사이트들은 칼리스탄 카운슬(the Council of Khalistan)의 www.khalistan.com, 칼리스탄 어페어스 센터(the Khalistan Affair Center)의 www.khalistan-affairs.org, 달 칼사(Dal Khalsa)의 www.dalkhalsa.com, 바바르 칼사(Babbar Khalsa)의 www. khalistan. demon.co.uk, 시크 청년연맹(Sikh Youth Federation)의 http://syf.jaj.com, 세계시크조직(World Sikh Organization)의 www.world- sikh.org, 뻔잡의 변호사가 운영했던 '뜨거운 뻔잡'(Burning Punjab)의 www.burning punjab.com, 시크 투쟁을 종교적인 시각에서 강조하는 '시크 국가의 성'(Fort Panth Khalsa)의 www.panthkhalsa.org, 또 다른 칼리스탄 조직의 www.khalistan.net 등이다. 또한 '시크 라이온즈'(SIKHLIONZ)의

www.sikhlionz.com, '네버 포겟 1984'(NEVER FORGET 1984)의 www.neverforget84.com, Sikh Massacre Remembrance의 www.sikhnation.net와 같이 개인이 운영하고 있는 웹사이트도 있다.

그림 8. 웹 사이트에는 상처받은 시크 남성 이미지들이 순환되고 있다.

이들 대부분의 웹 사이트들은 시크 정체성을 강조하기 위해 공통적인 상징물을 사이트에 올려놓고 있다. 예컨대 시크 칼사(Khalsa)[112]와 시크 사원인 구르드와라를 상징하는 '칸다'(*khanda*)와 '니산 사힙'(*nisan sahib*)은 모든 웹 사이트에 배경으로 드려져 있다. 칸다의 문양은 수평으로 이중 칼이 세워져 있고 이를 양측으로 시크 5K의 하나로서 상징적으로 몸에 착용하고 다니는 단도(短刀)인 끼르빤(*kirpan*)이 감싸고 있다. 양측으로 감싸고 있는 두개의 단도는 세속적인 권위인 미리(*meeri*)와 영적인 권위인 삐리(*peeri*)를 각각 표상함으로써 시크의

112) 17세기 말에 10대 구루인 고빈드 싱(Gobind Singh)이 세운 시크 종교집단을 말함.

종교적인 의무와 사회적인 의무의 중요성을 강조하고 있다. 니산 사힙은 사프론 색상의 삼각형 깃발로서 그 안에는 칸다 문양이 그려져 있으며 모든 시크 사원인 구르드와라 앞에 세워진 깃대 꼭대기에 걸려 있다.

이들 웹 사이트는 시크교와 시크의 역사에 관련된 자세한 소개를 통해 시크의 고유한 정체성을 강조하고 있다. 즉 시크는 문화적으로 독자적인 집단임을 강조하고 있다. 한편 이들 웹 사이트들은 시크가 독립국가 건설 과정에서 인도 정부로부터 역사적으로 받아 왔던 정치적 핍박들을 텍스트, 동영상, 이미지 사진, 음성자료 등의 형식으로 갤러리에 올려놓음으로써 시크 정체성이 자신들이 직면해 온 정치적 상황의 산물임을 강조한다. 이들 사이트들은 1984년 이래 시크가 겪었던 '시크 홀로코스트'(Sikh Holocaust)의 내용들을 게재하고 있으며, 홀로코스트 내용을 클릭하면 개별적인 사건의 전말과 이와 관련된 참혹한 사진과 동영상 등의 멀티미디어 자료들이 연결된다.

특히 인도정부에 의해 수행된 시크 무장단체에 대한 군사작전들, 예컨대 1984년의 블루스타작전 등 일련의 군사작전들을 수행하는 과정 속에서 야기된 시크 인명피해와 인권침해 관련 사진과 동영상 자료가 사이트에 게재되어 있다. 1984년 델리에서 자행된 시크 대학살 사건은 사건의 전말을 알리는 상세한 설명과 이 사건에서 살해된 시크와 그들의 재산피해 관련 멀티미디어 자료도 올려놓고 있다. 시크 대학살 사건 관련 직접적인 피해자의 훼손된 신체뿐만 아니라 이들을 두고 통곡하는 가족들의 멀티미디어 자료를 게재함으로써 인도 정부의 인권침해와 그 잔혹성을 고발하는 동시에 분리주의 운동의 필요성을 강조하고 있다.

그림 9. 웹 사이트에 올라와 있는 칸다와 니산 사힙

대부분의 웹 사이트는 1984년의 일련의 사건들 후 뻔잡을 중심으로 전개되었던 칼리스탄 운동의 참여 과정 속에서 숨진 사람들을 순교자로 묘사하여 그들 사진과 그 활약상을 자세히 소개하고 있다. 특히 인도 정부로부터 테러리스트 수장으로 낙인찍힌 빈드란왈레를 '시크 공동체의 위대한 순교자'로 묘사하고, 그와 그의 행적을 기념하기 위한 멀티미디어 공간이 별도로 준비되어 있다. 사이트에 따라서는 1985년부터 본격화된 시크 무장 게릴라들과 인도 정부 군경과의 무력 투쟁 과정 속에서 희생된 시크들의 명단을 올려놓고 이들을 순교자로 칭송하고 있다. 이들 이름에 커서를 올려 클릭을 하면 그의 개인 사진, 개인적 배경, 투쟁의 활약상이 소개된다. 또한 무력 투쟁의 희생자 명단 외에도 인도 정부 군경에 의해 인신구속, 행방불명, 고문 등의 인권침해를 당한 가족들에 대한 증언들이 텍스트 형태로 준비되어 있어 클릭 한 번으로 이들의 경험을 생생하게 들을 수 있다.

대부분의 웹 사이트는 북미와 영국에 기반을 두고 있는 시크 디아스포라 조직과 개인[113]에 의해 운영·관리되고 있지만, 드물게 인도

113) 칼리스탄 시크 독립국가 건설을 위한 웹 사이트 가운데 대표적인 사례로 언

그림 10. 분리주의 운동 관련 웹 사이트 첫 페이지, 중앙의 칸다와 상단의 니산 사힙이 있다.

뻔잡에 거주하는 시크[114]에 의해 웹 사이트가 운영된 사례도 있다.

급되는 '칼리스탄 카운슬'의 웹 사이트는 미국 워싱턴 디시의 아우락 싱(Aulak Singh) 박사에 의해 설립되어 성공적으로 운영되고 있으며, 주로 칼리스탄 건설을 정당성을 강조하고 있다. 칼리스탄 어페어스 센터(Khalistan Affairs Center)에 운영되는 웹 사이트는 워싱턴 디시의 아마르지뜨 싱(Amarjit Singh) 박사에 의해 운영되며, 칼리스탄 카운슬처럼 칼리스탄 건립의 당위성뿐만 아니라 뻔잡에서 인도 군경에 의해 자행되는 잔학상에 관한 멀티미디어를 갖추고 있다. 특히 대략 10분 정도 상영하는 비디오는 1984년 황금사원 공격과 델리 시크대학살 관련한 해외 언론들의 보도들을 토대로 만들어졌다. 비디오 내용은 당시 사건 전후 내용을 소개하고 뻔잡에서 자행되는 시크에 대한 인권유린에 대해 강조하고 있다.

114) 인도 내에서 특히 시크 관련 인터넷 활동이 다른 집단보다 활발한 이유를 소콜(Sokol, 2007)은 다음의 세 가지로 요약한다. 우선 시크 디아스포라가 해외에서 웹 사이트를 활발히 운영하고 있기 때문이다. 두 번째는 인도 다른 주에 비해 해외에서 들어 온 자본에 의해 통신수단 인프라가 뻔잡에 양호하게 구축되어 있어 인터넷에 접근 가능한 인구가 상대적으로 높다. 마지막으로 인도 정부가 아시아와 아프리카의 다른 국가들보다 표현물 검열을 상대

가장 대표적인 사례는 인도 뻰잡의 찬디가르(Chandighar)에 거주하는 변호사 수크비르 싱 오산(Sukhbir Singh Osan)에 의해 야후 포탈 사이트를 이용해 운영되었던 '타오르는 뻰잡'(Burning Punjab)의 www.burningpunjab.com 사이트이다.

비록 그는 2002년에 30세의 나이로 뻰잡에서 심장마비로 사망하였지만[115], 그의 기본적인 관심은 칼리스탄 운동이 전개된 후 뻰잡지방에서 자행된 시크들에 대한 다양한 형태의 인권침해에 대한 고발에 있었다. 이런 목적으로 이 사이트에는 고문당한 시크의 사진들, 칼에 찔린 시크 사진, 불타는 시크 사진 등 매우 자극적인 사진들이 게재되어 있었다. 사이트의 하위 범주들은 뉴스, 시크 제노사이드, 칼사 통치, 블루스타작전, 인권침해 등 다양한 내용을 담은 텍스트와 동영상, 이미지 사진 등으로 구성되어 있었다. 특히 이 웹 사이트는 1984년 블루스타작전과 같은 해에 델리에서 야기된 시크 대학살에 많은 관심을 보이고 있다. 이들 사건에 관한 사진 등 멀티미디어를 통해 이를 직접 경험하지 못한 시크 세대로 하여금 이 사건을 이해시키고 기억시킴으로써 시크의 독립의 당위성을 강조하고 있었다. 1984년 시크 대학살 관련 사진들에는 눈뜨고 보기 힘든 정도의 자극적인 사진들, 예컨대 힌두들에 의해 처참히 살해되는 장면들, 부패한 시신을 개가 먹는 장면 등이 있어 이를 보는 사람들로 하여금 당시의 사건을

적으로 강하게 하지 않는 점이다. 필자는 2007년 뻰잡의 루디아나(Ludhiana)군의 촌락에서의 현지조사 과정에서 두 번째 관련 근거를 발견할 수 있었다. 시골 학교임에도 컴퓨터 교실 내의 60여대 컴퓨터는 인터넷이 연결되어 있었다. 이들 시설에 필요한 자본은 해당 마을 출신으로 북미와 유럽에 거주하는 시크 디아스포라로부터 유입되었다.

115) 그의 웹 사이트가 인도 정부를 비난하고 자극하는 내용이 많아 사이트 운영자 오산은 인도 정부의 정보기관원들과 극우 힌두단체로부터 평소 위협과 협박을 받아왔기 때문에 타살되었다고 믿는 사람들이 많다.

그림 11. 폐쇄되었다가 다시 개설한 '버닝 뻔잡' 웹 사이트 홈 페이지

다시 떠올리게 할 뿐만 아니라 이런 만행을 저지른 당사자를 자연스럽게 비난하도록 만들고 있다.

2) '유튜브'와 시크 기억의 정치

사이버 상에서의 시크의 기억의 정치는 다양한 형식의 이미지 사진, 동영상, 음성, 문서 등의 멀티미디어 자료를 이용한 웹 사이트를 통해 수행되어 왔다. 2005년부터 개시된 다국적 인터넷 포탈 사이트 구글이 운영하는 유튜브(YouTube)와 같은 무료 동영상 공유 사이트를 활용한 사이버 상에서의 기억의 정치는 그 효과가 매우 크다. 웹 사이트가 운영자가 게재한 자료들을 일방적으로 제시하고 있는 반면 유튜브를 이용하는 시크들은 자신들이 원하는 동영상 클립을 업로드시키고, 감상할 수 있으며 또한 이를 본인을 비롯한 타인과 공유할 수 있다. 즉 유튜브를 이용하는 익명의 사람들은 스스로가 게재자가 되면서 감상자가 될 수 있을 뿐만 아니라 관련 동영상에 대해 활발한 댓글 달기를 통해 의사소통을 쌍방적으로 활발하게 할 수 있다.

유튜브 검색 창에 'khalistan', 'khalistan movement', 'sikh', '1984 Sikh massacre', 'blue star operation', 'sikh human right abuse' 등의 시크 관련 키워드를 치면 해당 키워드마다 많은 수의 동영상 클립이 검색된다. 예컨대 키워드 'operation blue star'를 입력하면 '블루스타 작전'과 관련된 약 40-50개의 동영상 클립이 검색되고, 이를 클릭하면 화면에 시크 분리 독립에 관련된 역사적 사건들이 소개된다. 1970년대 말부터 시작된 시크 분리주의 지도자 빈드란왈레의 도발적인 강연내용부터 시작하여 1984년 블루스타작전 직전의 그의 모습과 그를 추종하는 전사들, 인도 정부군의 블루스타작전 수행과정, 이로 인해 처참히 살해된 저항군 등의 동영상이 눈앞에 펼쳐진다.

영상자료가 흐르는 동안 장중한 음악이 흐르고 다음과 같은 특정 자막이 반복적으로 등장한다.

> **"결코 잊지 말자, 블루스타작전 과정과 델리 시크 대학살 그리고 위장된 인도 군경과의 전투에서 인도 정부에 의해 처참하게 살해당한 수많은 무고한 남녀 그리고 아이들을 기억하자. 20여년 이상이 흐른 지금에도 당했던 고문과 치렀던 희생이 우리의 마음에 생생하게 와 닿기 때문에 우리는 일상적 기도 속에서 당신들을 영원히 기억할 것이다."**

또한 검색 창에 키워드 '1984 delhi sikh massacre'를 입력하면 '델리 시크 대학살', '1984년을 결코 잊지 말자', '1984년 델리 시크 대학살: 3살 시크 아이까지 살해하는 힌두', '1984년 델리 시크 대학살 이후'

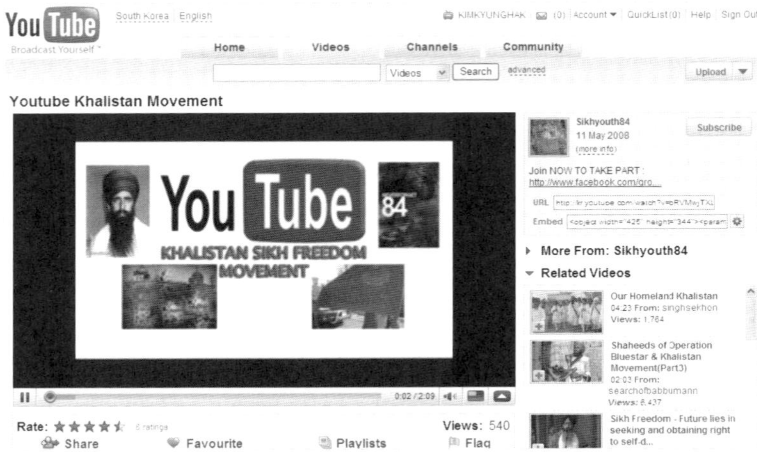

그림 12. 칼리스탄 운동 관련 동영상 클립, 오른편에 관련된 동영상 클립들이 제시되어 있다.

등의 제목의 동영상 클립들이 검색된다. 이들 동영상에는 델리 시크 대학살에서 경찰이 시크를 구타하고, 폭도들이 버스를 세우고 시크를 끌어내 불태우는 장면, 길거리에 시크 시신이 널브러져 있는 장면, 가족을 잃고 실신해 있는 시크 여성과 집단 강간당한 후 정신을 차리지 못하는 시크 여성' 등의 참혹한 내용이 담겨 있다. 그리고 검색 창에 키워드 'sikh human right abuse'를 입력하면 수십 종의 시크 인권침해 내용이 담겨 있는 동영상 클립이 검색된다. 이들 동영상에는 1984년 이후 뻔잡에서 진행된 시크 무장 게릴라 진압과정 속에서 일반 시크들이 경험한 다양한 형태의 인권침해 예컨대 고문, 구타, 인신구속의 사례를 증인들이 직접 등장하여 회술 하고 있다. 또한 가족원의 일부가 행방불명되거나 경찰과의 교전에서 살해되었다는 유가족의 슬픔과 그들의 증언들에 관련한 내용도 동영상에서 발견될 수 있다.

이들 동영상은 유튜브에 회원 가입 후 업로드 시킬 수도 있고 이를 무료로 공유할 수 있기 때문에 특정 시크 단체나 개인이 쉽게 접근 가능하며 자신들이 무료로 공유하여 시청한 동영상에 대한 개인적인 의견과 느낌을 댓글의 형태로 남아 있다. 특히 1984년 시크에 가해진 일련의 정치적 핍박의 내용이 담긴 자극적인 동영상에는 유난히 댓글이 많다. 댓글 달기에 참여한 사람들 대부분은 시크이며, 이들은 당시의 피해자를 위로하면서 인도 정부에 대해서는 신랄하게 비판하고 있다. 이들 대부분은 자신들의 피해를 절대 잊지 말고 칼리스탄 독립 국가를 건설하자고 주장하고 있다. 그러나 자신의 종교적 정체성을 밝히지 않는 일부 댓글 참여자들은 시크를 위로하고 인도 정부의 무자비한 태도를 비판하지만, 이제 그만 잊고 화합하여 살자는 권유를 하는 댓글도 있다. 또한 자신이 무슬림임을 밝히고서 무

그림 13. 1985년부터 시작된 분리주의 진압과정 속에서 자행된 인권침해가 소개되고 있다. 오른쪽의 관련 영상 클립 역시 시크 홀로코스트를 다루고 있음을 알 수 있다.

슬림도 인도 내에서 소수집단이기 때문에 늘 인도 힌두세력으로부터 핍박을 받고 있으며, 시크의 피해에 대해서 동병상련하는 내용의 댓글을 달고 있다.

3) 시크 사이버 민족주의와 인도정부의 대응

다국적 인터넷 검색엔진을 이용하여 시크에 대한 핍박과 시크 정체성을 강조하는 웹 사이트와 무료 동영상 사이트의 공통점은 집단적 희생에 대한 집합적 기억을 보존하는 일을 매우 중요하게 생각하고 있다는 것이다. 이들 사이트에서 제공되는 멀티미디어 자료들은 시크들의 '기억의 정치'의 토대가 되고 있다. 따라서 대부분의 사이트들이 1984년 블루스타작전과 델리 시크 대학살 사건을 '망각하지 말고 기억하자'는 메시지와 함께 이들과 관련된 멀티미디어 자료들에 상당한 공간을 할애하고 있다. 특히 사이버 상에서 이 두 사건은 인도 정부의 핍박과 그 잔혹성의 표상으로 부각되어 시크의 '집단 심성'(collective psyche)을 구성하는데 결정적 계기로 작용하고 있다. 1984년 사건들과 관련된 일련의 동일한 사진들, 예컨대 인도 정부군의 폭격으로 일부가 파괴된 황금사원, 군경의 공격으로 황금사원 내부에 몰살당한 시신의 행렬, 군경의 고문으로 불구가 된 머리를 풀고 있는 시크 남성, 남편과 부모를 상실한 시크 부인과 아이들, 화염에 몸부림치는 시크 남성 등의 이미지들은 웹 사이트와 동영상 공유 사이트의 갤러리에 순환되고 공유되고 있다. 이러한 사진 이미지들은 시크들로 하여금 고통스런 당시의 기억을 재생시키고 절대 망각을 저지하는 작용을 하고 있다. 이들 웹 사이트와 유튜브의 자료들은 시크들로 하여금 기억을 통한 정치를 가능하게 하고 정치적 동원을 위한 가장 우호적인 발판이 되고 있다.

한편 인도 국내외에서 운영되는 시크 관련한 웹 사이트가 인도 정부를 정면으로 비판하고 공격하자 인도 정부는 이들 웹 사이트를 차단시킬 수 있는 방법을 고안하기 시작했다. 쉽지 않는 방법이지만 인도 국내에서 운영되는 사이트를 검열하여 이를 차단시키거나 해외에서 들어오는 인터넷 흐름을 차단시키는 방법이 사용되었다. 인도 정부는 언론과 표현의 자유를 보장하고 출판물에 대한 사전 검열을 허용하지 않고 있지만, 2001년에 '테러방지규정'(the Prevention of Terrorism Ordinance)을 확대 해석하여 반국가적인 내용을 담고 있는 일부 웹 사이트를 차단한 바 있다. 차단을 시도한 가장 대표적인 사례는 1997년 사이트가 만들어진 후 1984년 일련의 정치적 사건과 시크 인권유린을 멀티미디어 자료를 통해 신랄하게 비판한 '타오르는 뻔잡'(Burning Punjab) 사이트였다. 이 사이트 운영자 수크비르 싱 오산은 인도 정보 당국으로부터 2000년 초반부터 웹 사이트를 폐쇄시키라는 협박에 시달려 왔는데 이를 수용하지 않자 결국 2001년 10월

그림 14. 1984년 정치적 사건을 망각하지 못하도록 편성된 유튜브 동영상 클립

에 인도 정부는 강제로 차단시켰다. 이 과정에서 포탈 사이트 야후에 협조를 요청하였으나 사정이 여의치 않자 인도 정부는 시크들이 밀집되어 거주하는 뻔잡 주, 하리야나 주, 델리로 들어오는 야후 사이트를 일관 차단시킨 바 있었다(Burton 2001)[116].

●●● 3. 탈 영토화된 글로벌 시크 공동체 지향

시크 관련 웹 사이트들의 대부분은 시크를 뻔잡이라는 특정 영토를 근거지로 한 고유의 신념을 지닌 독자적인 종교 집단으로 재현시키는 일에 사이트의 상당한 공간을 할애하고 있다. 따라서 많은 사이트들은 시크교의 역사, 시크란 누구인가, 시크 구루들, 시크 경전 '구루 그란티 사힙'(Guru Granthi Sahib), 경전어인 구르무키(Gurmukhi), 시크 철학과 신념, 시크 행동규율 등에 대한 내용이 게재되어 있다. 특히 이들 사이트들은 시크의 문화적 정체성을 뻔잡이라는 구체적인 영토성과 관련짓고 있기 때문에 뻔잡지역이 시크 국가인 칼리스탄으로 분리 독립되어야 하는 당위성을 강조하고 있다.

1984년 인도 정부군에 의한 황금사원의 공격과 델리 시크 대학살 사건을 계기로 칼리스탄 운동이 해외 시크 디아스포라와 연결되고,

116) 그러나 이런 방식의 사이트에 대한 일괄 차단방식은 공공적 비판의 대상이 되기 때문에 쉬운 일만은 아니었다. '타오르는 뻔잡' 사이트 사건 외에도 인도정부는 2003년 10월에 인도 동북부 메갈라야(Meghalaya) 주에서 전개되고 있는 분리주의자가 운영하는 웹 사이트가 문제가 되자 같은 방식으로 해당 사이트 차단을 야후 측에 협조 요청하였으나, 야후사가 이를 수락치 않자 인도로 들어오는 모든 야후 웹 사이트 전체를 폐쇄시킨 바 있었다. 그러나 야후를 통해 다른 사이트 이용자들의 불만을 커지자 원상복귀 시킨 바 있었다. 인도 정부는 아시아와 아프리카 일부 국가들 예컨대 중국보다 웹 사이트 차단 조치를 심하게 하지 않는다고 평가된다(Dikshit, 2003).

운동에 필요한 재원과 인원의 충원이 해외 시크로부터 활발하게 이루어졌다. 이에 따라 칼리스탄 건설의 목표에서 뻔잡이라는 구체적인 장소성이 반드시 요구될 필요는 없게 되었다. 또한 1990년대 중반부터 인도 국내의 칼리스탄 운동이 거의 소멸되고 오히려 해외 시크 디아스포라 중심으로 칼리스탄 운동이 유지되는 것이 현실이 되었다. 이에 시크 관련 웹 사이트들은 전 지구적으로 흩어져 거주하고 있는 시크 인구들을 포함할 수 있는 소위 '탈 영토화된 시크가 상상하는 모국으로서의 칼리스탄'(Khalistan as a fictitious homeland of the deterritorialized Sikhs) 건설을 강조하기 시작하였다(Appadurai, 1996: 172).

정보통신 기술의 발달은 시크 분리주의 운동에 변화를 야기하고 세계 도처에 있는 시크들이 자신들이 거주하고 있는 장소에 구애받지 않고 '탈 중심화된 동원'(decentralized mobilization) 운동에 참여 가

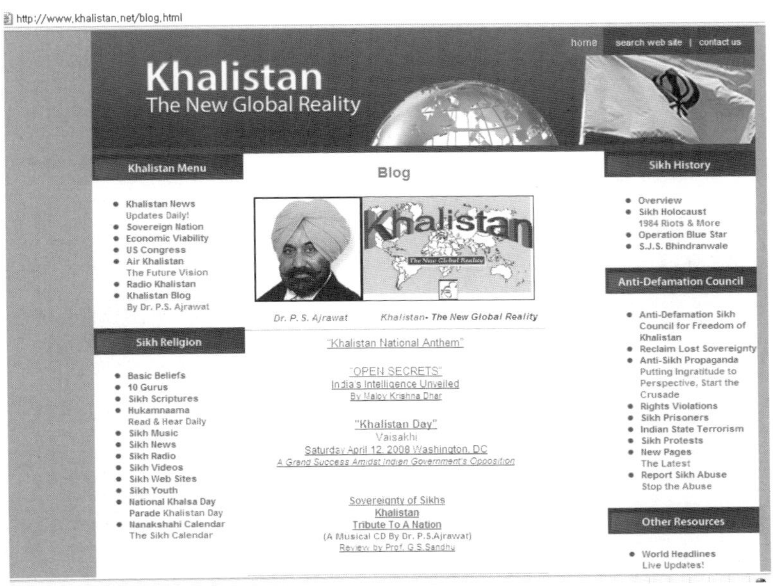

그림 15. 전 지구적 실체로서의 칼리스탄을 강조하는 웹 사이트

능하도록 만들었다(Axel, 2005). '칼리스탄-네트'의 사이트(khalistan.net)와 '달 칼사' 조직의 사이트(dalkhasa.com)처럼 일부 웹 사이트들은 칼리스탄 건설을 뻔잡이란 영토성을 벗어나 전지구화된 실체의 하나로 간주할 것을 주장하고 있다. 이들 웹 사이트 상에서 이들이 내세우는 주요 슬로건은 '새로운 전 지구적 실체로서 칼리스탄'(Khalistan, the new global reality)이다. 이들 사이트들은 칼리스탄 운동을 통해 뻔잡이라는 구체적인 장소를 독립국가로 회복하자는 주장보다, 전 지구적으로 산재해 있는 시크 디아스포라를 포함할 수 있는 시크들의 상상에 있는 모국으로서의 칼리스탄 건설을 주장하고 있다. 따라서 이들 사이트들은 인도정부로부터 당하고 있는 뻔잡에서 시크 인권유린뿐만 아니라, 해외 도처에 살고 있는 시크들이 거주 국가에서 종교적인 이유로 경험하는 인권침해의 사안에도 큰 관심을 보이고 있다.

●●● 4. 시크 사이버 민족주의의 전망

2005년 8월 11일 시크출신 인도 수상 만모한 싱은 인도국회에서 1984년 델리 시크대학살사건과 관련하여 공식적인 사과를 하였다. 인도 수상의 공식적 사과에도 불구하고 황금사원 공격과 시크 대학살에 책임질 당사자들이 법정에 서고 피해 입은 시크들이 정상적인 보상을 받고 이들 사건들을 기념해 주는 일들은 현재의 인도 정치적 상황으로는 거의 기대할 수 없을 것 같다. 인도 정부의 미온적인 태도에 대해 시크 조직에 의한 추모행사를 거행하고자 하나 이것 또한 현실적으로 가능하지 않다.

오프라인과는 달리 앞서 살펴본 것처럼 1984년의 시크 관련 정치적 사건들은 온라인상에서는 기억되고 있으며, 이러한 기념과 기억은 시간과 장소의 구애를 받지 않고 가능하게 되었다. 웹 사이트와 유튜브와 같은 동영상 사이트에서 1984년의 사건 관련 주요 시크 인물들과 그 행적들은 재현되고 위대한 순교자로 다시 태어난다. 이들 웹사이트들은 칼리스탄 건설을 명시적으로 강조하고 있다. 그러나 이들이 열망하는 칼리스탄은 점차 인도 뻔잡이라는 영토성을 벗어나 세계도처에 흩어져 살고 있는 시크들로 구성된 상상의 공동체인 '새로운 지구적 실체'(new global reality)로 이해된다. 흔히 이들은 '시크성'(Sikhness)을 공유하고 있는 것으로 상상되고 있다.

통신수단의 획기적인 발전과 이의 대표적인 산물인 인터넷이 세계도처의 시크들과 세계인들을 대상으로 인도 국내외 시크가 처한 상황을 이해시키는데 크게 기여하고 있다. 특히 시크교 내의 종파와 독립국가 건설의 열망이란 점에서 동질적이지 않은 국내외 시크의 현실과는 무관하게, 이들 웹 사이트들은 단일한 정체성을 지닌 시크가 칼리스탄이란 독립 국가 건설을 열망하고 있는 것으로 상상하게 만들고 있다. 대부분의 웹 사이트가 공유하고 있는 1984년 블루스타작전과 시크 대학살, 인권침해 등에 관련된 유사한 텍스트, 이미지 사진, 동영상, 음성자료 등은 모든 시크가 '고문당한 신체'(tortured body)(Axel, 2001)와 동일시되도록 그들 사건들을 기억시킴으로써 시크 민족주의를 강화시키는 역할을 하고 있다.

제4장

인도의 크리켓 : 탈식민주의와 세계화

볼리우드(Bollywood) 영화와 크리켓이 현대 인도인의 대중문화를 견인한다는 주장에 많은 사람이 동의한다. 이 두 영역의 만남인 인도 영화 '라간'(Lagaan)(2001년 개봉)은 국내외 인도인에게 폭발적인 호응을 받았다. 제국주의 영국 팀과의 크리켓 일전을 준비하는 과정에서 힌두, 무슬림, 시크, 불가촉천민으로 구성된 '샴빠네르(Shampaner) 촌락 크리켓 팀'이 크리켓을 인도 땅에 가져 들어온 영국 팀에 승리하는 영화 내용은 인도인의 크리켓 민족주의 감성을 자극하였다.

탈 식민시대의 인도 크리켓은 지극히 '인도적인' 스포츠가 되었다. 따라서 오늘날 경기장에서 영국 팀을 이겼을 때 오는 승리의 희열은 지난날 식민지배자를 이겼을 때 느꼈던 '라간'이 주는 그런 민족주의만은 아니다. 파키스탄과 분리 독립한 이후 인도인은 태생적으로 '이웃한 숙적' 파키스탄과의 크리켓 '전쟁' 속에서 민족주의적 또는 애국주의적

그림 16. 크리켓과 식민주의를 다룬 영화 라간

열정을 격정적으로 표출한다. 이러한 크리켓 민족주의는 흔히 종파주의(communalism)와 구분이 쉽지 않는 경우가 적지 않았다.

탈 식민시대의 남아시아 국가들, 특히 '크리켓 공화국'이 된 인도의 크리켓은 '영국에 의해 우연히 발굴된 인도의 경기'(Nandy, 1989: 9)라고 주장할 정도로 인도에 적합한 스포츠로 인식되었다. 식민시대 부터 시작된 크리켓의 토착화[117]와 발전의 역사는 인도사회에 크리켓

117) 인도에서 크리켓은 식민지 기간을 거치면서 상당히 인도적인 스포츠의 성격

을 도입하여 보급에 노력한 식민지배자의 '심오한' 의중에서 점점 벗어나고 있었음을 보여준다. 탈 식민시대 들어 인도사회와 인도인에게 크리켓이 차지하는 중요성이 더욱 커지게 된 계기는 크리켓이 단순한 스포츠를 넘어 국제 스포츠 무대에서 인도인에게 자긍심과 민족적 정체성을 느끼게 할 수 있는 유일한 스포츠로 자리 매김하면서부터이다.

이 장은 탈 식민시기에 인도사회에서 크리켓이 민족주의와 관계를 맺게 되고, 이러한 관계가 더욱 강화 된 배경 및 과정 그리고 그 관계의 성격 변화를 규명하는 것을 주요 목적으로 삼고 있다. 크리켓이 인도에 소개되어 정착되는 초기 과정을 파악하기 위해 식민시기 인도의 크리켓이 지역적 특성[118]과 맺고 있었던 상호작용의 역사에 대한 검토가 선행될 것이다. 또한 본 연구는 탈 식민시기에 크리켓이 민족주의 또는 애국주의와 연결되고, 이 관계가 한 층 더 강화되어 온 주요 배경을 파키스탄과의 대립과 긴장의 지속에서 찾고 있다. 특히 힌두 우익정권이 들어선 1990년대 말부터 2000년대 초 사이에 드러난 크리켓 민족주의의 성격은 지극히 종파적인 성격을 띠고 있음을 밝히고자 한다. 더 나아가 본 연구는 1990년대 초부터 시작된 인도의 경제개방과 전지구화(globalization) 요소를 크리켓 민족주의 성격 변화의 규명을 위한 중요한 요인으로 삼고 있다. 사실 대중 매체

으로 토착화 과정을 밟았다. 식민기간 크리켓의 토착화에 인도의 엘리트, 예컨대 토후국 영주와 중상층 인도인의 크리켓 후원은 매우 중요하였다. 이들이 계급과 카스트를 초월하여 재능 있는 인도인을 후원한 것은 독립 후에 지역과 계층을 초월한 광범위한 인도인들이 크리켓에 익숙하게 된 계기가 되었다(Appadurai, 2004).

118) 본 연구는 현재까지 크리켓의 헤게모니를 쥐고 있는 인도 서부 봄베이(현 뭄바이)와 '크리켓 하기'를 영국제국주의에 저항의 하나로 여긴 동부 캘커타(현 꼴까따)에 대한 검토로 한정한다. 사실 이 두 지역이 식민시기 크리켓 클럽이 가장 활성화되었던 곳들이다.

개방과 확산 등 인도사회의 전지구화 과정을 견인한 변화들이 크리켓을 상업적인 욕망과 민족주의적 열정에 접목되게 하였다. 특히 전지구적 크리켓 제국을 열망하며 2008년에 문을 연 '인도프리미어리그'(Indian Premier League, IPL)는 인도 크리켓이 글로벌 스포츠 시장을 선도하게 함으로써 크리켓에 도취된 인도인들에게 또 다른 모습의 정체성을 요구하고 있기 때문이다.

그간 인문사회과학적 연구들은 스포츠 영역을 학문적으로 탐구하는데 상대적으로 관심을 적게 두었다[119]. 인도 국내외 학계에서 크리켓에 적극적인 관심을 보이기 시작한 것은 1980년대 말부터이며, 캐시만(Cashman, 1979), 난디(Nandy, 1989), 보스(Bose, 1990), 아빠두라이(Appadurai, 1995), 구하(Guha, 1998), 마줌다르(Majumdar, 2003) 등 주로 역사학자, 사회학자, 인류학자에 의해 크리켓이 연구되었다. 이들은 크리켓의 지역별 발전사, 인종과 카스트 및 종교 요인들과 크리켓 간의 관계, 특정 크리켓 선수의 생애사, 식민 문화로서 크리켓, 민족주의적 정치 과정과의 관련성, 크리켓과 탈식민화 등을 주제 삼아 크리켓을 연구하였다. 한편 국내의 경우는 박정석(2003)의 것[120]이 유일한 크리켓 관련 연구이다. 남아시아지역 등 제 3세계 지역연구 분

119) 이는 스포츠가 인간의 신체에 관한 문제라는 인식하에 노동, 정치, 경제, 문화 등의 영역과 본질적으로 거리가 있다는 생각에서였다. 즉 스포츠는 직접 행하거나 보기에는 즐거운 것이지만, 연구 대상으로는 크게 중요하지 않다는 인식이 팽배해 있었기 때문이다. 인도는 1990년대 들어 스포츠 관련 연구를 시작했으나 유럽 학자들은 1970년대부터 본격적으로 시작하였다.

120) 박정석의 연구는 한국인도학회에서 발행하는 인도지역동향에 관련된 정보를 제공하는 부정기적인 단행본에 실린 논문으로서 크리켓과 민족주의를 다루고 있다. 그러나 본 연구가 탈 식민시기 인도 크리켓 민족주의의 발흥과 지속 그리고 성격변화를 파키스탄과의 대립과 긴장의 역사, 대중매체의 혁명과 상업화, '인도프리미어리그' (IPL) 같은 글로벌 크리켓 마케팅 등의 전지구화 과정에서 찾고 있다는 점에서 기존 박정석의 연구와는 구분이 된다.

야에서 특정 스포츠를 사회과학적으로 다루고 있는 연구가 크게 부족한 현실을 고려할 때 박정석의 연구가 갖는 의미는 적지 않다.

●●● 1. 인도 크리켓의 역사

인도의 크리켓은 18세기 중반 식민지를 경영한 영국인들에 의해 소개되었다. 당시 크리켓은 영국 행정 관료와 선원 등이 자신들끼리 하는 경기였다. 영국인이 식민지 인도에 소개한 스포츠 종목은 크리켓 말고도 축구와 하키 등이 있었다. 그러나 식민정부 관료 등 중상류 영국인들은 소위 빅토리아조 엘리트의 가치[121]가 반영된 크리켓 경기를 더 선호하였다. 영국인들에게 크리켓을 한다는 것은 본국으로부터 멀리 떠나 있지만 여전히 영국의 일부분이라는 느낌, 소위 영국인 정체성을 유지시켜주는 것으로 이해되었다. 따라서 당시 인도의 영국인들이 크리켓 한다는 것은 자신들과 피부색이 다른 문명화되지 못한 원주민 사이에 '문화적 방화벽'(cultural firewall)을 세우는 것이었다(Cross, 2009: 499-500).

---

121) 당시 영국 엘리트들은 크리켓이 앵글로 색슨적인 고상함이 구체화되어 있는 윤리와 도덕의 완벽한 체계라 찬양하였다. 이들은 크리켓이 기독교적 도덕성의 영국적 형식의 표현이라 생각하였다. 크리켓 선수들이 착용하는 흰색의 유니폼은 순수함과 청교도적 가치를 상징한다(Williams, 1991: 1-4). 또한 크리켓은 정교한 규칙, 정돈된 의복코드, 신사다움과 연관된 에토스 등으로 무장한 빅토리아조 엘리트의 자기 이미지를 구체화시킬 수 있는 수단이었다(Gilmour, 2005: 164). 더 나아가 빅토리아조 크리켓은 남성적 활동의 상징이자 스포츠정신과 공정한 경기에 대한 감각을 요구하였다. 경기장에서는 강한 정서적 흥분의 표출을 통제할 수 있어야 하며 소속된 팀을 위해 충성하는 것도 당시 크리켓이 요구한 중요한 가치였다(Appadurai, 2004: 162).

영국은 일찍이 식민지 인도에서의 크리켓을 지배자와 피지배자 간의 통합수단이자 피지배자들을 분리시키는 수단으로 생각했다. 따라서 봄베이의 크리켓은 초기부터 종파적 성격을 띠고 시작되었으며, 마드라스, 캘커타, 뿌네의 크리켓 역시 종파적인 구성이 고무되었다. 영국제국주의는 크리켓을 식민지 통치의 도구로 삼고자 하였으며, 이에 따라 인도인의 크리켓 클럽의 구성을 적극 격려[122]하였다(Mangan, 1988).

식민시기 인도인 크리켓은 지역적 특성에 따라 독자적인 발전과정을 경험하였다. 본 연구는 봄베이를 중심으로 한 서부인도와 캘커타를 중심으로 한 동부인도의 크리켓의 수용과 발전의 과정을 살펴보겠다.

인도에서 영국인의 크리켓을 가장 먼저 따라 하기 시작한 집단은 인도 서부의 봄베이 거주 빠르시(Parsi)였다. 전형적으로 상업에 종사하는 부유한 이들은 영국 지배자와의 친분을 강화하기 위해 크리켓을 수용하였다. 빠르시는 1848년에 인도 최초로 '오리엔탈 크리켓 클럽'(Oriental Cricket Club)을 만들었으며, 그 이후 자신들 간의 경기를 할 수 있을 정도로 많은 클럽들이 만들어졌다.

봄베이를 중심으로 빠르시와 상업 분야의 주요 라이벌이었던 힌두들은 1866년에 '봄베이 유니온 크리켓 클럽'(Bombay Union Cricket Club)을 최초로 조직하였고, 카스트와 출신지역을 토대로 다양한 힌두 클럽들이 만들어졌다. 1883년에는 봄베이의 무슬림 크리켓 클럽이

122) 이런 제국주의 논리를 기초로 봄베이 크리켓 발전을 위해 가장 큰 노력을 한 영국인은 1890년부터 1895년까지 봄베이 관구 총독이었던 해리스 경(Lord Harris)이다. 그는 인도 크리켓의 적극적인 후원자로서 당시 해안에 개간된 토지를 힌두, 무슬림, 빠르시 등 종파별로 크리켓 연습장 용도로 분배하여 주었다. 그의 재임기간 동안에 크고 작은 많은 인도인 클럽들이 형성되었다(Guha, 1998: 160).

시작됨으로써 19세기 말 봄베이에는 종교를 토대로 빠르시, 힌두, 무슬림 크리켓 클럽들이 활동하고 있었다.

한편 빠르시 클럽은 1868년과 1877년에 영국에 거주하는 유럽들로 구성된 '봄베이 짐카나'(Bombay Gymkhana[123])와의 친선 경기를 하였다. 1886년부터는 힌두 팀도 유럽 팀과 친선경기를 시작하였으며, 1907년부터는 빠르시 팀, 유럽 팀, 힌두 팀이 참여하는 '3자대회'(The Triangular Tournament)가 매년 열렸다. 1912년부터는 3자대회에 무슬림 팀이 합류하여 봄베이 크리켓 클럽이 주관하는 '4자대회'(The Quadrangular Tournament)가 개최되었다. 힌두, 무슬림, 빠르시에 속하지 않은 기독교인, 유대교인, 불교도 등은 소위 '잔류 팀'(the Rest)이라는 이름으로 1937년에 4자대회에 합류하였는데, 이로써 봄베이를 중심으로 한 서부 인도에서는 2만여 관중이 참관하는 '5자대회'(The Pentangular Tournament)가 개최되어 식민지 인도에서 가장 인기 있는 대회가 되었다(Guha, 1998: 159-165).

봄베이의 5자대회가 1946년 폐지된 데에는 이 대회가 종파적인 토대위에서 구성된 팀들 간의 경기이기 때문에 인도인을 분열시킨다는 이유였다[124]. 1929년에 인도 크리켓을 관장하기 위해 발족한 '인도크

---

123) 짐카나(Gymkhana)는 원래 스포츠 행사가 벌어지는 장소를 지칭하는 인도식 용어이다. 인도 아대륙에서는 일반적으로 사교 클럽이나 스포츠클럽을 지칭한다.

124) 당시 인도를 지배했던 총독들, 예컨대 해리스 경은 인도가 하나의 독립적인 국가라기보다는 다양한 종교와 카스트 집단들의 집합체에 불과하기 때문에 언제든지 종파 간 폭동이 일어날 수 있는 잠재성과 휘발성을 크리켓과 같은 스포츠경기를 통해 해소시켜야 한다는 주장을 하였다. 즉 당시 식민지배자 영국은 크리켓 경기가 종파 간 폭동을 예방하는 일종의 안전밸브라고 생각했다. 그러나 종파적인 토대로 크리켓 클럽을 육성시키고 더 나아가 종파별 팀 단위로 토너먼트를 치르는 5자대회는 식민지 인도를 통치하고자 하는 식민지 사회학의 고안물로 해석되었다(Appadurai, 2004: 173).

리켓조정위원회'(the Board of Control for Cricket in India, 이하 BCCI)와 인도 민족주의자들이 중심이 되어 소위 '5자대회 반대 시민위원회'(Citizens Anti-Pentangular Committee)가 조직되었다. 이들은 분열적 속성을 잠재한 5자대회 대신 인도인을 하나로 결속시킬 수 있는 '건전한' 민족주의가 함양되는 '란지뜨 트로피'(Ranjit Trophy)가 번성해야 함을 주장하였다. 1934년부터 시작된 란지뜨 트로피는 BCCI가 주관하는 지역 크리켓 클럽 간 토너먼트이다. 마하트마 간디가 5자대회에 반대하는 성명을 내면서 5자대회 반대운동은 힘을 받게 되었다. 결국 가장 많은 지지층을 가지고 있는 힌두 짐카나의 불참결정으로 5자대회는 1946년에 폐지되었다[125].

당시 봄베이의 5자대회가 대중적인 인기를 얻을 수 있었던 것은 이 대회가 지닌 종파 간 대결이 주는 흥분과 스릴 때문이었다. 또한 당시 봄베이에 식민지 인도사회에서 여가를 즐길 수 있는 중산층 월급 수령자가 점차 등장하고 새로운 작업시간 구조로 인해 여가를 즐길 수 있었으며 상업주의 문화가 등장하고 있었기 때문에 5자대회가 흥행할 수 있었다(Majumdar, 2003).

당시 5자대회에는 종파 단위의 팀들이 참여했기 때문에 크리켓 대회를 통해 관중과 선수들에게 자각되는 것은 인도라는 국가보다는 종파적 정체성이었다. 종교, 지역, 카스트를 초월한 '인도 팀'이 구성된 것은 1926과 1927년 영국의 가장 권위 있는 크리켓 클럽인 '마리레

125) 5자대회 폐지를 주장하는 사람들은 이대회가 종파주의를 부추기는 반 민족주의적 성격이었다고 주장한다. 이 대회가 흥행되던 1920~30년대 경기장에서 힌두와 무슬림 간 종파적 갈등을 일으킨 사소한 사건들이 있었지만 폭력이 난무하는 사건발생은 없었다. 당시 반대운동의 중심의 한 축이었던 BCCI는 봄베이가 인도 상업중심지로 떠오르면서 자본이 집중되게 된 봄베이의 5자대회가 관중과 그로 인한 상업적 이득을 독점하고 있는 점에 불만을 품고 5자대회 반대운동을 적극 펼쳤다(Majumdar, 2003).

본 크리켓 클럽'(Marylebone Cricket Club, 이하 MCC)이 인도 원정경기를 왔을 때부터였다[126]. 봄베이에서 개최된 이 두 경기에서 인도 팀이 승리와 동점을 각각 거둔 쾌거를 올림으로써 스포츠 경기에서 식민지배자보다 인도인이 우월할 수 있다는 자긍심을 심어 주었다[127]. 1930년대 들어서야 인도 민족주의자들이 '5자대회'의 종파적이고 분열적 성격을 문제 삼고 나온 점을 감안한다면 크리켓과 인도 민족주의가 연결을 맺게 된 시기는 1920년 말 부터 1930년대 초인 것으로 짐작할 수 있다(Majumdar, 2003: 658). 이러한 주장은 1931년 영국을 대표하는 MCC가 인도와의 원정경기를 제안하였을 때 당시 간디가 주도한 비타협 불복종 운동[128]에 힘을 실어주기 위해, 봄베이의 힌두 짐카나가 이 대회에 참여하지 않는다고 선언함으로써 원정경기 계획을 무산시킨 사건을 통해 알 수 있다(Majumdar & Brown, 2007: 145- 146).

한편 식민시기 캘커타를 중심으로 한 인도 동부에서의 크리켓의 도입과 전개는 봄베이와 다르게 초기부터 다소 직접적인 방식으로 영국제국주의에 도전했던 것 같다. 캘커타 벵골의 중상층 식자층이었던 '바드라록'(*Bhadralok*)[129]과 일부 토후국(Princely States)의 영주들은

126) 20세기 초반 들어 영국 팀의 인도 원정경기와 인도 팀의 영국 원정경기를 위해 인도인들만으로 구성된 '인도'라는 팀이 구성되어야 함에 따라 '인도'가 발명되어야 했다. 즉 인도 국가라는 관념은 크리켓하기의 하나의 돌출부로 나타난 셈이다(Appadurai, 2004: 172).

127) 특히 이들 경기들이 지역과 종교적 요인을 초월하여 인도 민족적 단일함을 보여줄 수 있었다는 점에서 크리켓 민족주의의 초기 형태가 드러난 것으로 간주된다(Ray, 2008: 1639).

128) 인도인 출신들로만 대표 팀을 짜기 시작한 이 과정이 간디 등 민족주의자들이 전개하는 인도의 민족주의 대중운동으로 성장하는 과정과 일치한 것으로 간주된다(Appadurai, 2004: 174).

129) 벵골의 바드라록 범주에는 일반적으로 벵골리 힌두 관료계급이 포함된다. 이들의 일부는 무갈제국에 복무하며 재화를 축적하였지만, 대부분은 항운, 인디고 플랜테이션에 종사하고 밀 공장 등을 소유하는 등 다양한 사업과 직

캘커타를 중심으로 동부인도에서 크리켓을 적극 후원하였다. 이들은 영국인 스포츠 종목에서 벵골인이 영국인보다 우월함을 보임으로써 영국제국주의에 도전하는 저항방식을 선택하였다. 이 방식은 이들에게 직접적인 정치적 위험부담이 없는 문화 정치적 성격이었다.

영국제국주의는 스포츠처럼 신체적 활동이 요구되는 영역과 거리가 먼 벵골 남성들을 상무적 전통의 라즈뿌뜨(Rajputs)와 시크(Sikhs)와 대비하여 신체적으로 허약한 '여성적인' 남성으로 비하하였다(Sinha, 1995). 이러한 영국의 벵골 남성에 대한 비하적인 고정관념을 깨뜨리고 제국주의의 우월성에 도전하기 위해 바드라록은 크리켓과 축구 경기에서 영국인에 승리하는 것을 중요하게 생각하였다.

1870~1880년대부터 다양한 벵골인 크리켓 클럽이 생기기 시작했고, 캘커타의 프레지던시 컬리지(Presidency College) 등 교육기관에서 축구와 크리켓의 교육이 시작되었다. 벵골인의 인종적 열등감을 불식시키기 위해 체육시간이 필수로 지정되어 크리켓은 더욱 장려되었다[130]. 프레지던시 칼리지 크리켓 팀은 1907년 캘커타 에덴 가든스(Eden Gardens) 경기장에서 있었던 유럽 팀인 '캘커타 크리켓 클럽'과의 경기에서 역사적인 승리를 시작으로 1915~1917년 사이에 다양한 유럽 팀을 상대하여 우승함으로써 크리켓 경기장을 영국에 도전하는 주요 공간으로 생각하였다(Majumdar, 2006: 970-977).

업에서 부를 축적하게 된 사람들이다(Mukherjee, 1993). 바드라록 범주에는 상당히 큰 규모의 점포소유자, 상업과 정부 관리, 교사, 의사, 저널리스트와 작가 등 다소 낮은 부를 축적하고 있는 사람들까지 포함된다(Majumdar, 2006).

130) 사실 크리켓을 식민정부의 원주민 문명화사업의 도구로 바라본 영국식민 관리들은 벵골지역의 교육기관에 크리켓과 관련된 인프라와 장비 및 재원을 지원하였다. 그러나 이들의 후원이 그들의 목적을 벗어났다는 사실은 벵골의 경우를 통해 알 수 있다(Begg, 1934).

벵골의 크리켓 발전에는 나토르(Natore)와 쿠츠 베하르(Cooch Behar) 등의 토후국 영주들의 후원이 큰 역할을 하였다. 이들 영주들은 20세기 초부터 영국제국주의에 대항하는 하나의 수단으로서 크리켓 경기를 육성하고 적극 후원하였다(Docker, 1976). 특히 나토르의 영주(Maharaja Natore)[131]의 크리켓 후원은 민족주의적인 이념에 기초하고 있었다. 그는 인도인으로만 구성된 '나토르'(the Natore) 팀을 창단하여 캘커타의 유럽 팀을 격파하여 벵골인의 가슴에 자부심을 심어주었다. '나트로' 팀의 승리는 벵골인에 대한 인종적 편견을 깨는 데에도 일조하였다(Majumdar & Brown, 2007: 149-150).

벵골에서의 크리켓은 1920년대 말부터 대학 클럽 등 크리켓에 대한 정부의 대폭적인 지원 삭감으로 그 활동이 크게 축소되면서 하향길을 걸었다(Majumdar, 2006: 979-982). 그러나 벵골지역의 중상층 계급과 영주들의 적극적인 크리켓 후원과 발전에 대한 노력은 벵골 남성의 신체적 능력을 과소평가하는 영국인의 뿌리 깊게 잘못된 인종적 편견을 교정하고 인도인의 자존심과 자기 가치를 심어주는 일종의 '민족주의적 기획'(nationalist enterprise)으로 평가 받았다(Majumdar, 2006).

131) 1905년 벵골의 분리 이후 그는 캘커타에서 분리를 비난하는 연설을 하는 등 벵골 분리에 반대하는 운동을 주도하였다. 20세기 초에는 인도국민회의에 입당하여 민족주의자들과 함께 영국의 인도통치를 적극적으로 비판하였다 (Majumdar & Brown, 2007: 149).

●●● 2. 크리켓과 민족주의

1) 탈 식민시기의 인도 크리켓

1947년 파키스탄과 분리 독립 이후 인도에서 다양한 분야에서 식민지적 유산 청산을 위한 노력이 있었다. 그러나 크리켓, 축구, 하키와 같은 식민시대 스포츠 경기들은 일반인의 여가로 여전히 남아 있었다. 영국 제국주의의 경제수탈에 대해서는 신랄하게 비판하던 인도의 정치인들도 스포츠 분야에 대한 식민지적 잔재 청산을 요구하지 않았다. 이는 당시 인도에 카스트, 종교, 지역 등의 차이를 초월하여 인도인에게 흥미를 줄 토착적인 대안 스포츠가 없었기 때문이었다(Ray, 2008: 1642). 다구나 독립 후 1950～60년대의 인도사회는 국가적인 차원의 경제발전이 가장 급선무였기 때문에 크리켓과 같은 스포츠 경기와 이를 통한 애국심 고취에 관심을 둘 상황이 아니었다.

사실 1950년대 중반부터 1960년대에 걸쳐 국제경기에서 인도 크리켓은 심각한 슬럼프에 빠져 있었다. 1952년 영국과 그리고 1953년 서인도제도(West Indies)와의 원정 테스트 매치(test match)[132]에서 승리하였지만 그 이후 60년대 말까지 국제경기 특히 해외 원정경기에서는 거의 패배를 모면하지 못했다. 신흥 독립 국가로서 국제적인 스포츠경기에서 승리함으로써 희망찬 이미지를 만들어야한다는 점에서 볼 때 당시 크리켓은 민족주의 정서를 불러일으키는 데는 실패한 경기 종목이었다.[133] 그러나 1971년 서인도제도와 영국의 원정경기에

---

132) 1877년부터 공식적으로 인정된 크리켓 경기방식으로 현재까지 국제크리켓위원회에서 인정하는 '테스트 지위'(test status)에 있는 10개국 가운데 2개국의 국가대표 팀 간의 경기에 적용된다. 가장 전통적인 크리켓 경기방식으로 일일 평균 7시간씩 경기하여 대략 3일-5일까지 진행된다.

133) 60년대까지 저조한 성적에도 불구하고 여전히 청소년을 중심으로 일반인들

서 그리고 1978년 파키스탄과의 경기에서의 인도 대표 팀이 이기자 인도 대중들은 크리켓 대표 팀에 큰 관심을 보이기 시작했다.

1970년대 중반부터 '일일국제경기'(One-Day International, 이하 일일경기)[134]가 국제대회에 도입되고 인도 팀이 이 경기 방식에 1980년대 초부터 상승세를 타면서 결국 1983년 영국에서 개최된 세계크리켓월드컵에서 강호 서인도제도를 물리치고 크리켓 세계무대의 정상에 섬으로써 크리켓 강국의 이미지를 세웠다. 그간 인도의 국기(國伎)라 여겼던 하키가 급속히 퇴조하면서[135] 국제대회에서 승리의 기쁨에 만취하고 싶었던 인도인들의 스포츠에 대한 열정은 국제무대에서 수준 높은 경기를 펼치는 크리켓 대표 팀으로 옮겨갈 수밖에 없었다. 특히 뛰어난 기량을 펼친 순일 가바스까르(Sunil Gavaskar)와 까뻴 데브(Kapil Dev)와 같은 초특급 선수들은 당시 인도 크리켓 팬들의 영웅이자 애국주의의 표상이었다.

1987년 파키스탄과 공동으로 크리켓 월드컵을 유치한 것은 인도

은 주거지의 공터나 공원 등에서 크리켓을 즐겼다. 크리켓을 하기 위한 특별한 장소와 장비가 요구되지 않았기 때문에 당시에도 지금처럼 크리켓이 일반인들 사이에 널리 보급되어 있었다(Ray, 2008: 1643).

134) 일일경기방식은 1963년 영국 크리켓 클럽이 처음으로 도입하였고, 이 경기 방식으로 진행하는 국제대회는 1975년부터 시작하여 현재 크리켓월드컵은 일일경기방식을 택하고 있다. 이 방식이 국제대회에 도입된 후 여성과 노년층 등 기존에 크리켓에 큰 흥미를 갖지 않은 사람들까지 지지층을 확대하였다. 약 7시간 경기 만에 승패가 결정되기 때문에 관중과 시청자는 지루하지 않게 경기를 즐길 수 있다.

135) 크리켓이 인도인의 전폭적인 지지를 받게 된 데에는 크리켓과 함께 식민시대에 인도에 소개된 축구와 하키 경기의 상대적인 침체도 한 몫 하였다. 그간 올림픽에서 무려 8번의 금메달을 딴 필드하키는 1970년대 중반부터 침체되기 시작했다. 인조구장으로 변경된 경기환경에 적응하지 못하고, 유럽 국가들의 하키에 대한 예산증액 등 국가적인 관심이 고조되었으며 인도하키위원회의 내분 등이 인도 하키의 급격한 퇴조의 원인으로 언급된다(Ugra, 2006: 81).

크리켓 대표 팀이 민족주의적 정서를 국제적으로 표출할 수 있었던 또 하나의 중요한 계기였다. 남아시아에 식민지를 경영했던 영국과의 치열한 유치경쟁 끝에 인도와 파키스탄이 함께 월드컵을 유치한 것은 크리켓을 탈식민화한 가장 극적인 역사적 사건이었다. 인도 대기업인 '릴라이언스 인더스트리'(Reliance Industries)가 공식 후원한 이 대회에서 개최국인 인도와 파키스탄 모두가 도중 탈락하였으나, 영국과 호주의 결승무대까지 관중들이 뜨거운 응원 열기와 성숙한 관람 태도를 보임으로써 이 대회는 성공적이었던 것으로 평가받았다.

1991년 인도 경제의 개방과 전지구화와 함께 시작된 대중 매체의 개방과 확산은 인도의 크리켓 민족주의가 상업주의에 접목되는 계기가 되었다. 텔레비전 혁명으로 불리는 텔레비전 뉴스 네트워크 및 크리켓 전문 채널들의 급증은 크리켓을 대중화시키고 경기를 보다 스펙터클하게 만들었다. 또한 대중매체의 상업화는 크리켓과 크리켓 스타들도 상업화시켰으며, 특히 크리켓월드컵과 같은 국제대회의 경기는 상업적인 욕망과 민족적인 자부심이 결합된 양상을 드러냈다. '크리켓 공화국'이 된 인도에 크리켓과 관련되어 민족주의 열정이 과열된 양상으로 표출되는 곳은 파키스탄과의 크리켓 경기이며, 이 경기들은 '총성 없는 전쟁[136]'이었다. 남아공화국 등 아프리카 3개국에서 개최된 2003년 월드컵 대회는 이러한 '전쟁'의 대표적인 최근 사례로서 이는 당시 인도의 힌두 극우 정권의 존재와 무관하지 않다.

---

136) 조지 오웰(George Orwell, 1984)은 스포츠는 흔히 전쟁과 관련지어 기술된다고 주장한다. 따라서 경기는 전쟁으로 경기장은 전쟁터로 묘사된다. 스포츠는 총성 없는 전쟁(war minus shooting)으로 정의될 수 있으며, 경쟁, 승패, 자부심 등이 포함되어 있다. 그는 스포츠가 가장된 전쟁, 증오, 질시, 폭력을 목격하는 가학적 쾌락과 밀접한 관계가 있다고 역설하였다.

2) 크리켓과 인도 민족주의: 남아시아 정치와 스포츠의 역학관계

1980년대 이래 크리켓 국제대회에서 남아시아 국가들의 선전은 계속되었다. 1983년 인도, 1992년 파키스탄 그리고 1996년 스리랑카가 세계월드컵 대회에서 우승을 차지함으로써 크리켓의 헤게모니가 남아시아로 옮겨오는 듯 했으며 당시 남아시아 국가의 관중들은 상대팀의 투혼과 선전에 환호와 찬사를 보여줬다. 국가 대항 국제경기에는 국가를 대표하는 집단이나 개인이 출전하기 때문에 크리켓 국제경기가 민족주의 정서를 표출하고 민족적 정체성을 강화하는 것은 일반적인 양상이다. 그러나 크리켓과 관련하여 인도 민족주의가 극적으로 표출되는 공간은 종교 때문에 분리 독립하면서 수많은 인명피해를 낸 후 세 차례의 공식적 전쟁을 치른 '철천지원수' 파키스탄과의 경기장에서다[137]. 이 때문에 양국 간의 경기에는 항상 긴장이 감돌았다. 분리 독립 후 1950년대 초(1952년과 1954년)에는 양국의 크리켓 원정경기를 치르면서도 국경을 마주하고 있는 지역 주민들이 국경 넘어 자국 팀을 응원하도록 허용되었다. 분리 독립에서 온 집단 폭력의 트라우마가 여전하였기 때문에 응원단 간의 팽팽한 긴장은 있었지만 큰 사고 없이 경기는 종료되었다. 1961~1978년과 1990~1998년 기간[138]은 양국 간의 전쟁과 극도의 정치적 긴장으로 경기가 없었던 시기였다(Guha, 2002: 427).

137) 2005년 BBC 뉴스와의 인터뷰에서 인도 수상 만모한 싱이 남아시아 사람들을 결속시킬 수 있는 것은 크리켓과 '볼리우드'에 대한 애정 이상 따라갈 것이 없다고 주장하였지만 1990년대 말부터 인도와 파키스탄 간의 크리켓 국제경기를 고려한다면 이러한 주장에 회의를 느끼게 한다.

138) 이 기간들에도 양국만이 참여하는 친선경기시리즈는 금지되데, 여러 국가들이 참여하는 국제대회, 대표적으로는 크리켓월드컵에는 참여가 허용되었다. 대체로 양국만의 대결이 인도와 파키스탄이 아닌 제 3의 장소에서도 이 기간 동안의 경기는 허용되지 않았다.

1980년대에는 파키스탄의 뻰잡의 분리주의 운동에 대한 지원을 이유로 양국의 정치적 긴장감이 있었다. 그러나 양국은 1987년 공동으로 크리켓월드컵을 공동 유치하여 성공적으로 대회를 치렀다. 1983년과 1992년 인도와 파키스탄이 각각 월드컵에 우승하였을 때에도 양국 응원단은 상대 팀의 선전에 찬사를 보냈다. 더구나 1990년부터 시작된 캐시미르 폭동, 1992년의 아요디야 사건, 1992~1993년의 뭄바이 폭동과 테러사건으로 양국의 정치적 관계가 극도로 악화되었을 때조차 양국의 크리켓위원회만은 우호적인 관계를 유지하였다. 남아시아에서는 정치와 스포츠는 무관한 듯 보였다(Crick, 2009: 63).

1998년 봄에 인도와 파키스탄은 국제적인 여론의 반대에도 불구하고 핵실험을 수차례 강행하여 양국 관계는 악화일로를 걷고 있었다. 그러나 흔히 '버스 외교'라 불리는 1999년 초의 인도국민당(Bhartiya Janata Party, 이하 BJP) 바즈빠이(Vajpayee) 인도 수상의 델리-라호르간 버스 개통 시승을 통한 월경(越境)은 당시 파키스탄 수상 샤리프(Sharif)와 정상회담을 가능하게 하였다. '라호르 선언'으로 알려진 양국의 정치적 관계가 우호적으로 변함에 따라 1999년 인도와 파키스탄 대표 팀의 원정경기가 있었다. 그러나 당시 BJP와 연합정권을 구성하였던 힌두극우정당인 쉬브 세나(Shiv Sena) 소속 마하라쉬뜨라 주 수상인 발 테커레이(Bal Thackeray)가 파키스탄이 여전히 캐시미르 반군을 지원하고 있다는 명분으로 양국 경기의 취소를 요구하고 나섰다. 일부 쉬브 세나 당원들은 게임 예정지인 델리 페로드 샤 꼬뜨라(Feroz Shah Kotla) 경기장의 피치(pitch: 투수와 타자가 던지고 치는 약 길이 22미터 폭 3.3미터의 직사각형 공간)를 훼손시켰다. 꼴까따의 경기장에서는 인도 크리켓의 영웅이자 크리켓 애국주의의 상징인 사친 뗀둘까르의 아웃 판정 시비가 문제가 되어 관중들이 흥분하자 난동을 우려해 관중을 비우고 경기를 하는 해프닝이 벌어졌다[139].

1999년 5월 파키스탄의 까르길(Kargil) 침투로 시작된 전쟁, 같은 해 7월 인도국경수비대에 대한 습격, 2001년 무장 5인조의 인도 국회건물 침투, 캐시미르 반군에 대한 지원 지속 등으로 인도와 파키스탄 간의 정치적 관계는 전면전의 위기까지 감돌았다. 이에 '민족민주연맹'(the National Democratic Alliance, NDA) 정부는 크리켓 종목에 한정하여 국제크리켓위원회가 공식 주관하는 다국적 경기, 대표적으로는 크리켓월드컵은 허용하되 제3의 장소에서도 양국 간의 크리켓 경기를 금지하였다. 당시 인도정부 체육부장관이었던 힌두 우익정치인 우마 바라띠(Uma Bharati)는 이러한 조치에 대해 크리켓이 단순한 스포츠 종목이 아닌 국가와 민족적 정서가 담긴 상징이기 때문에 파키스탄과의 경기를 금지시킨다고 주장하였다(*The Hindu*, 26 April 2001). 그러나 일각에서는 인도가 파키스탄과 치르는 크리켓 경기는 애국적인 정열과 충성심의 궁극적인 실험대가 되기 때문에, 경기에서 패배하는 경우 실전에서 패배하는 것보다 전체 인도인들에게 더 큰 심리적 타격을 주기 때문에 이런 금지조치를 내렸다고 짐작하였다(Guha, 2002: 431).

사실 양국 간의 경기는 정도의 차이만 있었을 뿐 늘 열정과 위험이 수반되었다. 특히 크리켓월드컵에서의 양국의 경기는 국가적 자존심을 건 시합이기 때문에 상대 팀과의 크리켓은 '전쟁'이고 경기장은 '전쟁터'가 되었다. 경기를 지켜보는 인도인들은 다른 팀에게의 패배는 서운하지만 참을 수 있으나 파키스탄과의 경기만은 승리해야 한다고 생각한다. 그러나 태생적으로 적대적인 양국 간의 경기에서 드러나는

139) 양국 경기에 점차 1990년대 초까지 보였던 상대 팀의 선전에 대해 찬사하는 등 관대한 모습들이 줄어들기 시작한 것으로 짐작되는 사례이다.

민족주의적 호전성도 양국의 정치와 외교적 관계의 긴장과 완화 여부에 따라 다르게 나타났다.

까르길 개전 후 양국 간의 크리켓 경기 금지 결정은 NDA 정권을 구성하고 있는 쉬브 세나와 BJP 힌두 극우정당들의 핵심 지도자들에 의해 요구되었으며, 이들은 이러한 결정을 인도를 위한 '애국적'이고 '민족주의적'인 것으로 주장하였다(Sengupta, 2005: 269-270). 인도와 파키스탄 간의 크리켓 경기에서 민족주의와 종파주의 간의 구분이 점차 어렵게 되기 시작한 것은 1990년대 후반 인도국민회의에서 BJP가 주도하는 '민족민주연맹'으로 정권이 바뀌면서 부터이다[140]. NDA 정권은 '인도=힌두'와 '파키스탄=무슬림'의 등식을 강조하여왔다. 이 정권은 1990년대 후반에 파키스탄에 의해 도발된 일련의 군사적 사태들을 토대로 파키스탄은 항상 인도를 위협하는 '위험한 타자'였음을 강조하였다. 이 때문에 파키스탄과의 크리켓 경기는 NDA 정권에게는 단순한 스포츠 시합이 아닌 힌두 민족주의의 자존심을 건 반드시 이겨야할 전쟁이었다. 1990년대 후반 이후 인도와 파키스탄 간의 경기가 과거에 비해 한 층 정치적이고 종파주의적인 색채가 드러나기 시작 것은 이러한 NDA 정권의 시각과 무관하지 않았다.

바지뻬이 인도 수상 등 고위급 정치인들은 2003년 3월 1일 남아공화국에서 개최된 크리켓월드컵의 인도와 파키스탄 전 경기를 긴장을 놓지 않고 시청하였으며 수상은 파키스탄에 승리한 직 후 인도팀에게 축하전화를 하였다. 다음 날 재무장관인 자스완뜨 싱(Jaswant

140) 1990년대부터 인도 중앙정치의 무대에 본격 들어선 BJP는 1992년 아요디야의 바브리 사원 철거와 람 사원 건립을 목적으로 한 소위 아요디야 사태를 계기로 삼아 힌두 극우세력을 결집시켰다. 1990년대 초 소수의 하원의석으로 시작한 BJP가 1990년대 말 인도국민회의에 승리하여 NDA 정부를 세울 수 있었던 핵심 전략은 힌두와 무슬림 간의 적대적인 관계를 이용하는 '종파주의적'(communal) 정치였다.

Singh)은 인도 팀이 받은 상금 전액에 대한 면세방침을 발표했다. 또한 파키스탄과 국경을 맞대고 있는 군부대 장군들은 병사들의 사기 진작을 위해 대표 팀의 전선 방문을 희망하였다(*The Statesman*, 24 Feb. 2003). 이런 일련의 인도 최고위급 인사들의 파키스탄 전의 승전 축하들은 이 경기가 단지 예선전에 불과했다는 점에 비추어 보면 매우 지나친 행동들이었다. 파키스탄에 승리한 3월 1일 밤의 인도 대도시 전역은 인도인들의 자동차 경적소리, 폭죽 소리, 인도와 대표 팀의 뗀둘까르와 갱굴리를 찬양하는 각종 슬로건과 외침 등으로 전 인도를 떠들썩하였다. 승전 후 파키스탄 팀을 이겼으니 다른 팀에게 패하는 것은 큰 문제가 되지 않는다는 분위기가 지배적이었다. 인도 크리켓 대표 팀은 적성국 파키스탄에게 승리하여 민족적인 명예와 자존심을 지킴으로써 민족의식을 고양시킨 전사들이 되었다.

힌두 극우 정권의 집권과 악화된 양국 간의 국제정치적 상황에서 인도 내 무슬림의 정체성은 늘 '의심받는 존재'였다. 인도에게 파키스탄은 숙적이기 때문에 인도 내 무슬림은 양국의 정치적 상황에 따라 파키스탄과 동일시되었다. 특히 양국의 분쟁 기간 동안, 예컨대 까르길 전쟁 동안에 힌두 극우집단은 무슬림을 파키스탄 지지자라며 비판하였다(Mustafa, 1999). 극우 힌두주의 집단은 1992년 뭄바이와 2002년 구자라뜨 고드라 사태가 보여주듯이 인도 내 무슬림 집단을 '타자화' 시키고 무슬림의 안전을 위협하였다. 크리켓 경기에서도 무슬림은 파키스탄 팀을 응원한다는 의심을 눈길을 피하기 어려웠다. 힌두 극우정당 쉬브 세나 발 테커레이[141]가 인도 크리켓 대표 팀이 파키스

141) 1990년도 말에 발 테커레이의 무슬림에 대한 주장은 흔히 인도판 '테빗 테스트'(Tebbit Test)라 불린다. 1990년에 영국의 보수당 출신 노만 테빗(Norman Tebbit)은 영국에 거주하는 남아시아 출신 이주자들이 영국과의 크리켓 시합에서 영국보다는 인도나 파키스탄을 지지하는 점을 지적하며 영국의 남아시

탄에 패할 때 마다 인도 무슬림은 울음을 보여줘야 한다(Dasgupta, 2004: 576)는 주장은 이러한 의심을 적나라하게 보여주는 주장이었다.

2003년 크리켓 월드컵의 인도와 파키스탄 경기를 앞두고 인도 무슬림은 공개적으로 인도 팀을 지지하였다. 이들은 델리, 뭄바이, 꼴까따, 뱅갈로르 등 인도 대도시에 있는 무슬림 주거지와 상가에는 인도 삼색기를 얼굴에 페인팅하거나 대형 인도 국기를 내 걸고 또는 대형 스크린을 거리에 내 놓고 인도 팀을 응원함으로써 인도 팀에 대한 충성을 시위하였다. 시위에 가까운 무슬림의 인도 팀 응원을 두고 크리켓이 비로소 인도 내 종교와 카스트 등의 벽을 허물게 되었다고 주장하는 사람도 있지만, 이러한 무슬림들의 태도야 말로 현재 그들이 인도사회에 처해 있는 위기적 현실을 대변하고 있었던 증좌였다(Dasgupta, 2004: 575). 무슬림들의 전폭적인 인도 팀 지지는 사실 2002년 구자라뜨 고드라 사태의 제노사이드 트라우마가 채 가시지 않은 데서 오는 두려움 때문이었다(Crick, 2009: 68).

파키스탄 지지자로 의심을 받는 인도 무슬림은 힌두 극우세력들에 의해 '좋은'(good) 무슬림과 '나쁜'(bad) 무슬림으로 판정을 받는다. 맹목적 힌두 애국주의자 발 테커레이와 NDA 정권 부수상(2002-2004년)이었던 아드바니(Advani, L.K.)와 같은 힌두 극우 정치인은 1990년대에 인도 크리켓 대표 팀에서 맹활약하여 파키스탄을 이기는데 혁혁한 공을 세운 무슬림 모하마드 아자루딘(Mohammad Azharuddin)을 '좋은' 무슬림으로 찬사하였다(Guha, 2002: 421). 그러나 '좋은' 무슬림이 '나쁜' 무슬림으로 변화기는 시간문제기 때문에 인도 무슬림은 선수들은 늘 편할 수가 없다. 인도 무슬림은 2003년 월드컵 경기에서

아인은 영국 대표 팀을 응원함으로써 영국에 속해있음을 증명해 달라고 요구하였다.

인도 대표 팀에 소속된 자히르 칸(Zaheer Khan)과 모하마드 까이프(Mohammad Kaif)의 선전을 간절히 바랐다. 이들의 선전으로 인도 팀이 이기는 것은 무슬림 사회가 보여줄 수 있는 '민족주의적 신임장(nationalist credential)이 되기 때문이다(Dasgupta, 2004: 580). 한 마디로 이 두 명의 무슬림 선수들은 인도 무슬림에게는 위로와 희망의 상징인 셈이다. 무슬림들이 열렬하게 응원했지만 그렇다고 무슬림들은 내놓고 승리를 축하하지 못한다. 2003년 월드컵 승리 후 구자라뜨 아흐메다바드에서 승리를 자축하는 무슬림들을 힌두들이 저지하면서 두 집단 간의 물리적 충돌[142]이 발생하여 18세의 무슬림 청년이 사망하였다. 2003년 크리켓월드컵은 맹목적인 힌두 애국주의자와 종파주의적 이데올로기기가 극도로 표출되는 무대였다. 인도와 파키스탄 갈등과 종파주의적 정치가 지배적인 가운데 치러진 이 대회에서 인도와 파키스탄 경기는 민족주의와 종파주의의 구분을 극도로 불투명하게 만들었다.[143]

1999년부터 시작된 파키스탄과의 정치적 긴장은 2004년 1월 파키스탄의 이슬라마바드에 개최된 남아시아지역협력회의(SAARC)에 참가한 인도 수상 바지빠이와 무샤라프 파키스탄 대통령 간의 정사회담을 통해 양국의 정치적 긴장은 완화되었다. 양국이 크리켓 대표 팀의 원정경기를 회복시키기로 함에 따라 2004년 인도 팀의 파키스탄 원정 경기 참여를 두고 인도 정치계는 선수들의 안전문제, 2004년 총

142) 1996년에도 월드컵에서 인도 팀이 파키스탄 팀을 이기자 구자라뜨에서 힌두들이 무슬림들을 축하 행사에 참여하지 못하게 하여 양편의 물리적 충돌이 일어난 적이 있다.

143) 사회학자 맥도날드(McDonald, 1999: 439)는 이미 인도 내 힌두 극우주의 정권이 들어선 후 벌어진 1999년 월드컵 대회에 대해 인도 내 크리켓은 탈 식민지적 정체성을 형성했지만, 이 정체성은 민족주의라기보다 종파적인 속성이 더 강하다고 평가하였다.

선에 미칠 득과 실을 계산하고 있었다. 바지빼이 총리가 원정경기를 결정한 배경은 4월 총선을 앞두고 파키스탄과의 크리켓 대결로 인도인들의 힌두 민족주의와 극우 힌두 애국주의가 분출되기를 기대하였기 때문이었다. 그러나 인도 팀의 원정경기에서의 승리는 아이러니컬하게 NDA 정권 재창출을 도와주지 못하고 인도국민회의가 주도하는 '연합진보연맹'(United Progressive Alliance, UPA)의 승리를 가져왔다.

양국의 크리켓 경기의 가능여부와 경기장에서의 분위기는 양국의 정치・외교적 관계의 상태에 달려있었다. 2005년부터 한동안 양국의 크리켓과 정치적 관계가 원만하게 유지되었으나, 2008년 11월의 뭄바이 테러가 파키스탄에 본거지를 둔 이슬람 테러단체의 소행으로 알려지면서 다시 한 번 양국의 모든 관계는 단절되었다. 2010년 현재까지 인도 UPA 정부는 안전을 이유로 인도 팀의 파키스탄에서의 경기뿐만 아니라 파키스탄 팀의 인도원정 경기를 허용하지 않고 있다. 파키스탄크리켓위원회(Pakistan Cricket Board, 이하 PCB)는 정치와 스포츠는 별개라고 주장하면서 양국 크리켓 관계의 회복을 위해 제 3의 장소에서 인도 팀과 경기하기를 희망하고 있다. 이를 위해 PCB는 국제크리켓위원회와 인도크리켓조정위원회를 통해 인도 정부 설득작업을 하고 있다. 양국 크리켓 관계의 회복이 정치적 긴장완화에 기여할 것이라는 PCB의 주장 배후에는 크리켓이 갖는 상업적 본질이 숨어 있다[144].

144) PCB는 2008년 테러로 인해 인도를 포함한 다른 국가와의 경기가 취소됨으로써 미화 약 1억 3천만 불의 손해를 입었다고 주장한다. 이로 인해 PCB의 재정상태가 어려워 거의 마비상태에 있다. 인도와의 대전은 파키스탄 시청자들의 최고 관심을 끌 수 있는 소재기 때문에 제3의 장소에서 경기하더라도 광고 수익과 방송중계권 매출 등을 합치면 PCB는 적자를 다소 만회할 수 있다.

● ● ● 3. 대중 매체와 상업주의와의 결합

1999년 6월 9일 영국 맨체스터에서 열린 크리켓월드컵의 인도와 파키스탄과의 경기를 위성 텔레비전을 통해 시청하는 까르길의 인도 병영의 군인들은 인도 대표 팀이 파키스탄에 승리하자 실전에서도 파키스탄군을 '캐시미르 통제선'(the line of control in Kashmir) 밖으로 쫓아낼 수 있다고 사기가 충천하였다(*The Indian Express*, 10 June 1999). 위성 텔레비전의 위력으로 인해 크리켓과 민족주의와의 연결을 확연하게 보여준 순간이었다.

중동의 아랍 에메레이트의 샤르자(Sharjah)[145]의 '샤르자 크리켓 연합 스타디움'에서는 매년 1-2회의 국제크리켓대회가 있다. 이들 경기에는 3-4 국가 대표 팀들이 참여하는데 인도와 파키스탄 팀은 거의 빠지지 않고 초청된다. 관중의 대다수는 인도와 파키스탄 출신 이주노동자들로 구성되어 있다. 인도와 파키스탄과의 경기에는 거의 전쟁에 가까울 정도의 격렬한 경기와 응원전이 있다. 이러한 샤르자의 분위기는 위성 텔레비전을 통해 고스란히 인도로 생생히 전달되어 인도에서도 비슷한 열기가 타오른다.

맨체스터와 샤르자처럼 인도 밖에서 치러지는 크리켓 경기조차 인도 국내로 실시간으로 중계되어 크리켓 민족주의의 열기를 동시에 느낄 수 있는 시대가 되었다. 1991년 인도의 경제개방과 함께 시작된

---

145) 국제크리켓위원회의 본부는 영국에서 두바이로 2005년에 이전되었다. 가장 거대한 크리켓 관중과 정열 그리고 국가적 관심이 있는 곳이 인도를 중심으로 한 남아시아지역인 점이 고려되었고, 중동에 근무하는 이주노동자의 대부분이 남아시아 출신이기 때문에 이들의 크리켓 열정을 고려할 때 관중동원에 전혀 문제가 없다는 점도 두바이로 본부가 이전된 배경이다. 중동의 크리켓경기장은 샤르자의 것이 유일하며, 이곳에서는 '샤르자 컵'을 비롯한 많은 국제경기가 매년 1-2회 열리고 있다.

그림 17. 유명 크리켓 선수가 나이키 선전광고에 등장하는 등 유명 크리켓 선수들은 인도 경제의 전지구화와 밀접히 관련되어 있다.

대중 매체의 개방과 보급증가는 크리켓 경기를 인도 전역에서 스펙터클하게 즐길 수 있게 되었다. 크리켓 경기와 텔레비전이 본격적인 관계를 맺게 된 것은 1993년 영국원정 팀과 인도와의 테스트 매치를 인도크리켓조정위원회가 STAR(Satellite Television Asian Region) TV의 스포츠 채널 Star-Sports에게 방송중계권을 판매하면서부터이다. 1959년 국영 TV인 두르다르샨(Doordarshan)의 독점 채널로 시작한 인도 텔레비전 역사는 2007년 현재 약 300개의 TV채널이 운영되는 인도의 'TV 혁명'을 가져왔고, 크리켓은 이러한 혁명을 일으킨 중핵의 하나로 자리 잡고 있다.

오늘날 TV 네트워크를 통해 보는 크리켓 경기와 크리켓 관련 프로그램은 영화산업과 함께 범 인도적인 오락의 하나가 되었다. 현재 인도의 주요 뉴스 네트워크, 예컨대 Star News, Aaj Tak, Zee News, NDTV 등은 1990년대 중반부터 영어 또는 힌디로 진행되는 24시간 뉴스 채널과 스포츠 채널을 운영하고 있다. 이들 스포츠 전문 채널들은 축구월드컵과 올림픽과 같은 세계적인 스포츠 축제 그리고 영국 프리미어리그(EPL) 소식을 제외하면 거의 크리켓 관련한 프로그램으로 구성된다. 2007년 경 부터는 이들 네트워크에 크리켓 전문 채널[146]이 운영되기 시작했다. 스포츠 전문 채널들에는 고액의 출연료를 받는 크리켓 유명 스타 출신의 전문해설자가 진행하는 크리켓 관련 프로그램들이 있으며, 인도 대표 팀의 주요 경기를 앞두고 진행하는 경기전망을 다루는 프로그램에는 현역 크리켓 스타와의 단독 대담도 진행된다. 특히 크리켓월드컵과 같은 전 국민적 관심사가 있는 국제경기에는 인도 팀의 경기실황을 위성으로 중계하기 위한 특별 방송 팀이 파견[147]된다. 엄청난 경비소요 때문에 국제적인 큰 사건 외에 해외 방송 팀을 파견하지 않는 관례를 생각하면 뉴스 네트워크가 크리켓에 사활을 걸고 있는 점을 알 수 있다. 양질의 크리켓 관련 프로그램은 시청률 제고에 결정적인 역할을 하며 이는 광고시장의 실적 제고로 이어지기 때문이다.

이들 뉴스 네트워크가 방송사의 운명을 크리켓에 걸 수 있는 것은 국제적인 스포츠 무대에서 인도가 유일하게 선전하는 것은 크리켓뿐이며 크리켓 경기에서의 선전이야말로 세계 경제 중심으로 떠오르고

146) 예컨대 NDTV의 'Cricket Controversies', NDTV India의 'Kissa Cricket Ka'(a story of cricket), Aaj Tak의 'The Wisden Show', Star News의 'Match ke Mujrim'(criminals of the match), Zee News의 'Ghamasaan'(intense) 등이 대표적이다.

147) 남아공화국 2003년 월드컵부터 시작된 해외 방송 팀 파견에는 10분에 미화 1,500-2,000불이 소요되는 엄청난 경비가 사용되었다(Mehta, 2007: 1194).

있는 인도의 민족적 자긍심을 채워줄 수 있기 때문이다. 관중석에서 인도 삼색기를 흔들거나 얼굴에 삼색기 페인팅을 하고서 격렬하게 응원에 열중하거나 상대 팀에 대한 극심한 야유를 보내는 광경들은 미디어 특유의 방식으로 스펙터클하게 전달된다. 크리켓이 TV 산업의 황금알을 낳는 중요 아이템이 될 수 있었던 데에는 국제경기에 일일경기방식이 도입되면서이다. 테스트 매치에 비해 일일경기방식은 시합 당일에 승패가 결정되기 때문에 선수들로 하여금 위험을 감수하고 공격적인 경기를 하게 함으로써 현장의 관중뿐만 아니라 시청자들에게 집중적이고 짜릿한 즐거움을 준다. 약 7시간 안에 승패가 결정되기 때문에 파키스탄처럼 숙적과의 경기는 인도인들을 TV 앞으로 끌어 모으고 이 기간 동안은 인도가 정지된 듯하다. 특히 오버(over: 투수가 6개의 볼을 던지면 1 over임)와 오버 간에 광고를 삽입할 수 있고 집중적인 시청이 이루어지는 점을 감안하면 일일경기의 TV 광고 효과는 극도로 높아진다.

크리켓과 미디어 그리고 상업적 광고 간의 복합적 관계는 크리켓 일일경기에서 분명하게 드러난다. 일일경기에 대한 인도 대중들의 호응이 급등하자 기업들은 대표 팀 선수들과 크리켓 대회에 막대한 스폰서 경쟁을 시작하였다. 특히 인도 크리켓 스타들 예컨대 사우라브 갱굴리(Saurav Ganuly)와 사친 뗀둘까르[148]에 대한 미디어와 광고주들의 러브콜은 가히 경쟁적이다. 인도 대표 팀의 간판 스타들인 이들은 인도인의 애국적 상징이자 '힌두 신'[149]의 반열에 올라갔다. 대표

148) 2005년 파키스탄 팀의 인도 원정경기를 앞두고 뉴스 네트워크 Aaj Tak은 경기 관련 갱굴리와의 대담을 위해 미화 50만 불을 지불하였다고 한다. 그의 몸값을 짐작할 수 있는 대목이다. 뗀둘까르의 수입은 알 수 없지만 세계 크리켓 선수들 중에 가장 부자라고 추정된다.

149) 2003년 크리켓월드컵에 인도가 결승전에 진출하자 선전을 기원하는 많은 기도모임이 있었다. 서벵골 주의 소도시 바라사트(Barasat)의 기도 모임에서는

팀 스타들은 대기업의 재정적 지원으로 엄청난 수익을 내는 대중적 스타들로 탄생하였다. 기업들의 광고모델을 통한 스폰서는 크리켓 스타들을 샤 룩 칸(Shah Rukh Khan)과 같은 볼리우드 스타들과 상업적으로 손을 잡게 하였다. 1999년 크리켓 월드컵 기간 동안 뗀둘까르는 샤 룩 칸과 함께 텔레비전 펩시 광고 모델이었으며, 2003년 월드컵[150] 기간에도 갱굴리와 인도 대표 팀 선수들은 인도 영화 스타들과 함께 펩시 광고를 하였다. 또한 2003년 월드컵의 인도와 파키스탄과의 경기에 일부 볼리우드 스타들이 남아공화국의 경기장까지 방문하여 인도 팀을 응원함으로써 일반 대중들의 크리켓 민족주의 열기를 더욱 가열시켰다. 볼리우드 스타들의 인도 대표 팀 응원 광경은 인도의 주요 미디어의 초점이 됨으로써 크리켓 경기장은 민족주의와 상업주의의 전형적인 결합을 전시하는 공간이 되었다.

영화 '라간'은 크리켓과 민족주의 간의 결합을 영화산업이라는 오락산업에 도입하여 대 성공을 거두었으며, 인도의 탈 식민시기 민족주의라는 잠재력을 보여준 대표적인 영화라는 평을 받았다. 인도인들은 이 영화를 통해 크리켓 경기의 신체적 스릴과 파키스탄과의 경기에서 경험한 격정적인 민족주의적 정서를 인도적 상상력을 동원하여 체험하게 된다. 불가촉천민인 까츠라(Kachra)에게 동정심을 보이는 주인공 부반(Bhuvan)은 타격 천재 뗀둘까르로, 까츠라[151]는 1990년대

당시 주장이었던 갱굴리 사진이 여신 두르가(Durga)로 뗀둘까르 사진이 두르가를 태우고 다니는 4자로 묘사되었으며, 이러한 광경들은 인도 뉴스 네트워크들을 통해 독특하게 스펙터클로 전시된다(Majumdar & Bandopadhyay, 2004: 1451).

150) 2003년 월드컵의 공식 후원은 한국의 LG전자였으며, 삼성전자와 인도 '브리티니아'도 상품 광고를 위해 후원에 참여하였다.

151) 영국식민시대에 왼손잡이 스핀볼을 던져 유명했던 발루(Baloo)를 까츠라로 이해하기도 한다. 짜마르 출신 빨완까르(Palwankar)의 네 형제 가운데 큰 형

중반 인도 대표 팀에서 뗀둘까르와 가장 절친했던 불가촉천민 출신 깜블리(Kambli)로 이해된다. 영국 제국주의 팀에 도전하여 승리한 부반 팀의 민족주의는 파키스탄 팀에 승리한 인도 대표 팀의 민족주의와 오버랩 된다. 라간을 통해 알 수 있듯이 영화산업, 미디어세계, 기업세계의 복합물로 만들어진 주인공 부반과 인도인의 영웅 뗀둘까르의 중복된 이미지는 인도 크리켓의 '민족주의적' 표상을 강화하는 역할을 할 수 있다.

21세기 들어 크리켓, 상업주의, 대중매체 삼박자가 만난 결정판은 인도크리켓조정위원회가 전 지구적 크리켓 제국을 꿈꾸며 2008년에 시작한 '인도프리미어리그'(Indian Premier League, 이하 IPL)일 것이다[152]. 이 대회를 위해 인도의 뭄바이, 델리, 꼴까따, 첸나이, 라자스탄(Rajasthan), 뱅갈로르(Bangalore), 데칸(Deccan), 뻔잡에 지역 연고를 둔 8개의 구단이 매년 초에 인도를 포함한 전 세계의 크리켓 선수들을 상대로 경매방식을 통해 선수들을 선발한다. 8개의 구단주에는 '릴라이언스 인더스트리'의 무께시 암바니(Mukesh Ambani)와 같은 대기업주도 있고 샤 룩 칸과 같은 영화배우도 있다. 1년에 약 45일간 59경기가 진행되는데 일부 선수들은 약 10억 이상의 수익을 낼 수 있어 경기 참여일수에 비교하면 영국 프리미어리그 선수들 부럽지 않다. 더 나아가 IPL을 통한 브랜드 광고 마케팅 시장은 인도 부동산 회사 DLF

이 발루(Baloo)이다. 그는 동생들과 함께 데칸 짐카나. 뿌네 클럽, 봄베이 힌두 짐카나의 핵심 선수였으며, 비탈(Vithal)은 힌두 짐카나의 주장을 역임했다(Majumdar, 2006: 931-934),

152) 인도에는 약 2억 2천만 명 이상의 크리켓 경기 TV 시청자와 수많은 크리켓 전문채널을 보유하고 있으며 관중·재원·스폰서·광고를 두고 크리켓과 경쟁할 스포츠 종목이 없고, 스포츠 상업주의 대명사격인 미국이 크리켓 경기를 하지 않는다는 점이 IPL의 성공요인으로 작용할 수 있을 것이다(Gupta, 2009: 207-208).

그림 18. 크리켓 인도 프리미어 리그에 동원된 서양 치어리더들

의 IPL 타이틀 스폰서십, 소니 엔터테인먼트 TV 네트워크와 월드스포츠 그룹의 TV중계권 등 많은 기업들이 스폰서와 광고주로 참여하는 엄청난 액수의 시장이기 때문에 IPL의 상업적 위력을 보여주고 있다.

IPL의 경기는 소위 'Twenty/20'토너먼트 방식으로 진행된다. 하루에 20 오버(120개의 투구)만 진행하는 경기로 약 3시간 만에 경기가 종료되는 점을 감안하면, 선수들은 일일경기방식에서보다 더 공격적이고 과감한 경기를 펼쳐야 한다. 관중들은 외국에서 온 치어리더 여성들의 현란한 몸짓과 짧은 시간 내에 격렬하게 진행되는 세계적인 스타들이 펼치는 수준 높은 경기를 흥분된 가운데 박진감 있게 즐길 수 있다. 사실 1990년대 전부터 인도 크리켓에서는 영국 크리켓이 담고 있는 신사다움과 감정표현의 절제 등은 이미 옛말이 되었다. 또한 IPL 경기들은 다국적 기업의 광고와 함께 프라임 타임에 TV로 중계됨으로써 더욱 스펙터클하게 만든다는 점에서 글로벌 스포츠 마케팅과 현대 미디어 기술과의 결합의 정수를 보여준다.

IPL이 시작하기 이전에 인도인들에게 크리켓은 국가와 국가와의 경기를 의미하였기 때문에 국제대회 경기, 특히 전통적 라이벌인 파키스탄과의 경기에서는 민족주의적 감정이 폭발하였다. 그러나 IPL의 모든 구단은 다국적 선수들로 구성되기 때문에 약 5만 이상이 응원하고 있는 관중석에서 더 이상 삼색기 얼굴 페인팅과 국기의 휘날림도 볼 수 없게 되었다. 다시 말해 IPL 경기에는 더 이상의 애국심과 민족주의 감정을 찾아볼 수 없다. 지역 연고 리그의 핵심은 지역 팀에 대한 열정인데 아직 IPL에서는 관중들의 지역 팀에 대한 강한 충성심도 찾아볼 수 없다. 세계적 스타들의 멋진 경기에 환호하는 관중과 해외에서 온 치어리더 걸들의 이국정취, 관중과 시청자의 구매력을 자극하는 다국적 기업의 현란한 광고판, 경기를 스펙터클로 포장해 안방으로 전송하는 TV 현대기술문명 등의 이상적인 만남은 지난날 크리켓 변방의 비서구 인도가 비로소 스포츠 국제 시장을 통제하는 크리켓 슈퍼 파워로 등극하였음을 웅변하고 있다. 크리켓의 IPL의 시대에 들어선 인도사회와 인도인들은 크리켓과 민족주의라는 지난날의 모델을 뛰어넘어 크리켓이 발생시키는 글로벌 마케팅과 문화를 통해 글로벌한 정체성도 요구받고 있다.

●●● 4. 크리켓 민족주의의 전망

식민시대 인도의 크리켓은 지역에 따라 발전 과정에서 차이를 보였다. 봄베이를 중심으로 한 서부 인도에서는 종파적 성격이 강조된

'5자대회'가 성행했는데, 분열적 성격으로 민족주의자들의 반대 때문에 폐지되었다[153]. 캘커타를 중심으로 한 동부 인도에는 중상층 엘리트들의 인도 크리켓 팀에 대한 후원을 기반으로 영국 제국주의 팀과의 경기에서 승리함을 저항으로 인식하여 이를 통해 인도 민족주의 의식을 고양시켰다. 당시의 크리켓 민족주의의 사례라고 여겨지나, 당시 공식적인 대중적 민족주의 정치와 크리켓 민족주의와의 의도적인 결합으로 여기기는 어렵다.

1970년대에는 인도사회에 크리켓이 대중화되기 시작했으며, 1980년대 중반부터 국제무대에서 크리켓을 통해 '인도인 됨'의 자부심이 자리하기 시작했다. 무엇보다도 탈 식민시기에 크리켓과 민족주의 또는 애국주의 간의 관계를 밀착시키게 된 계기는 파키스탄과의 지속되는 정치적 갈등과 긴장이었다. 더 나아가 1990년대 힌두 극우정치 집단의 세력화와 정권창출은 인도에 대한 파키스탄의 군사적 도발을 계기로 인도 크리켓과 민족주의 그리고 종파주의 간의 구분을 애매하게 만들었다. 힌두 극우 정치인들은 인도의 파키스탄과의 크리켓 경기를 무슬림 국가인 파키스탄과의 대리전으로 인식시킴으로써 힌두 민족주의의 만들기에 필수적인 무슬림을 소외와 타자화의 대상으로 만들었다.

2003년 월드컵 초반 호주에게 인도 팀이 패하자 일부 크리켓 지지자들이 주장 갱굴리, 부주장 라훌 드라비드(Rahul Dravid), 무슬림 까이프의 집을 공격하고 대표팀 허수아비를 화장하는 사건이 벌어졌다.

---

153) 마줌다르(Majumdar, 2003)는 인도에서 크리켓의 상업화 현상이 1980년대 들어서야 나타난 현상이라는 가설에 이의를 제기한다. 그는 이미 1930년대 초에 봄베이에 크리켓 상업주의의 잠재력이 있었다고 주장한다. 그는 당시 봄베이의 도시화와 상업주의가 크리켓 발전에 끼친 요인도 함께 고려해야 한다고 주장한다.

또한 결승전을 앞두고 결혼식, 학교 시험, 일부 주 의회 예·결산 회의시간 등이 변경되는 일들도 보도 되었다. 크리켓과 관련된 이들 난동과 요란스러움은 크리켓이 민족 정체성을 표상하는 강력한 상징이라는 이유 하나로 용인되었다. 크리켓 민족주의로 간주되는 소란스러움과 혼란 양상들 배후에는 크리켓 스펙터클을 추구하는 대중매체, 소비주의, 상업주의가 자리하고 있다. 테스트 매치, 일일경기, IPL 등 모든 종류의 인도 크리켓 경기들과 크리켓 채널의 프로그램에는 미디어와 상업주의의 결탁된 힘이 작동하고 있다.

크리켓 민족주의의 열정을 심화시킨 일일경기방식에는 단시간에 승패의 결정이 나는 이유로 선수나 관중들의 감정 폭발의 휘발성이 극히 높다. 특히 파키스탄처럼 숙적과의 경기에는 관중들의 과열된 응원과 상대팀에 대한 극심한 야유가 수반된다. 대중 매체는 이런 광경들을 스펙터클한 소재로 삼는다. 크리켓 경기장에서 표출되는 폭력과 혼란이 민족주의적인 열광과 민족적 결속의 상징으로 인식되기 쉽지만 여기에 개입된 관중들의 상업주의적 태도도 고려되어야 한다.[154)]

현대 인도의 크리켓은 인도인에게 민족주의적 정체성과 글로벌한 정체성을 동시에 요구하고 있다. 초국가적(transnational) 선수들이 참

---

154) 마줌다르(Majumdar, 2006: 952)는 인도에서 크리켓 관중의 난동이 잦은 것은 크리켓 경기장에 대도시의 부분 실업자나 노동자 계층이 상대적으로 많이 몰리기 때문이라는 소위 '관중의 대중화'(plebeianization of crowd)의 산물로 설명하는 가설에 대해 다른 견해를 보인다. 관중 폭력은 오히려 독립 이후 크리켓 운동장을 독점해온 대체로 부유하고 배운 사람들에 의한 짓인데, 이들은 괜찮은 자리의 크리켓 티켓을 구입하거나 크리켓 협회 멤버십을 구입한 후 지불한 돈의 대가를 운동경기를 통해 요구하는 경향이 있다고 그는 주장한다. IPL 경기의 가장 저렴한 외야석은 200Rs이지만 선수들 대기실 가까운 내야석들은 2,000-3,000Rs로 고액이다. 국가 간 일일경기도 가장 저렴한 일반석은 110Rs-695Rs 사이로 크리켓 관람비가 결코 저렴하지 않다.

여하는 IPL에서는 민족적 충성심을 넘어 현란한 치어리더 퍼포먼스와 광고 및 미디어 기술이 요구하는 글로벌적 정체성을 보여야 한다. 그러나 국가 대표 팀이 참여하는 국제일일경기에서는 민족주의적 의식과 정체성을 표출해야 한다. 한 마디로 21세기의 인도 크리켓은 인도인들을 민족주의적 차원과 글로벌한 차원 사이에서 발생한 팽팽한 긴장 선상 위를 걷게 하고 있는 셈이다[155].

155) 이러한 긴장 관계를 가장 잘 보여주는 사례는 2008년 IPL 원년의 대회에 무려 11명의 파키스탄 대표 선수들이 파키스탄이 아닌 인도의 지역연고 팀의 이름으로 소속 팀의 승리와 이를 통한 자신의 몸값을 위해 최선을 다했다. 그러나 2008년 11월 뭄바이 테러로 인해 인도와 파키스탄의 정치적 관계가 악화되자, 파키스탄 정부는 자국 선수들의 안전을 고려해 선수들의 IPL 참여 금지조치를 내렸다. 따라서 파키스탄 선수들은 2009년 IPL에 참여할 수 없었다. 파키스탄크리켓위원회의 정부의 설득으로 IPL 참여가 허용되자, 2010년 IPL을 위해 파키스탄 선수들이 IPL 구단들의 경매에 참여하고자 서류를 접수하였다. 사실 IPL 주관기관인 인도크리켓조정위원회는 경기의 흥행을 위해 파키스탄 출신 선수들을 유치하고자 인도 정부를 설득시킨 바 있었다.

제2부

전지구화와 인권

제5장

불가촉천민의 차별구조와 인권문제

●●● 1. 달리뜨 인권 연구의 필요성

인도 사회를 연구하는 대부분의 사회과학자들은 인도는 카스트로 위계화된 불평등한 사회임을 근거로 특히 가장 밑바닥에 있는 불가촉천민에 대한 기본적인 인권이 인정되지 않은 불평등이 역사적으로 축적된 사회임을 강조한다. '하리잔'(Harijans) 또는 '달리뜨'(Dalits)로 불리는 불가촉천민은 비 불가촉천민에 의해 일상생활의 다양한 영역에서 격리, 분리되어야 하였다. 부정(pollution)을 일으킨다는 관념적인 이유로 이들은 힌두 사원과 같은 공공적 공간에서 뿐만 아니라 거주지와 같은 사적인 공간까지 고립되고 격리되거나 입장이 허용되지 않았다. 이들 대부분은 토지를 소유하지 못하였기 때문에 지주인 상위카스트의 임금노동이나 속박노동자(bonded laborers)로 살면서 노동을 착취당하는 경우가 일반적이었다. 이처럼 불가촉천민들은 사회적 지위나 경제적 지위 면에서 인도의 최하위 계층에 머물면서 인간이 누려야 할 기본적 권리조차 박탈당해 왔다.

인도 독립이후에 인도 정부는 카스트로 인한 불평등과 착취를 금하기 위해 불가촉천민과 부족들을 위한 여러 법안들을 만들었다. 그러나 인도정부의 불가촉천민에 대한 가해 예방을 위한 법안제정에도 불구하고 그간 인도의 불가촉천민의 권리를 침해하고 신체안전에 대한 위협 및 살해 등 다양한 형태의 핍박이 광범위하게 자행되었다. 인도정부에 의해 제정된 일련의 법안들은 가해자를 처벌하도록 되어 있었지만 피해자들이 신고를 할 수 있도록 개방되어 있지도 않을뿐더러 가해자들로부터 위협을 받는 경우가 허다하여 불가촉천민에 대한 가해는 여전히 진행되고 있다. 또한 지방자치라 할 수 있는 빤짜야뜨(panchayat) 단위에서의 불가촉천민 출신 의장의 선출을 방해하거나 이들을 폭행하고 살해하는 가해 사건들이 전국적으로 보고되어 왔다.

비록 오랫동안 도시지역에서도 달리뜨에 대한 핍박이 있었지만 일반적으로 이러한 가해는 농촌에서 더욱 자주 자행되어 왔다. 도시지역에서의 익명성을 고려하면 당연한 현상이라 여겨진다. 농촌지역에서의 일상생활에서 자행되는 달리뜨에 대한 차별을 포함하여 일반적으로 달리뜨에 대한 가해는 공공자원이나 임금과 노동권에 대한 접근을 둘러싼 분쟁에서 자행된다. 가해자에 대한 경찰신고 역시 법안에 따른 즉각적인 조치가 이루어지는 경우가 많지 않아 특히 농촌지역에서 정치적 경제적 권력을 잡고 있는 상위 카스트들과 국가의 대행기관과의 밀월관계는 인도 정부가 법안의 효율적인 집행을 위해 적극적인 관심을 가져야 할 대목이다.

자신들에게 주어진 권리를 포기하고 인간답게 살 수 있는 환경을 포기한 불가촉천민에 대한 폭력적인 공격은 자신의 권리를 주장하는 경우보다 상대적으로 적게 발생한다. 즉 교육을 받고 경제적으로 상위 카스트의 예속을 벗어나 자신들의 권리를 주장하는 불가촉천민에 대한 가해 사례가 늘어가고 있는 추세이다. 불가촉천민에 대한 가해 경향이 더욱 악화된다는 것은 역설적이게도 인도에서의 불가촉천민의 힘이 점차 강해지고 있다는 증표라 간주될 수 있다(Panini, 2001: 3345). 전국적으로 달리뜨에 대한 가해의 사례는 크게 줄지 않고 지속적으로 신문지상을 통해 보고되고 있고 실제로 벌어지는 사례 수는 보고된 것의 적어도 1.5-2배 이상이라고 통상 추정하고 있다.

그러나 인도에 보통선거제가 도입되어 선거를 통해 주와 중앙정부의 의원을 선출하는 민주적인 절차의 도입은 불가촉천민들의 역량강화에 매우 느리지만 적지 않은 영향을 주고 있는 것은 사실이다. 다시 말해 정례적인 선거와 의회민주주의는 달리뜨에게 카스트의 산술을 교육시켜왔다. 이들은 달리뜨 출신 후보나 달리뜨의 권리를 증진시켜줄 수 있는 후보에게 표를 집중시켜 줌으로써 자신들의 권리를 주장하고 상위 카스트의 독점적인 헤게모니에 도전을 하고 있다. 이러한 현실은 1997년부터 2007년 사이에 인도 정치의 일번지라 불리는 우따르 쁘라데시(Uttar Pradesh) 주 수상에 인도 불가촉천민 정당인 '바후잔 사마즈 파티'(Bahujan Samaj Party)의 마야바티가 주 수상에 네 번째 선출된 정치적 사건에서 찾아볼 수 있다.

일부 주정부에서의 달리뜨의 정치적 입지가 다소 개선되었음에도 불구하고 아직까지 인도 전반에 걸쳐 달리뜨에 대한 가해와 이로 인한 인권침해는 진행되고 있으며, 가해 정도도 지역적 맥락에 따라서 매우 다양한 분포를 보이고 있다. 예컨대 2001~2002년에 걸쳐 주별(state-wise) 달리뜨 가해에 대한 연구(Chakrobaty, et al. 2006)에 따르

그림 19. 달리뜨 해방운동을 주도한 암베드까르, 달리뜨에게는 신적인 대상이 되고 있다.

면 달리뜨에 대한 신체적인 가해와 소위 달리뜨에 대한 사회적 보이콧(social boycott)을 포함하여 우따르 쁘라데시의 알라바드(Allahabad)와 럭크나우(Lucknow) 그리고 라자스탄(Rajasthan)의 바라따뿌르(Bhatatpur) 군에서 가장 많은 달리뜨에 대한 범죄가 야기되었고, 뻔잡(Punjab)과 서벵골(West Bengal)의 일부 지역에서 가장 낮은 범죄율을 보임을 밝힌바 있다. 전통적인 형태의 농촌계급구조가 유지되고 있는 지역에서는 달리뜨에 대한 다양한 종류의 차별이 달리뜨의 큰 문제제기 없이 유지되고 있으며, 이 경우에는 일반적으로 달리뜨에 대한 물리적인 폭력과 같은 가해 사례가 오히려 낮게 나타난다. 그러나 경제적 여건의 개선됨에 따라 달리뜨의 권리 주장이 강하게 드러나는 지역에서는 비 달리뜨의 달리뜨에 대한 물리적 가해 사례 역시 더욱 빈번하게 일어남을 위 연구는 주장하고 있다. 따라서 일상생활과 의례생활에서의 달리뜨에 대한 차별과 폭력사례로 드러나는 달리뜨 인권침해에는 상당한 지역적 편차가 있음을 알 수 있다. 이러한 차이를 가져오는 요인들에는 해당 지역의 농업 의존도와 농업 외 경제기회의 개방 정도, 지역 전반적인 경제발전 정도, 지역 전체 인구 가운데 달리뜨가 차지하는 인구 비율, 국내외 이주자 존재 유무, 해당 지역에 지배적인 종교 이데올로기 등 다양한 요인들이 있다. 이 장은 달리뜨라 불리는 인도 불가촉천민을 설명하는 사회과학적 이론을 간략히 살펴보고 달리뜨 차별을 극복하고자 하는 간략한 운동사를 검토할 것이다. 다음으로 인도 달리뜨 전반에 대한 기존 연구들을 통해 인도 전반적으로 진행되는 달리뜨의 차별 현실과 달리뜨에 가해지는 폭력의 현실을 살펴본다.

●●● 2. 인도 불가촉천민

1) 불가촉천민의 기원에 관한 주장들

일반적으로 인도사회를 연구하는 사회과학자들은 인도의 카스트체계의 구조적 원리를 위계와 격리 및 상호의존으로 요약하고 있다. 이 가운데 격리는 매우 중요한 차별로서 이는 의례적 오염으로 인한 것이라 주장된다. 즉 달리뜨는 오염된 것으로 간주되어 혼인, 식사, 공공장소 등에서 비 달리뜨와의 관계가 금지된다. 불결하고 오염된 것으로 간주된 달리뜨는 청소와 죽음 짐승 치우는 일 등의 일에 종사하게 된다. 이들의 접촉은 부정을 야기하고 이들은 공공 우물, 도로, 사원 등의 접근이 금지되었다.

인도사회를 연구하는 사회과학자들은 불가촉천민의 기원을 다양한 이론으로 설명하고 있다. 첫 번째로 흔히 인종 이론(racial theory)으로 불리는 주장에 따르면 일찍이 기원전에 인도를 정복한 흰 피부색의 유목민 아리얀이 검정 피부의 인도 토착 인종을 정복하여 그들을 자신들의 피지배자로 삼아 불가촉천민이 기원되었다고 한다(Risley 1908). 또 다른 종류의 인종이론에 따르면 인도 원주민을 정복한 아리얀이 지역사회에서 정치적, 문화적으로 원주민과 조화를 이루며 권력을 인정받았지만 이를 인정하지 않은 원주민을 적으로 간주하여 추방시켰다. 추방된 자들은 아리얀의 종교를 섬기지 않고 언어도 다르기 때문에 증오의 대상이 되었으며 시간이 흐르면서 이들은 문화적으로 격리되었고 이들이 불가촉천민이 된 것이다(Mukherjee, 1988). 그러나 이러한 인종이론은 달리뜨 운동가나 많은 사회과학자들로부터 거부되고 있다. 인종적으로 브라만과 달리뜨가 다르다는 객관적인 근거가 없기 때문이다.

한편 불가촉천민의 낮은 지위를 뒷받침하고 있는 것은 종교적 이론이다. 이 주장의 주요 요지는 힌두교 내부에 정과 부정이 모든 인간관계를 지배하는 중요한 원리이자 가치로서 상위 카스트들은 자신의 정결한 지위를 유지하기 위해 부정한 불가촉천민과의 격리를 유지하고 있다는 것이다(Dumont, 1970). 게다가 일부 학자들, 대표적으로 모패트(Moffat, 1979)는 이러한 부정과 청결의 원리를 상위 카스트뿐만 아니라 불가촉천민 자신도 수용하고 있다고 주장한다. 그러나 일부 학자들(Mencher, 1974; Gough, 1956)은 이러한 불가촉성에 관해 종교적 원리는 상층 카스트들이 하층 카스트들의 노동력을 착취를 정당화하는 이념적 장치라고 비판하고 있으며, 이 밖에도 많은 사회운동가들은 불가촉천민에 대한 불평등을 인권침해로 이해하고 이를 신랄하게 비판을 하였다.

2) 불가촉성 타파를 위한 운동 소사(小事)

역사적으로 카스트의 차별에 도전적인 성격의 종교운동들 예컨대 중세의 박띠 운동(Bhakti Movement)과 근대의 아리야 사마즈 운동(Arya Samaj Movement) 등은 인도의 카스트 구조 가운데 브라만의 특별한 지위와 신성성에 반대하는 운동들이었다고 이해된다. 예컨대 북

인도의 힌두 부흥운동의 하나로서 신 앞에 평등을 강조한 아리야 사마즈는 달리뜨 아이들에게 학교교육을 제공하고 상위 카스트들의 불가촉천민들에 대한 차별에 반대하는 운동을 전개한 바 있다. 19세기 힌두교를 거부하고 인도에 또 다른 사회체계의 전개를 주장하였던 다양한 종류의 운동들이 있었다. 19세기 마하라쉬뜨라(Maharashtra)와 따밀나두(Tamil Nadu)에서의 반 브라만운동은 당시 브라만 헤게모니에 대한 중대한 도전이었다. 이러한 운동의 선두에 마하라쉬뜨라의 조띠라오 뿔레가 있었다. 그는 1873년에 수드라를 브라만의 지배로부터 해방시키고자 하는 조직을 만든 바 있다. 그러나 불가촉천민에 대한 차별을 급진적인 형태로 전개한 사람은 마하라쉬뜨라 출신의 암베드까르였다. 그는 '마하라쉬뜨라의 달리뜨'를 조직하여 사원진입과 공중 식수대에서 불가촉천민이 음용할 수 있는 권리를 주장하는 운동을 전개하였다. 이를 위해 그는 달리뜨를 교육시키고 자신들의 권리주장을 위해 투쟁하도록 독려하였다. 그는 정치적인 수단을 통해서만 사회적 경제적 평등을 이룰 수 있다고 강조하였다. 영국 식민시대에서 불가촉천민을 위한 독자적인 선거구를 요구하였으나 이는 상위 카스트들의 저항 때문에 성사되지 못했다. 그는 달리뜨들이 상위 카스트의 예속을 벗어나기 위해서는 힌두교가 아닌 평등을 강조하는 다른 종교 가장 대표적으로는 불교로 개종해야 함을 강조하였다. 불가촉천민을 신의 아들이란 의미의 '하리잔'(harijan)으로 불러 불가촉천민에 대한 차별을 반대한 간디는 불가촉천민을 포함한 모든 힌두들이 힌두의 품 안에서 위계적인 질서 없이 공존할 수 있는 길을 모색하고자 하였기 때문에 힌두교를 근본적으로 거부하는 암베드까르와 그 운동의 성격을 달리하였다. 간디는 불가촉성에 대해서는 반대했지만 힌두 카스트제도의 철폐를 주장하지는 않았다. 대신 간디는 불가촉천민도 힌두 카스트체계 내에 포함시켜 차별 없는 공존을 강조하였다. 카스트 자체를 불가촉천민의 발전에 장애이자 가장 중요한 악의 요소로 본 암베드까르와는 다른 입장을 보인 간디에 대해 불가촉천민 대다수는 부정적인 입장을 보이고 있다.

독립 이후 지속된 달리뜨 사회운동에도 불구하고 사회·경제적으로 평등과 카스트체계의 철폐는 헌법상으로 보장되고 일부 불가촉천민에게 혜택이 있었음에도 불구하고 획기적인 변화를 보이지 못하였다. 불가촉천민의 평등한 권리주장과 인간답게 살 조건을 대의 정치적 구도 내에서 추구하고자 했던 기존의 달리뜨 사회운동과는 달리 1990년대 들어 전개된 달리뜨 운동은 네트워크를 기반으로 하는 운동을 전개하기 시작했다. 이러한 운동은 기존의 인도 내부에서 전개한 운동의 성격과는 달리 달리뜨의 문제를 유엔과 '인종주의, 인종차별, 인종혐오 및 관련된 차별에 반대하는 세계회의'(the World Conference Against Racism, Racial Discrimination, Xenophobia and Related Intolerance, 이하 WCAR)와 같은 국제적인 무대로 옮겨와 국제적 인권 문제로 국제화시키려는 시도를 하고 있다는 점에서 차이가 난다. 국제지원네트워크(international advocacy network)로 달리뜨 문제를 가져가는데 선두적인 역할을 한 것은 1998년에 창립된 '달리뜨 인권을 위한 전국 캠페인'(National Campaign on Dalit human Rights, 이하 NCDHR)이다. 사실 달리뜨 문제를 국제화시킨 선두집단은 인도 내 달리뜨가 아닌 달리뜨 디아스포라(Dalit Diasporas)였다. 1950～60년대에 걸쳐 상위 카스트들만큼 많은 수는 아니지만 상당수의 달리뜨들이 영국, 미국, 캐나다 등지로 이민을 갔다. 새롭게 이주했던 곳에서마저 카스트 차별을 경험한 달리뜨 디아스포라[156]는 독자적인 사원을 운영하

156) 본 연구자가 조사했던 캐나다 밴쿠버 내에서도 불가촉천민 출신 이주자는

는 등 이주국 내에서 자신들의 세력을 결성하고자 했다(Kumar, K 2004). 특히 1990년대 들어서 달리뜨 디아스포라는 전 세계에 산재해 있는 달리뜨 뿐만 아니라 인도 국내의 달리뜨를 연결하는 초국가적(transnational) 형태의 달리뜨 운동을 전개하였다. 해외 달리뜨 운동가들은 UN 산하 인권관련 회의에 참여하여 달리뜨 문제가 단순히 인도 고유의 문화적인 문제가 아닌 인권의 문제임을 부각시켜왔다. 예컨대 캐나다 토론토에 기반을 두고 있는 '암베드까르 미션'(Ambedkar Mission)은 소규모 사업가였던 요게쉬 와르샤드(Yogesh Warshade)가 세운 것으로 이 조직은 점차 전지구적 NGO인 '정의와 평화를 위한

캐나다 현지에서 상위 카스트인 자뜨 시크들로부터 차별을 경험하였다고 진술한다. 캐나다 이민 초기부터 현재까지 시크 집단의 약 80%는 자뜨에 속하는 것으로 추정된다. 나머지 약 20%는 불가촉천민 출신인 라비다스, 기능공인 람가리아 그리고 소수의 카트리로 구성되어 있다. 캐나다로 이민이 시작된 이래 자뜨 시크가 시크 사원의 헤게모니를 쥐고 있다. 따라서 캐나다의 주요 사원 내 권력 경쟁은 당연히 자뜨 시크들 사이에서 일어나는 문제였다. 1970년대와 1980년대에 각각 람가리아와 라비다스가 자뜨 시크의 지배성에서 벗어나고자 독자적인 시크 사원을 운영하였다. 이전까지 이들 하위 카스트들은 자뜨가 지배하는 밴쿠버의 주요 사원들, 예컨대 칼사 디완 사원과 아깔리 싱 시크(Akali Singh Sikh) 사원을 중심으로 일상과 종교생활을 하였다. 이들 하위 카스트 시크들은 사원 내에서 다양한 종류의 카스트 차별을 경험하였다. 그렇다고 이런 차별을 해소하고자 자신들만의 집단적인 목소리를 내고 행동을 표출해 본 적은 없었다. 라비다스 시크가 1982년 자신들의 사원인 '구루 라비다스 커뮤니티 센터'(Guru Ravidass Community Center)를 독자적으로 운영하게 된 가장 중요한 이유는 이전 사원에서 자뜨 시크의 카스트차별을 경험하였기 때문이었다. 라비다스 사원의 행정실 벽 정중앙에는 불가촉천민의 신분 해방운동을 주창한 천민출신 암베드까르 박사의 사진이 걸려 있다. 이 사원이 궁극적으로 지향하는 것은 해외 시크 사회에서 불가촉천민의 인권향상과 카스트차별을 철폐하는 것이라고 주장된다. 실제로 라비다스들은 캐나다에 이민 온 후에도 사원에서 뿐 아니라 일상생활에서도 심심치 않게 자뜨 시크로부터 카스트 차별을 경험하였다. 독립적인 사원을 개원한 뒤 밴쿠버의 모든 라비다스는 거리에 상관없이 자신의 사원에서만 예배를 보기 때문에 자뜨로부터 차별을 받을 기회가 크게 줄었다.

암베드까르 센터'(the Ambedkar Centre for Justice and Peace, 이하 ACJP)로 발전되었다. ACJP는 웹사이트 운영을 통해 달리뜨 문제를 세계화시킴으로써 캐나다뿐만 아니라 국제회의에 참여하여 인도 내 달리뜨에 대한 가해에 대해 증언하는 기회를 가졌다. 인도도 가입된 '모든 형태의 인종차별 금지국제협정'(International Convention on the Elimination of All Forms of Racial Discrimination, 이하 ICERD) 산하에는 '유엔인종차별 철폐위원회'(UN Committee on the Elimination of Racial Discrimination, 이하 CERD)가 운영되고 있었는데, CERD 보고서는 불가촉천민을 포함한 카스트 차별을 인종차별의 범주 내에 포함시키는데 중요한 기여를 하였다. 다양한 내용의 국제회의의 장을 통해 달리뜨들은 인도 내 달리뜨 문제를 적절하게 처리하지 않는 인도정부를 압박해 왔다. 예컨대 2002년 유엔의 '여성차별철폐위원회'(the Committee for Eliminational of Discrimination Against Women)는 인도 내 달리뜨 여성에 대한 성적 착취와 폭력을 방치하는 인도정부를 공개적으로 비판하였다.

3) 불가촉성의 철폐를 위한 인도 정부의 태도

인도 헌법에는 불가촉성의 문제점을 인식하고 이를 금하는 공식적인 규정들이 포함되어 있다. 예컨대 불가촉성(untouchability)이라는 사회적 불능(social disability)의 피해를 입어왔던 불가촉천민의 피해를 방지하기 위해 인도 헌법에는 불가촉성을 법적으로 금지하는 법안 즉 1955년의 불가촉성 법안(불가촉천민에 대한 가해 금지법안)이 포함되어 있다. 헌법 제15조 제 2항은 우물, 물탱크, 상점 및 음식점과 같은 공공에 개방된 시설과 장소의 사용에 있어서 불가촉성에 근거한 차별을 금지하고 있다. 그리고 헌법 제17조의 불가촉성 철폐와 불가촉성에 근거한 차별 행위의 처벌 규정에 의거하여 제정된 1955년 법안에 따르면 불가촉성에 근거한 사회적 차별, 특히 힌두 사원 출입 및 경배, 상점이나 음식점 접근, 직업과 상거래 관행, 우물, 공공시설 및 장소, 화장실, 병원, 교육 기관의 이용, 주거 지역의 건축 및 점거, 종교 의식 및 행렬의 집행 및 보석 세공품의 사용에 있어서의 차별을 일체 불법화 한다. 그리고 이러한 불공평한 행위의 강제는 벌금 또는 구류에 처할 수 있는 범죄 행위이고 어떤 불공평한 행위의 강제로 귀결되는 관습, 관행 또는 권리를 인정하는 민사 법원의 권한은 철회된다고 규정하고 있다(이광수 외, 2002: 197-8).

그러나 이 법안은 달리뜨 집단의 요구로 수정되어 1976년에 시민권 보호법안(Protection of Civil Right Act)으로 발전되었고, 1989년에서는 불가촉천민 보호를 위한 지정카스트(scheduled castes)와 지정부족(scheduled tribes) 법안(이들에 대한 가해 예방을 위한)이 통과되었다. 또한 인도 헌법은 하층 카스트에 대한 평등정책을 효과적으로 수행하고 역사적으로 불리하게 차별 대우를 받았던 이들에 대한 특혜를 부여하기 위한 일련의 조치가 포함되어 있다. 이러한 특혜에는 첫 번째, 가치 있는 지위나 자원을 할당하거나 접근을 용이하게 하는 특별 보장이 있다. 이 유형의 가장 핵심적인 내용은 헌법이 연방의회 하원(제330조)과 주 의회의 하원(제332조)의 전체 인구에 대한 지정 카스트와 지정 부족의 수에 비례한 의석의 보장을 규정한 것이다. 그리고 정부 공무원으로의 고용보장(제16조 제4항, 제320조 제4항, 제33조 및 335조) 및 선망의 대상인 기술 및 전문직 고등교육기관의 입학보장 등이다. 두 번째, 장학금 무상지원 및 대여, 토지분배, 건강관리, 법률 지원 등의 경비나 서비스를 제공함에 있어서 수혜자들에게 특별대우를 부여하는 계획이다. 세 번째, 특별 보호계획으로 지정 카스트처럼 후진 계급들을 착취와 희생으로부터 보호하기 위한 노력이 수반되었다. 헌법은 강제노역을 금지하고 있는데(제23조 1항), 근년에 지정 카스트나 지정 부족이 그 희생자의 대부분을 차지하고 있는 예속노동을 해방시키기 위한 노력이 경주되었다.

인도정부는 1993년에 연방정부의 일부 권한을 지방자치정부로 이전하는 '빤짜야띠 라즈'(Panchayati Raj)에 관한 헌법을 개정하여, 사회적 차별을 그간 받아왔던 여성과 지정카스트에게 전체 빤짜야뜨 의원수의 1/3 이상의 의석을 할당하도록 법을 제정하였다. 이 법안을 통해 지방분권화 및 불가촉천민과 같은 소수 약자의 정치적 권력을 부여하기 위한 인도 정부의 노력이라 여겨진다.

●●● 3. 불가촉천민에 대한 차별 현황

1) 불가촉천민의 사회·경제적 개관[157)]

2001년 인도 센서스에 따르면 인도의 지정 카스트 인구는 1억 6천 6백만 명으로 전체 인구의 약 16.2%를 차지하고 있다. '99-20 일제조사'는 인도 농촌 인구의 약 18-20% 그리고 도시 인구의 약 12-14%가 지정 카스트로 추정하고 있어 농촌에 불가촉천민이 더 많이 거주하고 있는 것을 알 수 있다. 주별 지정 카스트 인구 비율은 뻔잡(Punjab)이 28%로 가장 높고 다음으로 서벵골(West Bengal) 24%, 우따르 쁘라데시(Uttar Pradesh) 21%, 따밀나두(Tamil Nadu) 19%, 안드라 쁘라데시

157) 인도 내 불가촉천민이 처해 있는 사회경제적 상황에 대해 개관하기 위해 본 연구는 2001년 인도 센서스 자료와 국가표본조사기구(National Sample Survey Organization)의 '55차 1999~2000년 일제 조사'(이하 99-20 일제조사)를 토대로 하고 있음.

(Andra Pradesh) 16% 등의 순이다. 대략적으로 한 마을에 15% 이상 불가촉천민이 거주하는 사례는 많지 않지만, 예외적으로 뻰잡의 일부 지역에는 약 50% 이상의 인구가 불가촉천민으로 구성되어 있다.

일반적으로 빈곤은 인간다운 삶의 조건이 거부되거나 부재한 것과 다름없다. 인도에는 근 3억의 인구가 빈곤선 아래에 놓여 있는 것으로 집계되며 농촌의 빈곤이 더 심각한 것으로 추정된다. 전체 인구의 약 26.1%의 빈곤선 아래에 놓인 인구 가운데 약 27.1%가 농촌에 거주하며 23.6%는 도시에 거주한다. 이들 빈민의 대다수가 불가촉천민에 속해 있는 것으로 추정된다. 불가촉천민이 카스트로 인해 차별을 받는 곳은 정체성이 쉽게 노출되지 않는 도시보다는 정체성이 쉽게 드러나는 농촌지역이다. 게다가 지방분권화를 통해 마을 단위의 민주적인 절차를 강화시키고자 했던 빤짜야띠 라즈 체계는 불가촉천민의 인권 지수의 향상을 가져오지 못했다. 마을 촌장 선거 후 불가촉천민에 대한 폭력이 늘어가고 차별적 보호 장치를 통해 촌장에 당선된 불가촉천민을 인정하지 않으려는 상위 카스트들의 행태는 불가촉천민 촌장에 대한 인정의 거부와 폭행 및 살해라는 극단적인 가해 사례들을 통해 전 인도에서 보고되고 있다.

2) 불가촉천민에 대한 다양한 형태의 폭력과 인권침해

사회·문화적 차별과 고립은 불가촉천민이 매우 부정하고 불결한 존재라는 이데올로기에 바탕을 두고 일어난다. 인도 헌법에서 차별과 가해를 금지시키고 있는 법안에도 불구하고 비인간적인 처사와 핍박은 오늘날 전 인도에서 발견된다. 예컨대 여전히 불가촉천민의 결혼 행렬은 일부 지역에서 상층 카스트에 의해 허용되지 않고 있으며, 이를 강행하려는 불가촉천민 집단과의 갈등과 이로 인한 불가촉천민에 대한 폭력과 살해 사건은 심심치 않게 보도되고 있다. 심지어 불가촉천민 여성이 마을의 불행을 가져온 원인인 마녀(witch)라고 지목되어 마을에서 추방당하거나 돌팔매질 당하여 살해되는 사건까지 보도되곤 한다.

'2008년 남아시아 인권지수'(South Asia Human Right Index, 2008)의 인도 인권부분에 보고된 불가촉천민 인권침해에 대한 보고에 따르면 2007년 한 해에도 불가촉천민에 대한 다양한 형태의 폭력을 동반한 인권침해가 자행되었다. 우선 공공장소에 접근성을 거부한 사례들로서, 예컨대 우따르 쁘라데시, 비하르 등에서 상위 카스트들은 불가촉천민이 학교 급식실의 요리사와 식당 정리 직원으로 고용되지 못하게 하였으며, 안드라 쁘라데시 주에서는 학교 급식실의 요리사가 불가촉천민이라는 사실 때문에 상위 카스트들은 자신의 자녀들의 급식을 배정받지 않겠다는 주장을 하였다.

또한 달리뜨에 대한 신체적인 공격에 대한 많은 보고가 있다. 국가범죄기록부는 2006년 한 해 동안 불가촉천민에 대한 살해 673건, 납치 280건, 방화 2236건 등을 보고하고 있다. 이 밖에도 수백의 사건들이 경찰서에 접수되는 일조차 없었다. 2007년 4월 1일 마하라쉬뜨라의 사타라 군의 꿀라끄자이(Kulakjai) 마을에서는 불가촉천민 농민 차뜨제(Chatje)가 상위 카스트들이 지시한 우물을 파지 않았다는 이유로 살해되었다. 마디야 쁘라데시(Madhya Pradesh)의 모레나 군의 무르다브(Murdav) 마을에서는 두 명의 상위 카스트들이 마을의 불가촉천민인 자타브에게 자신들의 농토에서 일을 거들어라 지시했는데 이를 거부하자 거의 사망에 가깝게 구타하였다.

한편 불가촉천민 여성에 대한 폭력 사례도 헤아릴 수 없을 만큼 자주 일어난다. 여성에 대한 강간은 불가촉천민에 대한 가장 일반적인 보복수단이다. 국가범죄기록부는 2006년에 불가촉천민 여성에 대한 강간사건이 1,217건이었다고 보고하고 있지만, 여성 관련한 사건이기 때문에 신고하지 않은 사건을 포함하면 이보다 훨씬 많을 것으로 추정한다. 가해자는 대부분 상위 카스트 남성이거나 심지어 경찰인 경우도 있다. 가해자들은 단독이 아닌 집단적인 강간을 저지른 후 심지어 살해하는 일까지 있다. 사건이 보고되더라도 신속하게 처리되지 못하거나 촌장이 상위 카스트인 경우는 이 사건을 경찰에 보고하게 허용하지 않고 대신 가해자에게 솜방망이 처벌을 하는 경우도 있다. 예컨대 2007년에 30살의 달리뜨 여성이 우따르 쁘라데시 주의 무자파르나가르 군의 까람뿌르(Kalampur) 마을에서 상위 카스트 남성으로부터 강간을 당했는데 상위 카스트 촌장은 가해자를 신발로 5대 구타한 후 가해자가 크게 뉘우쳤다는 이유로 사건을 종결하였다(India Human Right Report, 2007).

달리뜨들에 대한 상위 카스트들의 폭력은 달리뜨들이 기본적인 인권과 평등을 주장함에 따라 그 빈도가 잦아지고 폭력의 수위도 올라가고 있다[158]. 예컨대 달리뜨들이 자신들의 전통적인 직업과 관계를 그대로 수긍하고 수용하는 지역보다는, 농업 이외 분야에서 종사함으로써 상위 카스트로부터 경제적인 예속에서 벗어나 자신들의 기본권을 주장하는 지역에서 달리뜨에 대한 폭력이 자주 일어난다. 특히 1993년 실행에 들어간 마을 단위의 빤짜야뜨 선거에서의 불가촉천민

158) 국가표본조사기구(National Sample Survey Organization)의 '55차 1999~2000년 일제 조사'에 따르면 당시 달리뜨에 대한 다양한 형태의 범죄는 285,871건이 발생했는데 이 사건들에는 553건의 살인사건, 2,990건의 다양한 폭행사건, 919건의 여성 강간사건, 184건의 납치사건, 47건의 도적떼 습격, 127건의 절도사건, 456건의 방화사건 등이 포함되어 있다. 이 사건들은 매 시간 3건 이상의 달리뜨에 대한 가해사건이 그리고 매일 3건의 강간 사건 및 1건 이상의 살해 사건이 접수된 편이다.

에 대한 보상차원의 지정 의원석 보장제도의 도입은 더욱 많은 카스트 폭력을 야기 시킨 계기가 되었다. 상위 카스트들이 빤짜야띠 라즈 제도를 불가촉천민을 위한 것으로 인식하였기 때문에 자신들의 권리 주장을 하는 불가촉천민에 대한 가해 정도가 더욱 심화되었다.

그간 촌락의 경제와 정치 영역에서 독점 권력을 향유하였던 상위 카스트들은 새로운 제도에 저항하기 위해 불가촉천민에 대한 긴장, 갈등, 폭력, 살인의 빈도를 더욱 강화시켰다. 불가촉천민에게 빤짜라띠 라즈의 의장에 배정된 마을에서의 선거는 상위 카스트들의 방해로 실시되지 못하거나 실시되더라도 보복의 두려움 때문에 후보자가 나서지 못하는 일이 있다. 설령 후보자가 있어서 당선되었더라도 제대로 역할을 수행하지 못하도록 방해하거나 이에 저항하는 경우 신체적 폭력이나 심지어 살해하는 사례들이 드물지 않게 보고되었다(Mathew, 2003). 이러한 상위 카스트들의 빤짜야띠 라즈 제도에 대한 방해의 대표적인 사례들 가운데 한 가지는 2001년에 따밀나두의 일부 군에 속해 있는 마을들에서 불가촉천민들이 폭력의 두려움 때문에 4차례나 후보로 나서지 못한 사건이었다.

그림 20. 달리뜨 촌락의 전경

불가촉천민에 대한 가해 사건이 사법기관에 접수되어도 사건에 대한 수사와 법집행이 매우 느리거나 도중 폐기되는 사례가 빈번하다. 예컨대 2007년 7월 3

일 '까르나따까 주 지정 카스트와 지정부족 위원회'(the Karnataka State Commission for Scheduled Castes and Scheduled Tribes)에 따르면 지정 카스트 가해 사건으로 기소된 사건의 98%는 처벌을 받지 않았는데 이러한 배경에는 증인에 대한 보호 장치의 미비가 주요 원인으로 주장되었다. 대부분의 증인들이 보복의 두려움 때문에 법정에서 증언을 거부하기 때문이었다. 동일 보고서에 의하면 까르나따까의 모든 군에 약 500건의 사건이 계류 중이었다. 2007년 '전국 달리뜨 인권캠페인'(National Campaign of Dalit Human Rights)에 따르면 마하라쉬뜨라(Maharashtra) 일개 주에서 2000년부터 2006년 사이에 4,864 사건의 불가촉천민 가해 사건이 고소되었지만 이 가운데 약 4%만이 유죄판결을 받을 정도로 불가촉천민에 대한 가해는 실제적으로 징계를 받지 않고 있다.

••• 4. 달리뜨 인권 침해 전망

오늘날 카스트는 인도의 정치판에서 표를 획득하기 위한 중요 수단으로 동원되고 있다. 동일한 카스트 위계에 있는 카스트들 간에 정치적 목적을 위해 연합체를 형성하기 시작했다. 그 대표적인 사례가 1990년대 이후 불가촉천민들의 지지를 획득하여 정치적 성공을 한 정당인 '바후잔 사마즈 파티'(Bahujan Samaja Party)이다. 이제 많은 불가촉천민들이 더 이상 상층 카스트의 정치적 장식품이나 꼭두각시 노릇을 거부하고 있으며, 이들은 자력으로 불가촉천민의 권익과 복지를 추구하고자 한다. 그러나 1990년대부터 2007년까지 북부 인도 우따르 쁘라데시에서 여러 차례 집권한 불가촉천민 정당 '바후잔 사마즈 파티'의 정치적 성공이 해당 지역의 불가촉천민의 삶을 개선하는 데 기여한 바를 논하기는 어려운 문제이다. 정치적으로 성공한 일부 불가촉천민의 상황은 개선되었지만 대다수 불가촉천민이 처해 있는 인권과 삶의 질을 고양시키는 데는 한계가 있었기 때문이다.

정치적으로 바후잔 사마즈 파티를 통해 독자적인 세력을 갖춘 우따르 쁘라데시에 비해 뻔잡은 불가촉천민에 대한 인권침해의 정도가 훨씬 낮다고 보고되어 왔다. 2001년 뻔잡의 3개의 지역권(마자, 도압, 말와)에 걸쳐 51개 마을에서 불가촉성의 지속 정도에 대해 현지조사를 한 자료를 토대로 '인도 달리뜨연구소'(Indian Institute of Dalit Studies) 소장인 조드카(Jodhka, 2002)는 인도의 불가촉천민이 경험하는 혹독한 인권침해에 비해 뻔잡의 불가촉천민은 그 정도가 훨씬 약하다고 주장한다. 그에 따르면 뻔잡 지방에서 역사적으로 전개되어 왔던 다양한 사회운동과 경제적 변화과정으로 인해 일상생활 속에서 불가촉천민은 드러내 놓고 심각한 수준에서 인간적인 모욕과 폭력을 경험하고 있지는 않다. 게다가 뻔잡의 달리뜨들은 자기존중성과 존엄함을 고양시키기 위한 상징적인 자원을 축적하고 있다.

그는 이러한 뻔잡 달리뜨의 노력을 해체(dissociation), 거리두기(distancing), 자율성(autonomy)으로 요약하고 있다. 즉 지주와 이들에게 서비스를 제공하는 불가촉천민 간의 전통적인 형태인 경제교환이 단절되었으며(예컨대, 죽은 짐승 치우는 등의 오염된 전통적인 일에서 달리뜨들이 탈피하게 되었으며), 지주에게 예속되었던 농업계급구조에서 탈피하여 도시 등의 임금노동자로 불가촉천민들이 변신하였다. 그러나 지주인 상위 카스트의 경제적인 예속에서 벗어나려는 이들의 거리두기는 농업 외 일터가 얼마나 이용가능한가와 긴밀하게 연결된 사항이다. 사실 도로망 등의 인프라 구조가 개선되고 지역경제의 활성화가 가능한 지역에서의 불가촉천민의 거리두기는 효율적이었다. 뻰잡 지역의 달리뜨들은 자신들의 카스트 정체성을 불식시키려고 부단히 노력하는 것은 아니다. 오히려 이들은 자존을 위해 자율적인 문화자원을 추구하고 있다. 상위 카스트 사원을 들어가려고 노력하는 대신 자신들만의 종교 공간을 만들어 그곳에 자신들의 성인인 구루 라비 다스(Guru Ravidass)와 암베드까르 사진을 진함으로써 자신들의 문화적 자율성을 제고하고 있다.[159)]

뻰잡의 불가촉천민의 자기 존중과 존엄성을 주장하려는 움직임을 살펴보면서 지역적 여건에 따라 그들의 목소리를 낼 수 있는 가능성이 결정된다는 점을 강조할 필요가 있다. 뻰잡 내의 도압 지역은 말와나 마자 지역에 비해 불가촉천민의 권리 주장이 관철되거나 불가촉성에 따른 사회·문화적 차별이 외부적으로 크게 드러나지 않는다. 도압지역은 일찍이 1920년대부터 시작된 '아드 다르미'(Ad Dharmi) 운동이 강하게 풍미했던 지역이고 다른 뻰잡 지역에 비해 이른 시기에 해외로 이주한 불가촉민이 많다. 해외 뻰자비 디아스포라의 대부분은 도압 출신이라 말해도 과언이 아닐 정도인데,[160)]상위 카스트뿐만 아니라 불가촉천민 특히 대부분이 짜마르인 아드 다르미들도 1950~60년대 영국과 북미로 이주한 바 있다. 정확한 수는 알 수 없지만 영국

159) 필자가 방문한 뻰잡 내의 대부분의 마을들에 불가촉천민 전용 사원이 세워져 있었다. 이 사원에는 상위 카스트가 방문하지 않으나 불가촉천민들은 내부에 시크 성경인 '구루 그란티 사힙'뿐만 아니라 구루 라비 다스 사진 그리고 일부 힌두 신 예컨대 라마와 끄리쉬나 사진들도 벽에 부착해 놓았다.

160) 영국 식민당국은 농산물 생산량 증대를 위해 인구밀도가 낮은 황무지였던 뻰잡의 서부지대에 수로를 설치해 개관시킨 후 농지가 비옥하지만 전체 토지 규모에 비해 인구밀도가 크게 높았던 도압지역의 잘란다르, 호시아르뿌르, 루디아나, 구르다스뿌르 군의 농민들을 개간된 서부지방으로 이주시켰다. 당시 서부의 농지를 불하받은 대부분의 농민들은 국제이주에 필요한 운임을 감당할 만큼 경제적인 여유가 있게 되었다(Lessinger, 1995).

인도총영사관의 추정에 따르면 전체 영국에 있는 뻰잡인 가운데 약 10% 이상인 10만 명이 불가촉천민이라 한다(http;//indiandiaspora.nic.in/diaspora.pdf/chapter10.pdf, 10, April 2009). 카스트에 따른 차별이 없는 해외임에도 불구하고 해외 인도 사회 속에서는 불가촉천민에 대한 차별이 여전함을 느낀 달리뜨들은 자신들의 독자적인 결사체와 사원을 세웠으며, 1990년대부터 해외 달리뜨의 독자적인 움직임은 인터넷과 항공산업 등 교통 통신수단을 급진적인 발전에 따라 인도 고향인 도압지역의 달리뜨 사회에 큰 영향을 끼치기 시작했다.

한편 뻰잡 내에서 도압지역 자란다르 군과 마자지역의 암리짜르 군 마을들의 1,600명의 달리뜨와 인터뷰를 통해 두 지역의 달리뜨에 대한 불가촉성에 따른 차별행위에 대한 비교연구(Judge & Bal, 2008)에 따르면, 도압지역의 불가촉천민에 대한 불평등과 배제가 다른 지역에 비해 약화되었다. 주거지의 고립도, 전통적인 직업의 지속여부, 독자적인 종교적 공간 여부, 달리뜨 정체성 등을 중심으로 논의하고 있는 이 연구는 전통적인 농업계급구조가 유지되어 있는 말와 지역에 비해 상위 카스트 지주의 경제적 예속에서 벗어난 도압지역의 달리뜨가 자율성과 존엄성을 더욱 크게 향유하고 있음을 강조하고 있다.

상기 뻰잡의 사례를 고려한다며, 동일한 주라 하더라도 해당 지역에서의 불가촉천민에 의한 사회운동으로 고양된 의식, 상위 카스트 지주와의 예속적인 농업 계급관계의 탈피정도, 오염낙인을 가져온 전통적인 직업의 유지여부, 해외 달리뜨 디아스포라의 영향력 유무, 지역사회를 지배하고 있는 종교・이데올로기의 성격 등의 다양한 변수들이 복합적으로 작용하고 있음을 알 수 있다. 즉 해당 지역사회의 불가촉천민에 대한 차별관습의 유지와 자기 존중과 존엄성에 대한 주장 가능성은 다양한 변수들과 밀접히 연결되어 있음을 알 수 있다. 특히 해외 달리뜨 집단의 초국가적인 공간을 통한 달리뜨 인권운동은 해당 지역사회의 달리뜨 운동에 영향을 줄뿐만 아니라 인도 전반에 걸쳐 인도 정부가 점차 달리뜨의 인권 개선에 행동으로 나설 수 있도록 추동하는 힘으로 작용할 수 있을 것으로 사료된다.

혁신적인 통신과 교통수단의 발달에 따라 초국가적 관계가 증진되는 20세기 후반 이래 전지구화는 인도의 달리뜨의 인권문제에 야누스의 두 얼굴처럼 작용할 수 있다. 즉 인도경제는 1991년 개방경제를 선택하면서 점차 전지구적 차원과 맞물려 운영됨으로써 IMF나 WTO와 같은 세계금융기구의 구조조정 등의 변화요구를 무시할 수 없게 되었다. 세계시장의 요구에 따른 국내 상품 시장 및 무역 금융 분야의 개방을 포함한 경제적 자유화는 국가 역할의 축소를 요구하고 경제의 움직임을 자유로운 시장 메커니즘에 맡기도록 요구하고 있다. 인도 경제구조에 대한 궁극적 변화를 강요하는 이러한 요구에 두고 인도 정부는 정책수행에 있어 딜레마에 직면하고 있다. 즉 이러한 경제 정책의 변화는 곧 불가촉천민이 처한 빈곤의 경감과 건강, 교육, 복지 프로그램에 투자할 수 있는 국가적인 자원의 커다란 감축을 수반함으로써 결국 불가촉천민을 더욱 주변화 시킬 수밖에 없다.[161)]

전지구화의 부정적인 측면이 있다면 전지구화는 달리뜨의 인권향상을 위한 움직임에 긍정적으로도 작용할 수 있을 것이다. 앞서 언급한 유엔 산하 기구들을 통해 인도의 불가촉천민의 차별과 가해행위가 UN이 정한 보편적인 인권보장과 맞지 않다는 점을 부각시킴으로

161) 현재 달리뜨들은 그간의 인도 국가와 공공부분에서의 차별적 혜택을 민영부분까지 확대해 줄 것을 국가에 요구하고 있다. 이는 신자유주의경제의 강화에 따라 인도의 국영부분의 상당수가 민영화되기 때문에 자신들의 혜택이 점차 줄고 있는 이유 때문이다.

써, 다시 말하면 불가촉천민에 대한 차별행위를 일종의 인종차별행위로 국제회의에서 부각시킴으로써 이를 통해 국제적 차원으로 인도정부에 압력을 가할 수 있는 것은 전지구화의 긍정적인 측면이라 여겨진다. 이처럼 다양한 국제적 맥락을 통해 국내 달리뜨 문제를 개선하고자 하는 것은 일종의 '나선형 모델'(spiral model)이라 볼 수 있다. 즉 시간을 두고 달리뜨 인권 개선을 위해 인도 정부가 보다 더 개방된 형태의 조처를 하도록 국제적인 수준의 정치적 압박이 가능할 수 있음을 의미한다(Sikkink, 2004).

제6장

초국가적 흐름 속의 불가촉천민운동

●●● 1. 달리뜨 인권문제의 국제화

2009년 5월 24일 오스트리아 비엔나(Vienna)의 달리뜨 디아스포라인 라비다시(Ravidasi) 집단의 사원 '쉬리 구루 라비다스 구르드와라'(Shri Guru Ravidass Gurdwara) 건물 안으로 총기 등으로 무장한 한 무리의 인도계 남성들이 행사를 진행 중이던 두 명의 종교 지도자와 행사 참여자들에게 총격을 가하고 흉기로 폭력을 행사하였다. 이 사건으로 '산뜨 라마난드 지'(Sant Ramanand Ji)로 불리는 라비다시 종교 지도자가 사망하고 다른 한 명의 지도자와 15명의 참여자가 중경상을 입었다. 비엔나 경찰과 현지 구루 라비다스 구르드와라 측은 달리뜨 라비다시 집단의 예배방식이 시크교의 정통성을 위반하여 온 데 대해 불만세력인 강경파 시크들이 자행한 일로 추정하였다.

국제 뉴스를 통해 이 사실이 전 세계에 전해지자, 달리뜨 라비다시가 밀집 거주하고 있는 뻰잡의 잘란다르(Jalandhar) 군을 비롯한 도압(Doab) 지역에서 자신들의 종교 지도자를 공격한 강경 시크집단의 행위에 분노한 라비다시들이 도로를 점거하고 공공 기물을 파괴하는 등 일상생활을 완전 마비시켰다. 뻰잡 주정부는 중앙 정부에 질서유지를 위한 병력을 요청하고 잘란다르 군을 포함한 인근의 호시아르뿌르 군까지 야간 통행금지를 실시하였다. 이 사건과 관련지어 전 세계의 라비다시 관련 조직들, 특히 영국과 캐나다의 라비다시 디아스포라 조직은 일제히 시크 강경파의 야만적인 행위를 규탄하고 이번 사건을 계기로 라비다시 달리뜨의 보다 강한 결속과 선명한 정체성 형성을 촉구하였다.

2010년 2월 초 뻰잡의 잘란다르 군의 발란(Ballan)에 위치한 구루 라비다스를 신봉하는 사원인 '데라[162] 사츠 칸드'(Dera Sach Khand)는 시크에게 영원한 구루이자 성경에 해당하는 '구루 그란티 사힙'(Guru Granth Sahib)을 대신하여 '구루 그란티 사힙' 가운데 구루 라비다스의 찬송만을 모아 만든 '아무리뜨 바니 구루 라비다스'(Amrit Bani Guru Ravidass)만을 데라에서 이용할 것이라고 발표하였다. 이는 '데라 발란'을 비롯한 라비다시 전체가 시크교와 완전한 결별을 하겠다는 선언인데, 이는 지난 해 라비다시의 종교지도자에 대한 강경 시크의 공격에 대한 일종의 저항으로 이해되었다. 이로써 라비다시는 시크교가 아닌 '라비다시아'(Ravidassia)라는 달리뜨만의 독자적인 종교를 따를 것으로 알려졌다.

'라비다시'(Ravidasi)는 인도 중부와 북부지역에 널리 분포되어 있는 힌두 '짜마르'(Chamar) 가운데 시크로 개종하였던 뻰잡 주에 거주하고 있는 불가촉천민이다. 이들은 스스로를 자신들의 성인 구루 '라비다

162) 이 장에서 사용되는 '데라 발란'은 '데라 사츠 칸드 발란'을 가리킨다.

스'의 이름을 따라 '라비다시'로 부르거나 '아드 다르미'(Ad Dharmi)로 부른다.

독립이후 인도 정부는 카스트로 인한 불평등과 착취를 금하기 위해 불가촉천민 보호를 위한 다양한 법안을 만들었다. 그러나 이러한 법안제정에도 불구하고 인도 전반에 걸쳐 불가촉천민의 권리를 침해하고 신체안전의 위협 및 살해 등 다양한 형태의 핍박은 여전히 진행되고 있다. 인도의 일상과 의례 생활에서 자행되는 달리뜨 카스트에 대한 차별과 억압의 정도에는 지역적 편차가 있다. 주요 연구 대상인 달리뜨 라비다시는 뻔잡을 근거지로 삼고 있는데, 뻔잡의 달리뜨에 대한 카스트 차별과 억압은 다른 주에 비해 상대적으로 크게 약화되었다고 평가된다.[163] 조드까(Jodhka, 2002)는 뻔잡 달리뜨 가운데 특히 라비다시가 뻔잡의 다른 달리뜨와 다른 주의 달리뜨에 비해 혹독한 인권침해를 상대적으로 적게 받는다고 주장한다. 앞 장에서 언급되었듯이, 조드까는 라비다시의 사회·종교적 운동이 지역 지배집단인 자뜨 시크(Jat Sikh)로부터 '해체', '거리두기', '자율성'의 확보에 기여하였다고 주장한다. 제6장은 뻔잡의 달리뜨 라비다시의 지역 지배집단으로부터 '해체, 거리두기, 자율성 확보' 과정에 개입되는 '라비다시 운동'과 달리뜨 국제이주 간의 관계를 파악하고자 하는데 그 목적이 있다.

1950~70년대에 영국과 캐나다 등으로 국제이주를 시작한 달리뜨

163) 2001~2002년에 걸쳐 달리뜨 가해에 관한 주별(state-wise) 차이에 대한 연구(Chakroborty, et al. 2006)에 따르면 우따르 쁘라데시의 알라바드(Allahabad)와 럭크나우(Lucknow) 그리고 라자스탄(Rajasthan)의 바라뜨뿌르(Bharatpur) 군에서 가장 많은 달리뜨에 대한 범죄가 야기된 반면, 뻔잡과 서벵골(West Bengal)의 일부 지역에서 달리뜨에 대한 가장 낮은 범죄율을 보이고 있다. 이는 다른 주에 비해 상대적 비율이 낮을 뿐 뻔잡에서 달리뜨에 대한 차별과 핍박이 사라졌음을 말하는 것은 아니다.

들은 해외 정착지에서도 카스트 차별을 경험하였으며, 이에 독자적인 사회·종교 조직을 만드는 등 자신들만의 공동체를 형성하기 시작했다. 1990년대부터 본격 시작된 전지구화 과정 속에서 편리하고 저렴해진 교통 통신 수단의 혁신적인 발달은 달리뜨 디아스포라와 인도 달리뜨와의 교류 증진에 크게 기여하였다. 세계 달리뜨의 결속과 인도 내 달리뜨 운동을 위한 다양한 웹사이트의 등장으로 초국가적 형태의 달리뜨 운동이 활기를 띠었다.

해외 달리뜨 인권 운동가들은 달리뜨 문제가 단순히 인도 고유의 문화적인 문제가 아닌 인권 문제임을 'UN 인종차별철폐위원회' 등 UN 산하 인권관련 조직에 호소하였다. 이들은 달리뜨 문제의 국제화를 위해 '달리뜨세계회의'(Dalit International Conference)를 인도 국내외에서 개최하여 인도사회의 카스트차별에 따른 인권침해 현황을 국제사회에 알렸다. 또한 이들은 '전지구적 정의운동'(Global Justice Movement, GJM)인 '세계사회포럼'(World Social Forum)에 대대적으로 참여하여 전지구화가 달리뜨 카스트에 끼친 부정적 영향을 세계를 향해 고발하였다.

사실 1990년대 말부터 본격화된 달리뜨 인권문제의 국제화 과정은 달리뜨 디아스포라에 의해 시작되었으며, 현재 인도 국내외 달리뜨 인권문제의 중추 역할을 하고 있는 '전국 달리뜨 인권운동'(National Campaign for Dalit Right, NCDHR)도 해외 달리뜨 인권운동 조직들의 지원으로 시작되었다. NCDHR과 해외 조직들은 국제기구와 각종 지원기관 등으로 하여금 인도 정부가 국내의 달리뜨 인권상황 향상에 적극 나서도록 우회적 압력을 가하고자 했다. 인도 국내외에서 활동하는 거시적 차원의 달리뜨 인권운동 조직은 인도사회의 사회정의구현이 실현되지 못한데서 달리뜨 문제가 기인한 것으로 인식한다. 따라서 이들은 핍박받는 자들의 '재인본주의화'(re-humanization)가 문제 해결의 핵심이며, 이것은 세속적(비종교적) 관점으로 접근되어야 한다고 생각한다. 이러한 관점에서 보면 '달리뜨 권리'는 '인권'의 문제로 쉽게 인식될 수 있으며, 달리뜨 문제의 해결은 국제적인 인권단체 등 외부세력의 개입과 지원을 토대로 한 '초국가적 지원 네트워크'(transnational advocacy network)를 통해 가능할 것으로 인식된다. 즉 비종교적 차원에서 진행되는 달리뜨 문제의 국제화는 인도 정부가 달리뜨의 인권 보장을 위해 더욱 관심을 갖도록 촉구하는 효과를 낼 것으로 기대하고 있다(Bob, 2007; Lerche, 2008; Smith, 2008).

한편 세속적 성격의 달리뜨 문제의 국제화 전략은 운동을 전지구적 상호의존 관계에 지나치게 의존시킴으로써 특정 사회의 역사와 문화적 맥락을 도외시하여 종교 지향적 인권 운동을 비합리적 운동으로 폄하하거나 이를 무기력화 시킬 수 있다는 우려도 제기되고 있다(Rinker, 2009). 사실 일부 사회운동이 종교운동과의 밀접한 연관 속에서 진행되어 왔던 인도의 역사와 문화적 환경을 고려할 때 종교 지향적 달리뜨 운동이 가진 사회변화를 위한 역량은 간과될 수 없을 것이다. 실제로 본 연구 대상인 뻔잡 주의 달리뜨 라비다시의 종교 운동은 뻔잡의 달리뜨가 지배집단 자뜨 시크로부터 자율성을 확보할 수 있게 하였다.

자뜨 시크들로부터 카스트 차별을 경험한 라비다시 디아스포라는 '쉬리 구루 라비다스'(Shri Guru Ravidass)의 이름으로 구르드와라(Gurdwara), '템플'(Temple), '사바'(Sabha) 등의 종교적 조직을 해외에서 독자적으로 운영해 왔다. 교통과 통신수단의 급격한 발달로 라비다시 디아스포라와 뻔잡과의 교류가 일상화되고 이들의 뻔잡 방문 빈도도 급증하였다. 뻔잡의 가족과 친족원에 대한 디아스포라 해외 송금은 자뜨 시크로부터 달리뜨의 경제적 자율성을 확장할 수 있게 하였다. 최근의 라비다시 디아스포라의 활발한 '자선활동'(philantrophy)으로 뻔잡 농촌에 대규모 구루 라비다스 사원이 늘어가고, '데라 발란'의 인프라가 확장되고 있다. 라비다시 달리뜨의 경제와 종교생활에서의 자율성 확보는 뻔잡의 사회·정치적 기존 질서에 대한 도전으로 이어져 이에 따른 자뜨 시크와의 갈등 사례도 늘어가고 있다.

제6장은 뻔잡의 달리뜨 라비다시가 지역 지배 집단으로부터 사회·문화적, 경제적 자율성 확보를 통해 자신의 권리를 주장하게 되는 변화에 관심이 있다. 이러한 변화를 가져온 중요 변수의 하나는 달리뜨의 국제이주였다. 뻔잡이라는 지역사회에 근거한 종교운동이 국제이주와 디아스포라와 같은 글로벌 차원과 접목됨으로써, 지역 달리뜨를 자기 존중과 자기 권리를 주장할 수 있는 역량 있는 존재로 변화시키고 있다. '초국가주의 지원 네트워크' 같은 세속적 성격의 전지구적 차원의 인권운동이 인도 정부로 하여금 달리뜨의 인권 향상에 보다 적극적인 태도를 보이게 할 수 있을 것이라는 기대도 있다. 그러나 그러한 기대효과에도 불구하고, 이러한 운동 과정과 결과를 구체적인 맥락에서 확인하는 일은 쉽지 않다. 이 연구는 이러한 거시적 차원의 운동보다는 특정 지역을 중심으로 전개된 미시적 운동에 관심을 두고 있다. 이 연구를 위한 뻔잡 잘란다르 군의 '데라 발란'과 '구루 라비다스 구르드와라'에 대한 방문과 인터뷰는 2009년 6월~7월 동안, 그리고 해외 라비다시 종교조직인 캐나다 밴쿠버와 몬트리올의 '쉬리 구루 라비다스 사원'에 대한 방문을 통한 관련자와의 인터뷰 및 참여관찰은 2009년 11월~2010년 2월에 걸쳐 진행되었다.

●●● 2. 뻰잡 지방의 사회 · 경제적 구조의 성격과 그 변화

2001년 인도 센서스에 따르면 뻰잡의 종교별 인구는 약 63%의 시크, 34.5%의 힌두, 1.2%의 무슬림으로 구성되어 있다(Census of India 2001). 뻰잡에서 발견되는 주요 카스트에는 자뜨(Jat)와 깜보흐(Kamboh)로 대표되는 농부 카스트, 카뜨리(Khatri)와 아로라(Arora) 상인 카스트, 따르칸(Tarkhan, 대장장이), 로하르(Lohar, 목수), 나이(Nai, 이발사), 침바(Chhimba, 재단사) 등의 장인(匠人) 카스트, 달리뜨로 부르는 불가촉천민, 그리고 이 외 소수의 브라만(Brahman) 등이 있다. 특히 뻰잡 달리뜨의 절대 다수는 두 범주의 카스트, 즉 전통적 직업상 청소와 관련되었던 마자비 시크(Mazhabi Sikh)/발미끼(Balmiki)/방기(Bhangi)의 범주 그리고 가죽손질과 관련되었던 라비다시(Ravidasi)/짜마르(Chamar)[164] 범주로 구분된다. 두 범주 가운데 전자는 뻰잡 전체 달리뜨의 41.9%, 후자는 41.59%를 차지하기 때문에 이 두 범주를 제외한 남은 달리뜨 카스트의 비율은 미미하다(Jodhka & Kumar, 2007).

뻰잡은 브라만을 카스트 위계의 정점으로 삼는 다른 지역과는 달리 자뜨 카스트가 가장 상위 카스트로 인정되고 있는 인도 내 매우 예외적인 지역이다. 따라서 의례적인 정(淨)의 대명사격인 브라만의 위계가 인정되지 않기 때문에 달리뜨에 적용시키는 부정(不淨)의 개념 또한 다른 지역에 비해 약화되어 왔다. 사실 시크집단은 힌두교의 카스트 위계질서 체계를 거부하고 나온 신생 종교지만 힌두 달리뜨

---

164) 이 장이 규명하고자 하는 라비다시의 대다수가 시크로 개종했던 경력이 있기 때문에 달리뜨 시크로 구분되기도 한다. 반면 짜마르는 힌두 짜마르를 가리킨다. 달리뜨 내에 '아드 다르미'(Ad Dharmi)를 라비다시와 구분하는 경우도 있으나 사실 '아드 다르미'와 라비다시는 동일한 대상인 경우가 많다.

출신 시크는 개종 후 지금까지도 차별과 억압에 직면하며 살고 있다. 뻔잡의 달리뜨에게 차별과 핍박을 가해 온 전통적 가해자는 브라만이나 라즈뿌뜨(Rajput)가 아닌 자뜨 시크였다.

뻔잡은 인도 내에서 달리뜨의 비율이 가장 높은 주이다. 인도 전체 인구의 약 16%가 불가촉천민인 반면, 뻔잡의 불가촉천민의 인구 비율은 29%이기 때문에 뻔잡의 카스트별 인구 구성은 매우 독특하다. 더욱 특징적인 것은 뻔잡 주 내에서도 잘란다르 군, 호시아르뿌르 군, 나완샤르 군이 포함된 도압 지역이 마자와 말와 지역에 비해 달리뜨의 비율이 상대적으로 높다는 점이다. 예컨대 도압에 속하는 일부 군들의 달리뜨의 비율은 약 35%로 뻔잡 주 평균보다 높으며, 나완샤르 군은 약 40% 이상이 그리고 잘란다르 군의 딸한(Talhan) 마을[165]은 65%가 달리뜨이다(Census India 2001). 뻔잡의 자뜨 카스트는 뻔잡 전체 인구의 약 30% 이상을 차지하는 단일 카스트로는 최대의 카스트 집단이다. 자뜨의 약 90%와 달리뜨의 약 80% 이상이 농촌지역에 거주하기 때문에 뻔잡의 농촌 마을은 자뜨 카스트와 달리뜨로 구성된다고 해도 과언이 아니다. 대체로 마을의 중심부에는 자뜨 시크가 거주하고 있으며 달리뜨는 마을의 외곽 근처에 별도로 집거하고 있다.

뻔잡의 달리뜨가 착취 당해온 것은 단순히 그들의 부정 탄 의례적 지위 때문만은 아니었다. 오히려 뻔잡의 농촌계급구조로 인한 달리뜨의 열악한 경제적 상황에서 착취와 차별이 기인하였다. 자뜨 카스트는 뻔잡 전체 토지의 약 80%이상을 소유한 반면 뻔잡 달리뜨가 소유한 2.34%는 인도 평균치 약 5.5%(Census India 2001)에도 못 미치기 때문에, 뻔잡의 달리뜨는 인도 전체에서 토지소유로부터 가장 심하게

165) 이 장 후반부에 다소 자세히 언급될 마을로서 2003년 달리뜨와 자뜨 시크 간의 심한 카스트 갈등이 벌어졌던 곳이다.

박탈된 집단으로 간주될 수 있다. 이들은 자뜨 카스트의 농지에서 임금노동자로 또는 '시리'(siris)라 불리는 '예속노동자'로 농사에 종사하며 노동력을 착취당해 왔다. 특히 농업 외 직업의 기회가 한정되던 시절에 달리뜨 노동자들은 자뜨 시크 지주 아래에서 더욱 강도 높은 노동을 싼 값에 착취당해야 했다. 현재도 뻰잡의 약 60%의 달리뜨가 자뜨 시크의 농업노동자나 드물게는 시리로 농사에 종사하고 있는데, 이들 대부분은 도압 지역이 아닌 말와와 마자 지역에 거주하고 있다.

자뜨 시크가 뻰잡의 전형적인 지주세력이 된 것은 영국식민정부의 '캐널 컬러니'(canal colonies) 정책 때문이었다. 1885년부터 1940년 사이에 개간된 뻰잡의 9개 '캐널 컬러니'의 약 4백만 에이커의 개간지가 자뜨 카스트처럼 세습적으로 농부로 인정되었던 사람들에게만 분배되었다. 따라서 가죽일과 청소일하는 달리뜨로 분류된 라비다시와 마자비 시크에게는 개간지가 거의 분배되지 않았다(Ali, 1989). 한편 1901년에 시행된 '뻰잡토지양도법'(Punjab Land Alienation Act)은 달리뜨의 토지소유를 원천 봉쇄하였다. 본디 이 법안은 농부가 카트리, 아로라 등 상인 카스트 고리대금업자로부터 빌린 빚을 갚지 못하여 경작지를 잃지 않도록 하기 위해 제정된 것이었다(Puri, 2003). 그러나 이 법안으로 토지 소유가 가능했던 소수의 불가촉천민마저도 토지를 구입할 수 없게 되었다. 이와 같이 '캐널 컬러니' 조성이 자뜨 시크의 농업계급구조의 지배력을 강화시켜준 반면 토지양도법은 달리뜨의 농지소유 기회를 원천 봉쇄한 것이다.[166]

---

166) '뻰잡토지양도법'은 1952년 인도 정부 초대 법무부장관이었던 달리뜨 출신 암베드까르에 의해 그 부당함을 이유로 폐지되었다. 달리뜨는 심지어 자신의 집을 자뜨 시크의 대지 위에 지어야 했다. 달리뜨는 언제 쫓겨날지 모르기 때문에 벽돌집을 지을 수 없어 이 법안 폐지 이전까지 많은 수가 흙집에서 살아야 했다.

한편 1920년대 도압 지역의 잘란다르 군에 영국군병영이 주둔하였다. 전통적으로 죽은 짐승의 가죽을 벗겨 가죽 구두를 제작하였던 달리뜨 짜마르는 군부대의 군화제작에 필요한 가죽을 제공하였고, 특히 일부 기업가적 소질을 지닌 농촌 짜마르들은 가죽거래를 통해 부를 축적할 수 있었다. 성공한 일부 짜마르는 영국과 북미로 이주를 원하는 가족원을 경제적으로 지원할 수 있었다(Ram, 2004). 당시 찾아온 경제적 기회와 국제 이주 경험으로 인해 종교적 색채를 띤 도압 지역의 달리뜨 운동이 가능하였으며, 구루 라비다스를 섬기는 종교 센터 '데라'의 부흥도 일어났다.

1950년~60년대부터 도압 지역 자뜨 시크들의 국제 이주가 본격화되면서 달리뜨의 해외 이주도 시작되었다. 잘란다르와 호시아르뿌르 군의 농촌지역의 경우 세 가구에 한 명꼴로 이주할 정도의 많은 수의 달리뜨가 해외로, 특히 단순노동을 요구하고 이주경비가 적게 드는 걸프 지역으로 이주하였다. 달리뜨의 국제 이주로 인해 생긴 농업 노동력의 공백을 비하르(Bihar) 주와 우따르 쁘라데시(Uttar Pradesh)로부터 온 값싼 이주 노동자가 채워주었다. 1960년대 말부터 시작된 뻔잡 지역의 녹색혁명으로 생긴 작물체계의 변화와 농기계의 대량 도입은 농업노동력의 수요를 크게 줄였다. 벼 심기 등 집약적으로 많은 노동력을 필요로 하는 단기간을 제외하고 농업부문에서 일자리를 구할 수 없는 지역 달리뜨는 농업 외 일터를 찾아야 했다(Sidhu et al, 1997). 특히 값싼 이주 노동자의 유입과 기계화된 농업방식 사이에서 입지가 더욱 좁아진 지역 달리뜨는 자뜨 시크 지주의 예속으로부터 탈피하기 위해 차라리 도시의 임금노동자가 되는 길을 선택하였다. 그들은 착취적인 농촌계급구조로부터 벗어나 도시에서 목수, 이발사, 대장장이, 벽돌공 등으로 일하였다. 일에 따라 농업보다 더 낮은 임금을

그림 21. 뻔잡의 발란에 위치한 '데라 사츠 칸드'

받는 경우도 있었지만 이들은 경제적인 영역에서 자뜨 시크의 지배력으로부터 벗어나고자 하였다.

국제 이주한 가족원이 있는 달리뜨는 해외에서 모아온 재원으로 마을 내에 이발소나 소규모 잡화점을 개업하였다.[167] 3층 호화주택을 건축할 수 있는[168] 소수의 달리뜨도 있었지만 그렇지 못한 이들은 서양식 부엌과 욕조 등을 설치하는 수준의 주택 개량을 하였다[169]. 게

167) 상대적으로 다른 카스트보다 달리뜨의 많은 수가 걸프지역으로 국제이주 경험을 하였다. 영주거주와 가족결합을 허용하지 않는 걸프 이주의 특징 때문에 이주자들은 이주 후 몇 년 안에 고향으로 귀국하는 것이 일반적이다(Azeez & Begum, 2009).

168) 필자가 방문한 잘란다르의 치마 까란(Chemma Kalan)과 루빠왈(Roopawal)의 달리뜨 소유의 호화주택의 수는 자뜨 시크 소유의 약 10-20%에 해당하였다.

169) 사회학자 저즈(Judge, 2004)가 1984년에 호시아르뿌르의 아즈람(Ajram) 마을에서 조사를 시작할 때 달리뜨의 일부 집들이 흙집에서 벽돌집으로 바뀌기 시작했다. 7년 후 그가 아즈람을 재방문했을 때는 거의 대부분의 달리뜨 집이 벽돌집으로 변화되어 있었으며, 2000년도 세 번째 방문 시에는 걸프 국가를 다녀온 대부분의 달리뜨가 마을에 소규모 가게를 운영하고 있음을 확인하였다. 그는 달리뜨의 국제 이주가 지역사회 내에서 그들의 경제적 역량 강화에 커다란 역할을 함으로써 지역 지배 집단인 자뜨의 영향으로부터 벗어나고 있음을 확인하였다.

다가 컬러텔레비전, 냉장고, 오토바이, 도요타 퀄리스(Toyota Qualis) 자가용을 구입하여 자신들의 성공을 시위하는 달리뜨도 등장했다.

주로 영국, 미국, 캐나다로 이주한 자뜨 시크들이 자신과 가족의 경제적 성공과 지위 상승을 과시하기 위해 호화주택 건설, 고급 승용차, 현대식 가전제품 구입, 호화 결혼식 거행 등 '과시적 소비행위'에 경쟁적으로 몰두하는 경향은 지난 십여 년 이상 뻔잡 마을에서 어렵지 않게 발견될 수 있었다[170]. 이러한 시위 대열에 늦게야 뛰어든 달리뜨의 집단적 수준의 과시적 소비는 마을마다 현대식 시설을 갖춘 대형 구루 라비다스 사원의 꾸준한 증가에서 발견된다. 잘란다르 군의 파그와라(Phagwara) 읍 인근 마을인 하디아바드(Hadiabad)에 2004년에 대지 및 공사비를 포함 약 2천만 루삐(한화 약 6억 원)의 4층 규모 구루 라비다스 구르드와라가 완공되었다. 사원 대지와 일부 공사비는 캐나다 거주 라비다시가 희사했고, 남은 공사비는 '데라 사츠 칸드'가 지원하였다. 파그와라 읍 인근 국도 입구에 위치한 '쉬로마니 쉬리 구루 라비다스 템플'(Shiromani Shri Guru Ravidasa Temple)은 2009년 공사가 한창 진행 중이었다. 사원 회장 발비르 라자 소디(Balbir Raja Sodhi, 남, 57)에 따르면 이 공사에 이미 4천만 루삐(한화 약 12억 원)가 투입되었고, 향후 내부 공사 등에 약 2천만 루삐(한화 약 6억 원)가 더 들어갈 계획인데 이 경비 전체가 영국의 라비다시 디아스포라들로부터 올 예정이다. 또한 잘란다르 군의 부따 만디[171]

---

170) 뻔잡 지역 출신 해외 디아스포라의 고향에서의 과시적 소비행위에 대해서는 김경학의 "국제이주와 펀자비 '이주문화'"(2007a)를 참조바람.

171) 잘란다르 군 인근 소도시인 '부따 만디'(Boota Mandi)는 부츠시장을 의미하는 'boots market'에서 유래한 이름이다. 영국군병영에 제공할 가죽원단의 매매로 유명세를 타며 이를 통해 엄청난 수익을 낸 짜마르들이 많이 거주하는 곳으로 유명하다. 2003년 부따 만디와 가까운 농촌 마을인 '딸한'에서 자뜨 시크와 라비다시와의 갈등이 부따 만디에서 크게 반향을 일으킨 것은 부따

(Buta Mandi)에 엄청남 규모의 '사뜨구루 라비다스 담'(Satguru Ravidass Dham) 사원이 2009년에 공사 중이었다. 이 사원의 수린더르 마헤이(Surinder Mahey, 남, 64) 회장에 따르면 흰색으로 도색될 이 건물에는 황금색 돔과 다채로운 종교적 상징물들이 장식될 것인데 전체 경비는 약 3억루삐(한화 90억 원)로 잡고 있다. 전체 경비의 약 2/3는 해외 라비다시들로부터 기부될 예정이고 남은 경비는 부따 만디 가죽산업에 종사하는 신자들의 기부금으로 충당될 것이라고 한다.

국내외 라비다시가 이처럼 거액을 들여 지은 구루 라비다스 사원들은 자뜨 시크 지배적인 지역사회에서 독자적인 종교생활을 할 수 있는 '라비다시'로서의 정체성 확립에 도움이 될 수 있는 상징물로 기여할 수 있다. 즉 뻰잡과 해외 거주 라비다시는 국제 이주와 가죽거래라는 지역산업을 통해 거둔 경제적 자본을 사회·종교적 영역의 문화자본으로 전환시켜 자신들의 달라진 지위를 시위하고 있는 셈이다.

●●● 3. 라비다시 종교운동과 달리뜨 디아스포라의 자선활동

힌두 카스트 질서에 따른 차별로부터 벗어나기 위해 19세기 말에 대대적으로 시크교를 수용한 뻰잡 달리뜨의 종교생활은 외형상 거의 일반 시크와 다름이 없다. 이들은 터번을 착용하고 수염을 기르고 손목에 '까라'(kara)라는 철제 팔찌를 착용하고, 구루 라비다스 사원의 예배 홀에는 시크의 영원한 구루이자 성경인 '구루 그란티 사힙'이 모

만디에 경제적으로 부유한 라비다시가 많았기 때문에 그들의 권리 주장이 매우 드센 지역이었기 때문이다(Jodhka & Louis, 2009).

셔져 있다. 단지 일반적인 시크 구루드와라와 차이가 있다면 벽면에 구루 라비다스와 암베드까르 사진이 부착되어 있다는 점이다. 사실 라비다시 달리뜨들이 '구루 그란티 사힙'을 중요하게 생각하는 것은 시크 구루들의 말씀뿐만 아니라 그들의 '구루'인 라비다스의 40개의 어록이 '구루 그란티 사힙' 속에 포함되어 있기 때문이다. 이런 점을 근거로 라비다시 달리뜨들은 일반 시크들도 구루 라비다스를 시크 구루로 생각하고 정상적인 존경을 나타내야 한다고 주장한다. 하지만, 모든 시크들, 특히 자뜨 시크들은 라비다스가 시크 구루가 아닌 한 명의 성자에 불과하다는 이유로 라비다시 달리뜨의 요구를 거절하고 있다.

시크교는 카스트의 위계질서를 부정하고 태동한 종교지만 달리뜨 시크들은 개종 때부터 지금까지 자뜨 시크로부터 차별을 받아왔다. 자뜨 시크와 달리뜨 시크 간에 음식을 함께 먹는 일에 더 이상 철저한 부정의 관념이 적용되지는 않지만, 많은 영역에서 아직도 달리뜨와의 직접적인 접촉을 편안하게 생각하는 자뜨 시크들은 많지 않다. 달리뜨에게 마을의 중심 구르드와라의 출입이 허용되었다 하더라도 사원 내에서의 달리뜨의 행동에는 많은 규제가 따랐다. 특히 사원 공동 식당인 '랑가르'에서 음식 준비와 배식 등 자원 봉사를 하고자 하는 달리뜨의 기회는 철저히 박탈되었다. 더 나아가 시크교와 관련된 공식적 지위들, 예컨대 개별 사원의 집행위원회, '구르드와라 중앙운영위원회'(Shromani Gurdwara Parbandhak Committee)[172] 등의 주요 직책은 예외 없이 자뜨 시크에 의해 독점되어 왔다.

이러한 차별적 태도로 말미암아 달리뜨 시크들은 마을 내에 독자

172) 구르드와라의 운영을 책임질 중앙 기구로서 시크 종단의 의회와 같다. 시크교에 관련된 중요 안건을 회의를 통해 결정하고 이를 인도 내 시크 사원에 공표한다.

적인 구르드와라를 건축하거나[173] 마을과 근접한 종교 센터인 '데라'로 향하였다. 달리뜨가 마을 내에 독자적인 구르드와라를 만들기 시작한 것은 자뜨 시크집단에 대한 저항의 표현이었다. 라비다시 달리뜨 사원에는 예외 없이 내부 벽면에 암베드까르 사진이 부착되어 있거나 구루 라비다스의 사진이 시크 '구루 그란티 사힙' 앞에 모셔있다. 특히 구루 라비다스 사진과 '구루 그란티 사힙'이 함께 놓여 있는 점을 둘러싸고 라비다시 달리뜨와 자뜨 시크 간에 오랜 논쟁을 넘어 이제는 팽팽한 긴장이 흐른다. 한편 라비다시 달리뜨가 가장 즐겨 찾는 종교 센터 '데라'는 구루 라비다스를 찬양하는 '데라 발란'이다. 이곳은 시크교의 '구루 그란티 사힙'도 숭배 받지만 '슬픔 없는 사회'와 '평등한 사회'를 염원한 구루 라비다스의 말씀이 주로 낭송되는 곳이다. '데라 발란' 외에도 구루 라비다스를 찬양하는 다수의 데라들이 도압 지역에 있으며, 이들 데라는 라비다시 달리뜨의 독자적인 정체성을 형성하여 카스트 차별로부터 해방을 위한 사회・문화적 운동의 공간으로 점차 변해갔다(Ram, 2007).

1920년대 중반에 뻔잡 지역의 핵심적인 종교운동으로 인식되는 '아드 다르미 운동'(Ad Dharmi Movement)과 사회 복지활동을 병행하면서 '준 종단'(準 宗團)으로 발전하였던 '데라 발란'의 포교활동은 대표적인 종교적 성격의 달리뜨 운동으로 알려져 있다.

도압 지역 최초의 달리뜨 운동인 아드 다르미 운동은 1920년대 당시 가죽 거래로 경제적 부를 축적하게 된 아버지 덕분에 미국 캘리포니아로 국제이주 하였던 짜마르 '만구 람'(Mangoo Ram)에 의해 시작

173) 뻔잡의 도압, 말와, 마자 지역의 51개 마을을 현지 조사한 조드까(Jodhka, 2002)는 41개의 마을에 달리뜨 별도의 구르드와라가 있다고 보고한다. 또한 뿌리(Puri, 2003)는 뻔잡의 암리짜르 군의 116개의 촌락 가운데 68개의 마을에 달리뜨 별도의 사원이 있다고 주장한 바 있다.

되었다. 미국에서 사회주의 이념의 영향을 받고 1925년에 뻔잡 고향으로 귀국한 그는 달리뜨 아동을 위한 학교를 설립하는 등 짜마르 카스트의 지위 향상을 위해 노력하였다(Jodhka, 2009). 그는 짜마르 달리뜨가 힌두, 무슬림, 시크와는 구별되는 '아드 다르미'란 독자적 종교공동체임을 주장했다. 특히 그는 달리뜨의 새로운 의식형성을 위해 이 운동에서 짜마르 출신인 구루 라비다스를 중요한 상징으로 동원하였다. 구루 라비다스에 관한 일화와 전설은 사회적으로 배제된 자들에게 자긍심을 심어주는 사례로 인용되었다. 당시 많은 수의 아드 다르미 운동원은 구루 라비다스를 숭배하고자 '데라 발란'을 방문하였다(Ram, 2009).

이 운동은 1931년에 실시된 센서스에서 잘란다르 군과 호시아르뿌르 군의 달리뜨 약 80%가 자신의 정체성을 '아드 다르미'로 주장할 만큼 새로운 자신감을 심어주는 데 성공하였다(Jugensmeyer, 1982). 만구 람은 짜마르 외에도 다른 달리뜨를 아드 다름 범주 안에 포함시켜 이 운동을 독립된 하나의 정치세력 집단으로 만들고자 하였다. 그러나 그를 비롯한 지도부가 뻔잡의 주 의회 의원이 되는 등 핵심 세력이 제도 정치권 내에 편입됨에 따라 이 운동은 범인도차원의 달리뜨 운동에 포섭되어 점차 그 힘을 잃기 시작했다. 비록 아드 다르미 운동의 구심점은 상실되었지만 도압 지역 짜마르의 '아드 다르미'로서의 정체성은 구루 라비다스를 숭배하는 '라비다시' 정체성으로 전환되고 있었다. 아드 다르미 운동은 지속되지 못했지만 뻔잡의 달리뜨에게 집단적인 정체성과 자기 존중의식을 심어주는 데는 성공적이었다(Ram, 2004).

아드 다르미 운동 기간 동안 달리뜨 종교생활의 주요 근거지는 '데라 발란'을 비롯한 구루 라비다스 데라였다. 특히 독자적인 성경, 의례방식, 성지 등 종교체계를 갖춘 '데라 발란'은 뻔잡에서 대표적인 데라[174]이었으며 오늘날 시크 전통을 크게 위협하는 종단으로 성장하였다. 가죽산업의 부흥에 따라 데라에 물질적 봉헌을 할 수 있는 여유 있는 달리뜨의 수가 늘어나자 도압 지역의 데라 수도 급증하였다.

'데라 사츠 칸드'는 잘란다르 군소재지에서 약 13km 떨어져 있는 발란 마을에 위치해 있다. '데라 발란'은 20세기 초에 초대 데라 구루인 산뜨 사르완 다스(Sant Sarwan Dass)의 아버지 삐빨 다스(Pipal Dass)에 의해 시작되었다고 전해진다.[175] 데라의 초대 구루 산뜨 사르완 다스는 1972년 사망 전까지 데라의 종교체계 대부분을 정립하였다. 특히 그는 짜마르 출신이었던 구루 라비다스의 탄생지인 우따르 쁘라데시 바나라스(Banaras)의 고베르단뿌르(Goverdhanpur)에 '쉬리 구루 라비다스 자남 아스탄 만디르'(Shri Guru Ravidass Janam Asthan Mandir: '구루 라비다스 탄생 사원')의 공사를 1965년에 시작하였다.[176] 그는 이곳을 달리뜨 라디다시들의 성지로 삼았다. '데라 발

---

174) 아드 다르미 운동의 선구자 만구 람은 자신들의 운동에 구루 라비다스 이미지를 대중화시키는데 데라의 도움을 구하러 자주 방문하였다. 1970년대 아드 다름 운동을 재생시키기 위한 연석회의가 '데라 발란'에서 열렸는데, 이때 주최 측이 달리뜨 해방운동에서 '데라 발란'의 기여가 컸음을 공개적으로 언급한 바 있다(Ram, 2008).

175) 모친이 사망하자 슬퍼하는 아들 사르완 다스를 데리고 진리를 찾기 위해 길을 떠난 삐빨 다스는 현재의 발란에 도착하였다. 종교적 수양을 위해 장소를 찾던 그들에게 당시 발란의 지주가 작은 규모의 땅을 희사하자 이곳에 초막이 세워졌다. 아버지로부터 교육을 받은 사르완다스는 부친 사망 후 구루 라비다스를 향한 헌신과 존경을 다하는 성인으로 주변 사람들로부터 추앙을 받았다. 짜마르 출신 사르완 다스를 따라 구루 라비다스 신앙을 따르는 사람들이 모이면서 현재의 '사츠 칸드 데라'는 유명세를 타기 시작했으며, 이 데라의 영향으로 수많은 소규모의 구루 라비다스 데라가 설립되기 시작했다.

176) 이 공사는 1994년 완공되어 현재의 아름다운 모습을 갖추게 되었다. 매년 구루 라비다스 탄생일에 인도 국내외에서 수십 만 명의 라비다시들이 이곳으로 성지순례를 온다.

란'의 종교 체계는 힌두교와 시크교와는 차이가 있다. 데라의 중앙 예배 홀에는 시크교의 '구루 그란티 사힙'이 놓여 있지만 시크 사원과는 달리 구루 라비다스 사진과 역대 데라의 구루들의 사진이 나란히 놓여 있다. 데라의 일부 종교지도자와 데라를 찾는 상당수의 라비다시가 외형상 시크와 동일하게 수염을 기르고 터번을 착용하지만, 대부분은 자신을 시크라 생각하지 않는다. 데라의 의례적 상징과 의례 절차는 얼핏 보기에는 시크의 그것들과 유사하지만 그 내용과 형식에 분명한 차이가 있다.[177] 현재 뻰잡과 해외에 있는 대부분의 구루 라비다스 사원은 '데라 발란'의 종교체계와 외형적 상징물을 수용하고 있다.

현재의 데라 수장인 '산뜨 니란잔 다스'(Sant Niranjan Dass)는 5대 구루로 뻰잡과 해외 라비다시의 숭앙을 받고 있다. '데라 발란'은 인도 국내외 라비다시들에게 '카스트 없는 세상 건설'의 메시지를 담은 구루 라비다스의 가르침을 전파하고, 이를 통해 라비다시 달리뜨 전체의 강력한 결속력을 강조하고 있다. 2003년부터 현재까지 매우 금요일과 토요일 오전에 국영 텔레비전 두루다샨(Doordarshan) 채널의

177) 데라의 상징인 기장(記章)은 '하르'(har: 지존을 의미함)라는 글자가 새겨져 있으며, 기장 중앙에는 원이 있고 그 주변에 40개의 태양빛이 장식되어 있다. 이는 구루 라비다스의 40편의 찬가를 의미한다. '데라 발란'의 기장은 라비다시들에게 독자적인 정체성을 주는 중요 상징물이다. 모든 시크 사원인 구르드와라 앞에 세워진 깃대의 끝 부분에 장착된 사프론 색상의 삼각형 깃발 안에는 '칸다'(khanda) 문양이 그려져 구분이 된다. 칸다의 모양은 수평으로 두 개의 칼이 세워져 있고 이를 양측으로 단도(短刀)인 끼르빤(kirpan)이 감싸고 있다. 그러나 데라 깃발에는 칸다가 없다. 데라 의례의 마지막 기도문에도 차이가 있다. 데라 의례의 경우 '*bole so nirbhay, sri Guru Ravidass Maharaj ki jai*'(겁쟁이가 아닌 사람은 스리 구루 라비다스의 승리를 말하는 자다)이며, 시크의 경우 '*bole so nihal, sat sri akal*'(진리는 영원한 것이라고 말하는 자에게 축복이 있을 지어다)이다. 상호 유사하지만 구분이 된다 (Ram, 2008).

'아므리뜨 바니: 쉬리 구루 라비다스 지'(Amrit Bani: Shri Guru Ravidass Ji)라는 프로그램을 통해 구루 라비다스의 철학이 방송되고 있다. 시크 지배집단으로부터 오랜 세월 억압받던 라비다시에게는 자신의 종교가 국영방송을 통해 널리 전파되고 있다는 것은 큰 자긍심이 아닐 수 없다(Ram, 2008).

'데라 발란'은 가난한 달리뜨를 위해 의료와 교육사업 등 다양한 프로젝트를 진행해 왔기 때문에 단순한 종교 센터 이상이다. 오늘날의 '데라 발란'의 위상이 정립되는데 해외에 거주하는 라비다시 디아스포라의 막대한 기여를 부인하는 라비다시는 없다. 이들의 대대적인 기부활동 없이 뻔잡 내 신자들의 봉헌만으로는 현재 규모의 사원과 부대시설의 건축 및 운영은 생각할 수 없는 일이다. '데라 발란'의 인프라 구조를 건축하는 일에 영국과 북미의 라비다시 디아스포라의 자선활동(philantrophy)이 지난 수 십 년 동안 진행되어 왔다. 상대적으로 이주의 역사가 짧은 캐나다 라비다시에 비해 영국에 일찍 정착한 라비다시 가운데에는 성공한 사업가도 적지 않다. 이들은 데라의 대규모 건축 사업, 예컨대 현 사원의 부속건물, 병원, 학교 등의 건축 사업에 막대한 물질적 후원을 하였다(Tatla, 2009).

'데라 발란'을 찾는 신자들의 수는 매일 10만을 헤아린다. 이를 감안하여 2007년에 약 2만 명이 한꺼번에 예배를 볼 수 있는 중앙 예배 홀과 약 2천명의 신자가 동시에 식사를 할 수 있는 공동식당인 '랑가르'[178)]가 완공되었다. 또한 정상적인 의료혜택을 입지 못한 가난한 달리뜨를 위해 200병상과 최현대식 의료장비를 갖춘 '산뜨 사르완 다스 자선병원'(Sant Sarwan Dass Charitable Hospital)과 안과 전문 병원인

178) 랑가르에는 신자들이 식사하면서 예배 홀에서 진행되는 의례 절차를 한눈에 볼 수 있도록 현대식 대형 스크린들이 설치되어 있다.

'산뜨 사르완 다스 기념 안과병원'(Sant Sarwan Dass Memorial Eyes Hospitals)이 라비다시 디아스포라의 도움으로 설립되어 염가로 치료 서비스가 제공되고 있다[179]. 또한 영국과 캐나다 라비다시들의 후원으로 2004년에 개교한 '산뜨 사르완 다스 모델 스쿨'(Sant Sarwan Dass Model School)은 달리뜨 아이들에게 현대식 시설에서 영어로 진행되는 수준 높은 교육을 시키고 있다[180]. 이 학교는 정규 교육과정 외에도 구루 라비다스 가르침과 관련된 종교과목을 교육과정 내에 포함시키고 있기 때문에 새로운 세대에게 라비다시 달리뜨의 의식도 고양시키고 있다. 또한 '데라 발란'은 대형 도서관을 운영하며 여기에는 특히 구루 라비다스, 암베드까르, 아드 다름 운동 관련하여 풍부한 자료도 구비하고 있다. 데라의 홍보와 해외 라비다시 달리뜨를 위해 '베굼뿌라 샤헤르'(Begumpura Shaher)라는 주간지가 뻔잡어, 힌디어, 영어의 3개 언어로 1991년부터 지금까지 발행되고 있다. 여기에는 데라의 활동상황과 뻔잡의 달리뜨 현황들에 대한 소식이 포함되어 있다. 독자적인 종교체계와 다양한 부속 시설 및 문화조직을 갖춘 '데라 발란'은 '카스트 없는 세상 건설'과 뻔잡의 농촌계급구조의 지배에 대한 저항을 담은 메시지의 핵심 진원지로의 역할을 하고 있다.

---

179) 매달 자선병원을 운영하는데 소요되는 경비는 약 2백 5십만 루삐(한화 약 7천 5백만 원)에 달한다. 종합병원에는 대형 약국도 있기 때문에 염가로 약을 구입할 수 있다. 해외 디아스포라의 자선활동 없이는 감당하기 어려운 경비라고 한다. 영국의 라비다시의 후원아래 1977년부터 매년 '데라 발란'에서 '안과캠프'가 진행되어 왔는데, 영국의 라비다시 사르완 다스 반게르(Sarwan Dass Banger)가 기부한 1천만 루삐(한화 약 3억 원)를 토대로 하여 현재의 안과병원이 2004년에 세워졌다.

180) 캐나다의 '쉬리 108 산뜨 사르완 다스 자선단체'(Shri 108 Sant Sarwan Dass Charitable Trust)의 회장 와린더 반가르(Varinder Bangar)는 모델스쿨의 스쿨버스와 컴퓨터 구입에 필요한 경비를 지원하기 위해 지난 몇 년 동안 캐나다 라비다시들에게 적극적인 기부활동을 독려한 것으로 알려졌다.

●●●4. 달리뜨 국제 이주와 글로벌 라비다시 종교공동체

인도인의 국제 이주는 영국 제국주의 시대에 카리브 해와 남태평양 일대로 '계약노동자' 신분으로 이주한 소위 '구 인도인 디아스포라'부터 제 2차 세계대전 종전 후 영국을 비롯한 유럽과 북미 일대로 자발적인 이주를 한 소위 '신 인도인 디아스포라'까지 이주 국가, 이주자 속성, 이주 과정 등에서 적지 않은 다양성을 보인다. 대체로 노동조건이 열악한 환경으로 이주한 '구 디아스포라' 대열에는 적지 않은 달리뜨가 포함된[181] 반면, 이주 요건이 상대적으로 까다로운 서구 선진국으로의 이주에는 한정된 달리뜨만이 참여할 수 있었다.

지금까지 인도인의 국제이주에서 달리뜨의 이주와 그들 공동체는 '불가시적'(invisible) 존재로 취급되어 학계에서조차 거의 관심이 없었다. 특히 20세기 초의 달리뜨 관련 이민에 관한 역사는 아드 다르미 운동을 이끈 만구 람 이야기 외는 찾아보기 어렵다. 따라서 뻰잡 이주자 전반에 대한 케싱어(Kesssinger, 1974)와 맥레오드(McLeod, 1986)[182] 등의 기존 연구 가운데 달리뜨에 대해 언급하고 있는 부분들을 토대로 짐작할 수밖에 없다. 이들의 연구에 따르면 달리뜨 이주자의 규모는 자뜨 시크의 약 10% 정도이며, 이들 대부분은 뻰잡의 도압 지역 출신 짜마르들이었다.

2차 세계 대전 이후 인도인이 가장 먼저 대규모로 이주한 곳은 영

---

181) 피지, 말레이시아, 카리브 해 연안 등으로 국제이주 하였던 계약노동자의 약 20-40%정도가 불가촉천민을 포함한 하층카스트였다(Kumar, 2004).

182) 1912~21년 사이에 뉴질랜드에 입국한 인도인들 전체 212명 가운데 133명은 자뜨 카스트, 24명은 짜마르 카스트였는데, 짜마르의 대부분은 뻰잡의 도압 출신이었다. 이 연구는 20세기 초에 국제 이주를 한 인도의 불가촉천민 대다수는 뻰잡의 도압 지역 출신의 짜마르(아드 다르미나 라비다시와 동일 집단)였던 것으로 짐작할 수 있게 한다.

그림 22. 해외 달리뜨가 운영하는 사원 사무실 내에 암베드까르 사진이 부착되어 있다.

국이었다. 영국의 전후 복구사업과 경제 호황으로 뻔잡인을 포함한 남아시아 사람들의 영국으로의 대거 이주가 있었다. 영국의 노동력 부족으로 일자리가 많다는 소식에 뻔잡인의 대규모 영국 입국이 시작되었다(Ballard, 2003). 1947년 독립 이후 약 20년 동안 약 30만 명의 인도인이 영국에 이주했는데, 이들 대부분이 뻔잡의 자뜨 시크였던 것으로[183] 알려져 있다. 당시 자뜨 시크에 비해 경제적으로 열악한 달리뜨는 인도정부로부터 여권 받는 일조차 어려웠다. 그러나 당시 여권 발급 보조업무를 담당했던 '빠와르'(Pawar)라는 이름을 가진 라비다시의 도움으로 한 해에 약 500명의 달리뜨가 여권을 발급받아 영국으로 이주할 수 있었다. 따라서 이 기간 동안 영국으로 이주한 전체 뻔잡인 가운데 약 10%가 아드 다르미[184](라비다시)였을 것으로 추정된다(Jugensmeyer, 1982).

영국에 정착한 달리뜨는 이주 초기에는 자뜨 시크가 주도하는 구르드와라에서 종교생활을 하였다. 그러나 사원 안에서 자신들에 대한

183) 당시 해외로 가족원을 보낸 자뜨 시크 농민들은 먹고 사는데 어려움이 없는 중농 이상이거나, 최소한 해외 운임을 마련해 주기 위해 저당할 농지를 소유한 자영농이었다(Tatla 2004).

184) 달리뜨 이주자 가운데 아드 다르미가 다른 달리뜨 예컨대 발미끼(Valmiki)보다 훨씬 많이 이주했음은 인류학자 사버월의 연구(Saberwal, 1990)에서도 발견할 수 있다.

차별이 심해지자, 그들은 1968년에 최초의 구루 라비다스 사원을 울버햄프톤(Wolverhampton)에 세웠다(Takhar, 2008). 계속된 달리뜨의 영국으로의 이주로 달리뜨 수가 증가하면서 구루 라비다스 이름을 붙인 '구르드와라', '템플', '사바'의 등이 지역별로 문을 열기 시작하여 2006년 현재 영국에는 26개의 구루 라비다스 관련 조직[185]이 있다. 구루 라비다스 조직에 참여한 사람들의 예배방식은 일요일에 사원에 나와 의례를 지내고 랑가르에서 식사하며 친교하면서 차별받는 자신들이 혼자가 아닌 공동체의 일원임에 안전감을 느낄 수 있었다(Judge, 2002).

영국으로 이주한 라비다시 가운데 일부는 암베드까르의 사상과 그의 정치투쟁 방식에 관심을 갖기 시작하였다. 이들은 '암베드까르' 또는 그가 귀의한 불교의 이름을 붙인 조직들, 예컨대 '부처 기도센터'(Buddha Vihar), '불교도 위원회'(Buddhist Council), '암베드까르와 불교조직 연맹'(The Federation of Ambedkarite and Buddhist Organization) 등의 조직을 만들었다. 이들은 암베드까르에 대한 지식을 넓혀감으로써 달리뜨가 인도뿐만 아니라 영국에서조차 부당하게 취급당하고 있다는 문제의식을 가지게 되었다(Hardtmann, 2009).

주로 영국에서 활동하고 있는 달리뜨 인권관련 단체의 보고서, 예컨대 '영국 달리뜨 연대네트워크'(Dalit Solidarity Network UK, UK DSN)의 "카스트 차별에 관한 보고서"(2006), '반 카스트 차별연맹'(Anti Caste

185) 일반적으로 영국에 거주하고 있는 전체 인도 출신 달리뜨의 수를 약 10만 이상으로 추정하지만 '영국 달리뜨 연대네트워크'(Dalit Solidarity Network UK, UK DSN)의 '카스트 차별에 관한 보고서'(2006)에 따르면 2006년 현재 그 수가 약 5만 명이라고 주장한다. 이들 달리뜨는 구루 라비다스를 따르는 라비다시가 약 35,000명, 발미끼(Valmiki)가 약 10,000명, 암베드까르 불교도가 약 5,000명, 기타 힌두 달리뜨 약간 명으로 구성된다. 암베드까르 불교도의 대부분이 이주 오기 전에 라비다시였다는 점을 고려하면 영국 거주 달리뜨의 약 80% 이상이 뻔잡 지방, 특히 도압 지역의 라비다시였음을 짐작할 수 있다.

Discrimination Alliance, ACDA)의 "숨겨진 인종차별-카스트와 영국 카스트 차별에 관한 연구"(2009)는 달리뜨 디아스포라에게 가해지는 다양한 형태의 카스트 차별 사례들을 고발하고 있다.[186] 특히 1998년 '국제 달리뜨 연대네트워크'(International Dalit Solidarity Network, IDSN)의 영국 지부로 조직된 DSN(UK)는 영국 내에서 진행되고 있는 카스트 의식과 차별을 철폐하기 위한 활동을 지원하고 정부를 상대로 로비활동을 하고 있다. 이들 NGO들은 영국의 달리뜨에 대한 차별 철폐를 위해 영국의 구루 라비다스 사원과 암베드까르 조직과 함께 카스트 차별 현황에 관한 정보를 교환하는 등 유기적인 관계를 맺고 있다.

1970년대 중반 영국의 아시아인의 이민을 규제하는 법안이 시행됨에 따라 이주 대상국가도 캐나다 등 북미와 호주로 변화되었다. 북미로의 국제 이주자도 대부분 자뜨 시크였다. 달리뜨의 수는 전체 이주자의 약 10% 정도이며 이들 대부분은 뻔잡 출신 라비다시로 짐작된다. 캐나다의 인도인 이민의 역사는 시크로부터 시작되었다. 따라서 초기 시크 사원은 종교에 관계없이 모든 인도인의 종교생활과 친교의 장으로 이용되었다[187]. 캐나다의 라비다시 달리뜨 역시 초기에 자

186) 영국의 다섯 개의 쉬리 구루 라비다스 사원과 한 개의 '암베드까르 센터' 의 도움으로 200명의 달리뜨들에 대한 면담조사를 한 ACDA의 보고서(2009)에 따르면 면담자의 58%는 영국에서 카스트에 따른 차별을 경험하였으며, 이 가운데 37%는 카스트 차별을 일상적으로 받는다고 진술하고 있다. 이들 보고서는 영국의 달리뜨가 직장, 교육기관, 보건 영역 등에서 카스트 차별을 받고 있음을 보여주는 사례들을 적시하고 있다. 또한 'UN 인권위원회'(UN Commission of Human Right)의 '차별예방-남아시아 디아스포라 사례'(2004) 보고서는 영국에서 상위 카스트와 달리뜨와의 결혼이 추진되는 경우 예외 없이 방해를 받거나 심한 경우 어느 한쪽이 살해당하는 일도 있음을 적시하고 있다.

187) 캐나다 밴쿠버에 1908년에 세워진 시크 '칼사 디완 소사이어티'와 몬트리올

뜨 시크가 주축이 된 시크 구루드와라에서 종교생활을 시작하였다. 그러나 자신들의 신분이 노출되고[188] 주류 시크들의 차별이 뒤따랐다. 특히 시크 공동식당인 '랑가르'에서 자원 봉사하는 일을 허용하지 않는 등 차별을 경험한 후, 캐나다 달리뜨들은 1982년 밴쿠버에 '쉬리 구루 라비다스 커뮤니티 센터'(Shri Guru Ravidass Community Center)[189]를 세우는 것을 시작으로 토론토, 몬트리올, 캘거리, 에드먼턴에 구루 라비다스 이름의 독자적인 사원을 세웠다. 비록 캐나다 구루 라비다스 사원들 간에 정식 네트워크는 아직까지 없지만 이들은 주요 행사마다 비공식적 연대를 하고 있다[190]. 예컨대 2009년 구루 라비다스 탄생 632주기 기념행사를 오타와에 있는 캐나다 국회건물에서 진행하였다. '캐나다 인권을 위한 쉬리 구루 라비다스 국제 조직'(Shri Guru

---

에 1953년에 세워진 '시크 사원협회'(Sikh Temple Association)는 힌두가 독자적으로 분리되기 이전까지 인도 이민자의 종교생활과 친교생활의 중심지였다.

188) 영국과 북미에 이주 온 뻔잡 출신의 대부분은 잘란다르 군, 호시아르뿌르 군 등 도압 지역을 고향으로 두고 있다. 뻔잡 이민자가 상대적으로 지리적 영역이 좁은 도압 지역 출신자들로 구성되어 있기 때문에, 이들은 '몇 다리'만 건너면 상대방의 신분을 어렵지 않게 확인할 수 있게 된다(Nesbitt, 1995). 이런 이유로 달리뜨 이주자의 인도에서의 카스트 지위가 시크 사원에서 쉽게 노출되어 해외에서도 차별을 경험하는 일이 빈번하게 벌어진다.

189) 밴쿠버 구루 라비다스 사원의 회장인 빌 바스라(Bill Basra, 남, 47)는 인도인 집거지역에 거주하는 일부 회원들이 일상적으로 자뜨 시크들로부터 카스트 차별을 받는 사례가 많다며, 구루 라비다스의 평등사회 건설 메시지를 통해 달리뜨의 인권 향상과 카스트차별 철폐를 촉구하는 것을 사원의 주요 목적의 하나로 삼고 있다고 주장한다.

190) 1994년에 몬트리올에 문을 연 '쉬리 구루 라비다스 템플'은 6-7년 동안 건물을 임차하여 운영되었지만 2001년에 현재의 건물을 건축하였다. 당시 집행위원회 임원진은 전체 1백 65만 캐나다 달러가 소요된 건축비용의 일부를 충당하기 위해 캐나다 밴쿠버, 토론토, 영국의 수십 개의 구루 라비다스 사원들을 방문하여 기부금을 받았다. 이런 사례를 보면 비록 캐나다 내 구루 라비다스 사원들 간의 공식적 네트워크 그리고 캐나다와 영국 간의 국제적 네트워크가 없지만 비공식적으로는 상호 연결을 유지하고 있는 셈이다.

Ravidass International Organization for Human Right in Canada)의 이름으로 준비된 이 행사에는 캐나다의 인권관련 의원, 일부 지역구 의원, 캐나다 구루 라비다스 사원 대표들, 영국 구루 라비다스 연합회 임원 등이 참석한 가운데 인도와 캐나다에서의 달리뜨의 인권 현황에 대한 의견 교환이 있었다.[191)]

편리해진 교통과 통신수단의 발달로 해외 구루 라비다스 조직들과 세계 도처에 흩어져 있는 라비다스 조직들 간의 초국가적 네트워크 연결이 가능하게 되었다. 특히 신세대 라비다시 달리뜨 디아스포라의 등장은 인터넷 웹을 기반으로 하는 라비다시 운동에 활기를 띠게 하였다. 예컨대 유럽과 북미의 '쉬리 구루 라비다스 사원'의 전체 홈페이지를 연결해주는 웹사이트 허브격인 'shrigururavidass.com' 또는 'gururavidaaaguruji.com'을 클릭하면 '세계 구루 라비다시 공동체'(the Guru Ravidassia Community Worldwide)를 통해 인도, 캐나다, 미국, 영국, 네덜란드, 오스트리아, 파리, 핀란드, 그리스, 스페인, 이태리 지부의 홈페이지와 연결이 가능하다. 이들 홈페이지의 공통된 내용은 구루 라비다스, 라비다스 사원의 종교 원칙들(구루, 성경, 상징물, 상호 인사방식, 성지 등), 최근 달리뜨 라비다시 관련 뉴스 등이 포함되어 있다.

이 밖에 뻔잡의 달리뜨를 포함한 인도 달리뜨 전반에 관한 내용을 다루는 웹 사이트는 헤아릴 수 없을 만큼 많이 운영되고 있다. 예컨대 달리뜨의 소식을 전해주는 '달리뜨 목소리'(dalitvoice.org), 암베드까르 가르침을 따르면서 인도 국내외 달리뜨 전반의 소식을 전해주는 암베드까르 타임스(ambedkartimes.com)[192)], '국제 달리뜨 연대 네

191) 매년 구루 라비다스 탄생일의 개별 사원별 행사에는 지역구 의원, 인권관련 담당자 등이 초청된다. 이들의 축하 메시지는 예외 없이 구루 라비다스의 평등사회구현에 관한 철학을 캐나다 사회에 실천하자는 내용이었다.

트워크'(idsn.org), '국제 달리뜨목소리'(voicedalitinternational.org), '달리뜨 해방네트워크'(dalitnetwork.org) 등은 인도와 남아시아에서 지배적 카스트들의 헤게모니에 도전하거나 이에 핍박을 받는 다양한 달리뜨 소식들을 전달해 주고 있다.

인터넷 통신수단 뿐 아니라 과거에 비해 빠르고 저렴해진 항공운송수단은 뻰잡의 구루 라비다스 조직, 특히 '데라 발란'의 '산뜨 니란잔 다스' 구루와 '산뜨 라마난드 지'와 같은 종교 지도자의 해외 방문 그리고 라비다스 달리뜨의 고향방문을 과거에 비해 수월하게 만들고 있다. 뻰잡 출신 이주민의 고향방문이 대규모로 정례화 되자 델리나 뭄바이 국제공항을 경유하지 않고 뻰잡의 암리짜르[193] 공항에서 캐나다의 밴쿠버 및 영국의 버밍엄을 직접 운항하는 항공편이 꾸준히 증편되어 왔다. 따라서 해외 구루 라비다스 사원들의 주요 행사, 예컨대 새로운 지역에 구루 라비다스 사원의 개원이나 사원 관련 주요 건물의 개막식 등의 행사에 참여하기 위해 '데라 발란'의 '산뜨 니란자 다스' 구루 등의 유럽과 북미를 순회 방문하는 일이 과거보다 훨씬 빈번해 졌다. 예컨대 2007년에 캐나다 순방길을 나선 구루를 비롯한 '데라 발란' 일행은 밴쿠버의 구루 라비다스 사원이 주최하는 '캐나다 이주 달리뜨 1세대들을 위한 행사'에 참여한 뒤(9월 13일), '온타리오 구루 라비다스 사바'가 '구루 라비다스 템플'로 이름을 변경하는 행사에 참여한(9월21일) 후, 캘거리, 에드먼턴, 몬트리올 사원을 순방하였다.

192) ambedkartimes.com 홈페이지의 주요 배너에는 암베드까르, 부처, 구루 라비다스, 아드 다르미 운동의 만구 람, '바후잔 사마즈 파티' 거장 깐쉬 람 등에 대한 소개와 이들의 달리뜨 운동과의 관련성이 언급되고 있다.

193) 델리 공항에서 출입국을 할 경우 도압 지역에서 델리까지 버스나 기차로 6시간 이상을 소요하고 다시 공항으로 향해야 한다. 이러한 번거로움을 없애기 위해 도압 지역에서 1-2시간 내에 도착 가능한 암리짜르 공항이 인기를 얻고 있다.

주빈으로 방문하여 의례를 집전한 '데라 발란' 종교지도자들은 귀국길에 캐나다 사원들로부터 상당 금액의 기부금[194]을 약조 받았을 것으로 짐작되었다.

2009년 5월의 오스트리아 비엔나 구루 라비다스 구르드와라에서 강경 시크들의 공격을 받았던 당시도 '데라 발란' 지도자들은 정례적인 유럽 순방길이었다. 이 사건으로 종교 지도자 '산뜨 라마난드 지'가 사망하는 중대한 피해를 입은 일로 뻰잡에서는 라비다시들의 집단적 소요사태가 있었다. 해외 라비다시 조직들은 규탄 성명을 발표하고 특히 영국의 구루 라비다스 사원 연합회는 런던 중심가에서 이 사건을 달리뜨에 대한 억압과 핍박의 사례를 보여주는 인권침해의 대표적인 사례로 시민들을 향해 고발하는 행사를 가졌다. 캐나다 구루 라비다스 사원들도 일제히 규탄 성명을 발표하고 사원의 대표자들이 오타와에 모여 인도 대사관과 오스트리아 대사관을 방문하여 철저한 사건 규명에 따라 범죄자의 처벌을 요구하는 서안을 전달하였다. 비엔나 사건의 대처에서 보여준 것처럼 구루 라비다스 사원은 비록 현재까지 전 세계를 연결하는 총괄 조직은 없지만, 사안에 따라 구루 라비다스 사원들 간의 비공식적 네트워크를 가동함으로써 그 결속감을 보여주고 있다. 특히 해외 구루 라비다스 조직들과 뻰잡의 '데라 발란'과의 온라인과 오프라인 형태의 네트워크 유지는 '데라 발란'과 같이 '준 종단'('準' 宗團)의 기능을 가진 종교 센터를 통한 뻰잡의 라비다시 달리뜨의 역량 강화에 크게 기여하고 있다.

---

194) 해외 방문을 통한 기부금 수령 외에도, 영국과 캐나다에는 '쉬리 108 산뜨 사르완 다스 자선단체'(Shri 108 Sant Sarwan Dass Charitable Trust)라는 '데라 발란'의 초대 구루 이름을 딴 '데라 발란'을 후원하는 공식적인 단체가 운영되고 있다. 이들은 우따르 쁘라데시 주에 있는 구루 라비다스 탄생기념사원의 정문 건축, '데라 발란'의 공동식당 '랑가르' 건축, 학교 및 병원 운영 기금 지원 등 지속적인 후원활동을 하고 있다.

●●● 5. 전지구화와 달리뜨 인권운동의 전망

2003년에 도압 지역의 잘란다르 군의 딸한(Talhan) 마을에서 자뜨 시크와 달리뜨 라비다시 간에 심한 갈등이 있었다. 마을을 위해 헌신하던 목수 '바바 니할 싱'(Baba Nihal Singh)이 사망하자 그를 추모하기 위해 마을 사람들이 만든 조그만 사당이 영험하다 소문나자 주위 사람의 방문이 시작되었다. 신자들의 봉헌 액수가 크게 늘어나자 상위 카스트인 자뜨 시크들이 주축이 되어 사당을 정식 시크 사원으로 개조하였다. 년 약 5천만 루삐(한화 약 1억 5천만 원)에 이르는 봉헌금은 자뜨 시크들로만 구성된 17명의 사원 집행부의 전적인 결정에 따라 사용되었다. 마을 전체 인구의 약 72%를 차지하고 있는 라비다시 달리뜨는 인구 구성을 근거로 위원회에 합당한 수의 달리뜨 포함을 요구하였다. 그러나 이에 대한 반응이 없자 지역 법원에 1999년 소송을 제기했으며, 자뜨가 2003년에 달리뜨를 달래기 위해 달리뜨 한 명을 위원에 포함시켰으나 달리뜨의 항의가 지속되자 마을 전체 토지를 소유하고 있는 자뜨 시크들은 달리뜨에 대한 '사회적 보이콧'(social boycott)을 선언하였다. 자뜨 시크들은 비 달리뜨 마을민들에게 달리뜨가 운영하는 마을 잡화점 이용, 달리뜨의 자뜨 농지에서 연료용 나무 수집행위, 달리뜨의 자뜨 농지에 대변보는 일[195] 일체를 금지한다고 선언하였다(Jodhka & Louis, 2003).

자뜨의 사회적 보이콧에 대항하기 위해 부따 만디와 잘란다르의 지역 달리뜨 운동가의 지도하에 '달리뜨 행동위원회'(Dalit Action

195) 뻰잡 농촌은 인도 다른 주의 농촌에 비해 국제이주의 영향 등으로 물질적 풍요를 누리는 편이다. 대다수의 자뜨 시크는 물론이고 일부 달리뜨도 개인 집에 화장실을 만들었지만, 경제적으로 어려운 일부 달리뜨는 여전히 자뜨 농지에 가서 대변을 본다. 이들에게는 농지가 자연 화장실인 셈이다.

Committee)가 조직되어 딸한 마을과 잘란다르에서 달리뜨들의 단식 투쟁이 시작되었다. 사회적 보이콧을 해제시키기 위한 국가의 각종 위원회의 중재로 갈등이 해결된 듯 했던 사태는 2003년 6월 딸한 마을에서 자뜨의 달리뜨에 대한 폭행 사태가 일어났다. 두 집단의 갈등은 인근 부따 만디 읍내까지 확산되었으며, 경찰의 무력 진압과정에서 달리뜨 한 명이 총에 맞아 사망하자 이 사건은 전국적인 사안으로 비화되었다(Ram, 2009).

17명의 위원회에 2명의 달리뜨만 포함되는 선에서 갈등이 일단 수면 아래로 가라 앉아 있지만, 이 사건은 뻔잡의 도압 지역 달리뜨, 특히 라비다시(아드 다르미)가 카스트 차별에 대해 과감하게 저항할 수 있다는 선례를 보였다. 사건의 여파가 딸한 인근 14개 마을의 달리뜨에 대한 자뜨의 사회적 보이콧으로 번졌지만, 지역 달리뜨의 결속으로 끝까지 자신들의 요구를 철회하지 않았다. 딸한과 인근 마을 달리뜨가 과감하게 저항할 수 있었던 것은 이들이 자뜨 시크로부터 사회・문화적, 경제적 자율성을 확보할 수 있었기 때문이었다.

딸한 마을의 달리뜨는 자뜨를 위한 전통적 서비스[196]를 40여 년 전부터 중단했다. 1950년대부터 서구와 걸프 지역으로 국제이주 한 달리뜨는 셀 수 없이 많아 오래 전부터 모든 달리뜨가 자뜨 농지에서 농업노동을 하지 않고 도시 임금노동자나 영세 상인이 되었다. 특히 마을 내에는 큰 규모의 구루 라비다스 사원이 있기 때문에 종교생활도 독자적으로 하였다. 터번을 두르고 수염을 기른 라비다시 달리뜨

---

196) 라비다시(아드 다르미)는 흔히 '짜마르'(Chamar)라 불렸는데 이 명칭은 죽은 가죽을 벗겨 가죽신발을 만드는 일을 전통 직업으로 여긴데서 유래하였다. 이 일은 죽은 가축을 만지기 때문에 심하게 부정 타는 일이라 여겨졌다. 오늘날 '짜마르'라고 부르는 것은 이들에 대한 심한 욕설에 해당하기 때문에 공식적으로는 사용되지 않지만, 상위 카스트끼리는 현재도 라비다시를 '짜마르'라 일상적으로 부른다.

는 외형상으로는 시크와 구분되지 않는다. 그러나 이러한 외형상의 유사성에도 불구하고 그들의 종교생활에서의 자율성과 독자성이 발견된다. 구루 라비다스 사진을 시크 성경인 '구루 그란티 사힙'과 나란히 배치하는 것을 이들은 더 이상 부자연스럽게 생각하지 않는다.

딸한 사례는 상위 카스트 지주와의 예속적인 농업 계급관계의 탈피, 부정 낙인을 가져오는 전통적 직업의 중단, 해외 달리뜨 디아스포라의 영향력, 정체성을 고양하는 종교적 이데올로기 등 다양한 변수들의 복합적인 작용이 달리뜨(불가촉천민)에 대한 차별과 억압을 극복하고 자기 존중과 존엄성에 대한 주장을 할 수 있게 한다는 점을 보여주고 있다. 특히 최근 들어 더욱 활발해진 달리뜨 디아스포라와 뻔잡의 달리뜨 집단 간의 '초국가적 종교 공동체'(transnational religious communities) 형성은 라비다시 운동의 경제적, 사회·문화적 역량을 강화하고 더 나아가 달리뜨 의식과 정체성 형성[197]에 기여하고 있다.

2010년 2월에 시크 성경인 '구루 그란티 사힙'이 아닌 구루 라비다스의 어록만을 모은 '아무리뜨 바니 구루 라비다스'만을 라비다시 집단의 영원한 구루와 성경으로 삼는다는 '데라 발란'의 선언은 국내외 뻔잡 라비다시 집단의 종교적 독자성의 극단적 표현이었다. 이에 뻔잡을 비롯한 해외 자뜨 시크들이 분노하고 있기 때문에, 향후 라비다시 집단의 종교적 자율성을 더욱 공고화 하는 과정에 달리뜨 라비다

197) 달리뜨에 대한 의식과 정체성은 젊은 세대일수록 더욱 강한 형태로 드러난다. 딸한 사건 이후 자신의 오토바이나 스쿠터 뒤에 'putt Chamaran de'(짜마르의 아들)이란 글귀를 부착하고 다니는 잘란다르 내 소수의 젊은 달리뜨가 발견되었다. 단다(Dhanda, 2009)는 영국의 라비다시 출신 청년들이 뻔잡 시크들의 대중적 노래인 '방글라'(bhangla) 가사에 나오는 '자뜨' 단어를 '짜마르'로 대체하여 부르거나, 자신의 승용차 뒤에 'Sons of Chamar'란 글귀를 부착하고 다니는 사례들을 소개하고 있다. '짜마르'란 단어가 가지고 있는 부정적 의미를 오히려 당당하게 드러냄으로써 달리뜨의 자신감과 저항감을 표출하고 있는 사례들이다.

시와 자뜨 시크 간의 다양한 형태의 갈등이 예상된다. 앞 장에서 언급된 달리뜨에 대한 보복 경향이 더욱 심화된다는 것은 인도 달리뜨의 힘이 점차 강해지고 있는 증좌로 간주될 수 있다는 빠니니(Panini, 2001)의 역설적인 주장이 뻔잡의 라비다시 집단에게도 현실이 될 가능성은 어느 정도 높아 보인다. 그러나 뻔잡의 라비다시 달리뜨가 이미 지역 지배 집단과의 관계에 있어서 어느 정도 '해체와 거리두기'에 성공을 거두고 있으며, 글로벌 차원의 초국가적인 종교 공동체의 힘이 국내외에서 구동되고 있다는 점을 고려한다면, 자뜨 시크와 달리뜨 간의 향후 갈등 양상의 전개는 지역에 근거한 종교적 성격의 달리뜨 운동의 지속성과 방향성을 가늠하게 할 것으로 사료된다.

제7장

인도 부족민 차별구조와 인권문제

1. 인도에서의 '부족'과 차별의 탄생

영국식민시대에 산악이나 산림지역에 고립되어 살면서 주로 수렵채집이나 이동식화전을 기본생계로 삼고 있는 사람들을 영국식민당국은 '원주민'(aboriginals) 또는 '초기 부족'(early tribes)으로 간주하였다. 또한 영국식민당국은 원주민들이 애니미즘(animism)을 종교형태로 삼고 있으며 이들이 거주하는 생태계적 특성을 토대로 '정글 부족'(jungle tribes)이라 부르기도 하였다. 이처럼 인도에서 부족의 범주와 지식은 영국식민시대의 산물인 셈이다(Hardiman, 1995). 사실 식민당국이 부족으로 명명한 집단은 주로 동북부 산악지대와 '인도 본토'[198]의 산악, 계곡, 평야에 거주하면서 대체로 인도 주류[199] 사회로

198) 인도 부족을 중국, 미얀마, 방글라데시, 부탄 등과 국경을 맞대고 있는 동북부 7개 주에 주로 거주하는 '동북부 부족'과 중부, 서부, 동부의 산지, 계곡, 평야에 살면서 드물게나마 힌두와 무슬림 인구와도 일상생활을 해온 부족으

부터 고립되어 있었다. 부족은 신체, 언어, 생계방식, 생태적 환경, 인구 규모 등의 다양한 변수에 따라 매우 이질적인 집단이지만, 행정적인 편의성이나 범주화를 목적으로 이들을 소위 힌두와 무슬림 문명의 사람들과 구분시키기 위한 식민지적 구성물이었다(Betille, 1995).

인도의 센서스 작업은 영국식민시대인 1870년부터 10년 단위로 실시되었으며, 적어도 1931년까지의 센서스의 범주화 기준은 종교였다. 따라서 1931년 센서스는 애니미즘을 종교형태로 삼고, '원시적'이고 고립된 생활을 하는 사람들을 부족으로 규정하였다. 부족민 규정에 '원시적'(primitive) 속성이 포함된 것은 당시 식민지 행정관과 일부 학자들의 유럽 중심적 사고의 반영 때문이며, 원시적, 야만적(savage), 낙후된(backward) 등의 어휘가 부족의 특성에 자주 등장한 것은 부족민을 발달 단계에서 가장 낮은 단계에 머물러 있는 낙후된 사람들이라는 진화론적 사고의 영향 때문이었다.

동북부 부족민과는 달리, '원주민'(first inhabitants)을 의미하는 '아디

로 구분시킬 수 있다. 이 글에서는 후자의 부족을 전자인 '동북부 부족'과 구분 짓기 위해 편의상 '본토 부족'이란 용어를 사용하고자 한다. 후자에 '본토'라는 용어를 사용함으로써 동북부 지역을 인도의 변경지대로 삼는 기존 영국식민당국과 인도 정부의 편견을 강화시킬 수 있는 위험이 있음을 필자는 인지한다.

199) 사실 인도 정치계와 학계에 '주류'(mainstream)라는 용어가 유행하게 된 것은 그간 고립되었던 다양한 부족민 외에도 다양한 종족집단들로 구성된 인도의 근대국가 건설과정과 밀접하게 연관된다. '부족'이 식민시대의 산물이라면 '주류'는 탈식민지시기에 생산된 용어로 이해될 수 있다. 인도 문화의 다양성이 한 가지로 용해되기 어렵기 때문에 다양성을 공통적 성격을 띤 일부 지배적 상징의 흐름에 느슨한 형태로 통합시킬 필요성 때문에 '주류'라는 용어가 인도사회에 등장하였다. 흔히 인도의 '주류'는 민주적인 근대적 행정체계와 공통의 가치체계와 신념체계로 이해된다. 부족 정책과 관련하여 인도 정부는 역사적으로 고립되어 있었던 부족을 인도사회로 통합시킨다는 의미로 주류라는 용어를 자주 사용한다. 그러나 흔히 인도 주류는 힌두사회와 문화로 이해되기도 한다(Channa, 2008).

바시'(Adivasi)라는 용어는 인도 중부, 동부, 서부 지역에 거주하는 소위 '인도 본토 부족'들에만 적용된다[200]. 이는 인도 아대륙으로의 아리아인 유입 이전부터 본토 부족들이 살고 있었다는 믿음에서 비롯된다. 이들 아디바시와 힌두 간의 융합의 산물이 현재의 인도 문명이라 주장하는 전문가들도 있다. 영국식민지 당국은 인도 동북부 지역으로 세력을 확장하는 과정에서 동북부의 다양한 부족들을 자발적 또는 강제적으로 인도에 병합시켰다. 지리, 인종, 문화면에서 인도 본토보다 동남아와 중국에 친근한 동북부 부족들에 대한 영국식민시대의 부족 정책의 기조는 고립과 배제였다. 독립 후 인도 정부의 동북부 부족에 대한 정책적 기조 역시 한동안 영국식민시대의 기조를 유지하였다. 그러나 인도 정부는 1960년대 초 중국과의 국지전에 패한 다음 동북부 지역의 지정학적 중요성을 고려하여 배제보다는 통합 기조를 채택하였다.

동북부 부족과 본토 아디바시 모두 인도 주류사회로부터 배제와 차별을 받아왔지만, 인도 정부의 경제개발계획에 토대한 각종 국가 주도 개발 사업들의 직접적 피해는 동북부보다는 본토의 아디바시들에게 돌아왔다. 인도정부의 배제 정책으로 인도 주류 사회와의 접촉이 제한적이었던 동북부 부족들은 개발과정에서 야기되는 생태계 파괴와 철거로 인한 상처로부터 상대적으로 자유로웠다. 힌두 세계와 근접한 아디바시는 힌두 카스트 위계질서 외부에 있는 존재였고, 힌두로부터 흔히 '낙후된 자' 또는 '미개인' 취급을 당했다. 힌두 사회에 편입되어 살아가는 아디바시부터 산악지대에 완전 고립되어 지내는

200) 이 글은 인도 전체 부족의 88%를 차지하는 중부, 서부, 동부의 부족을 다루고 있으며, 이들 부족들은 '아디바시'로 스스로를 부른다. 따라서 본 글에서 '아디바시'와 '부족'은 상호 교환 가능한 단어들로 전제하고 두 용어 모두가 사용될 것임을 밝힌다.

아디바시까지 주류사회와의 지리적 근접의 차이에 따라 이들의 생계와 문화는 다양한 스펙트럼을 보이고 있다. 그러나 약 65%의 본토 아디바시들이 거주하는 곳에 인도 전체의 산림과 광물자원 등 천연자원의 약 80% 이상이 밀집되어 있기 때문에, 아디바시는 인도 정부의 경제개발 과정에서 발생한 부정적 영향에서 자유로울 수 없었다. 산림권 박탈, 거주지 철거로 인한 재정착지구로의 강제 이주, 철거에 저항한 비폭력적 저항에 대한 인도 정부의 폭력적 진압 등 본토 아디바시들은 집단적 트라우마를 경험하고 있다. 특히 1990년대 초부터 인도가 본격적인 경제의 세계화 과정에 편승되면서 아디바시에게 닥치는 생존권 위기는 더욱 심화되고 있다.

이 장에서는 인도 정부의 부족 관련 기본 정책을 살펴보고, 외부침탈로부터 부족을 보호하고 발전을 꾀하기 위한 정책과 프로그램이 현실과 얼마나 간극이 있는가를 부족민의 인권 현주소들을 통해 살펴볼 것이다. 다음으로 인도 사회의 급진 세력인 낙살라이트(Naxalite) 모택동주의(Maoists) 게릴라와 이를 진압하는 정부군 사이에 '샌드위치 된'(sandwiched) 아디바시 인권유린 실태가 검토될 것이다. 그리고 해외 힌두집단의 재정적 지원으로 아디바시 지역에서 활동하고 있는 우익 힌두 민족주의 집단의 부족민에 대한 힌두화 및 기독교인 아디바시에 대한 테러를 다루는 인권침해 현황도 소개된다. 국가주도 대형 개발 사업들, 특히 경제개방화 후 초국적 기업들의 부족 지역의 광물개발로 인한 부족민의 인권침해 현황들이 검토될 것이다. 그리고 이들 사례들을 토대로 하여 인도 부족민의 인권의 미래에 대해 전망하면서 이 장을 마무리 할 것이다.

●●● 2. 인도 정부의 부족 정책의 실체

독립 후 인도 정부의 부족 정책의 기조는 주류 사회로의 통합에 있었다. 1950년에 인도 헌법이 채택되면서 '지정 부족'(Scheduled Tribes, 이하 ST)과 지정 지역(Scheduled Areas) 목록이 공표되었다. '지정 부족'이란 역사적으로 불이익을 받아온 부족 집단들에게 헌법에서 보장된 특혜와 보호를 제공하기 위한 일종의 행정 목적의 용어이다. 인도 헌법에 따르면 대통령은 특정한 부족 공동체와 그 공동체의 일부를 지정 부족으로 공표하여 이들에게 특별한 혜택을 제공할 수 있다. 부족민을 위한 헌법의 특별 조항들에는 부족의 법적 지위 인정, 의회의 비례적 대표인정, 교육 등의 목적을 위해 자신의 언어사용 권리 인정, 종교 선택과 신앙에 대한 권리 인정 등이 포함되었다. 또한 헌법 내에는 각급 선출 의원직, 연방과 주정부의 공직, 각종 교육기관의 입학에 있어서 부족민에게 일정한 정원을 우선 배정해주는 '할당 정책'(reservation policy)[201]도 포함되어 있다. '인도헌법의 지도원칙'(Directive Principles of the Constitution)은 부족을 포함한 사회적 취약 집단에 대한 교육과 경제적 이해를 증진시켜야 함을 요구하고 있다.

특히 인도 헌법은 '지정 부족'이 거주하고 있는 지역들을 '지정'하고 이 지역 내에서는 부족들에게 유리한 방향으로 행정이 이뤄지도록

201) 할당제는 '지정 카스트'(Scheduled Castes, SC)와 '지정 부족'처럼 사회적 취약 계층이 의원직과 공직의 입문과 교육기관 입학에 있어서 일정한 비율로 혜택을 받게 하는 '긍정적 차별'(affirmative discrimination)의 성격을 가진 제도이다. 할당제의 기본 정신은 전통적으로 사회, 경제, 정치적으로 차별을 받았던 약자 집단들에게 일정한 기회를 제공함으로써 이들이 인도사회 내에서 성장할 수 있는 발판을 제공하고자 하는 것이다. 지정 카스트와 지정 부족의 수혜 비율은 대략 22.5%이다. 대학 입학 등에 있어서 지정 부족에게 제공되는 비율은 7.5% 정도 할당된다.

명시한 '부칙 5'와 '부칙 6'[202]을 포함하고 있다. 부족민에 관한 헌법의 다양한 조항들을 고려할 때 정부의 부족민 정책의 근간은 그간 고립되어 상대적 불이익을 받았던 부족민을 차별로부터 보호하고, 이들의 발전을 위한 사회·경제적 지위 향상을 통해 인도 주류사회로 통합시키는 것이었다. 부족민에 대한 인도 정부의 공식 입장이 명시된 초기 문서는 없지만, 초대 수상 네루(Nehru)가 인류학자 엘윈(Elwin, 1959)의 저서 『북동부 변경지역을 위한 철학』(A Philosophy for NEFA)의 서문에 기술한 부족 관련 몇 가지 언급을 통해 당시 인도 정부의 부족 정책 기조를 짐작할 수 있다. 흔히 '5가지 원칙'(Panchsheel)[203]으로 알려진 부족 발전을 위한 네루 수상의 5가지 내용은 부족민을 주류 사회인 힌두 사회로 '동화'시키기보다는 부족민의 독자적 정체성을 유지시키면서 '다양성 속의 일치'를 목표로 하려는 네루 수상의 '통합' 기조를 보여주고 있다.

1951년 센서스의 '지정 부족' 목록에는 212개, 1961년 센서스에는 427개의 지정 부족이 포함되었지만, 당시에는 지정 부족 선정을 위한 명확한 기준이 마련되어 있지 않았다. 지정 부족 선정 기준 설정을 위해 1964년에 로꾸르(Lokur)를 위원장으로 하는 '지정 카스트와 지정 부족 목록 개정을 위한 자문위원회'(Advisory Committee on Revision of

202) 헌법 244조 1항의 '부칙 5'는 주로 인도 본토의 지정 부족에 관한 규정이며, 헌법 244조 2항과 275조 1항의 '부칙 6'은 인도 동북부 지정 부족을 다루고 있다. 이들 부칙들에 따라 '지정 지역'(scheduled areas)이 명시되어 있으며, 초기 부칙 내용은 이들 지정 부족들이 지정 영역 밖에서 활동하는 경우 수혜를 입지 못하도록 제한하고 있었다(Bakshi, 2006).

203) 1) 부족민 자신들의 특수성에 따른 발전이 허용되어야 하며, 이를 위해 어떤 것도 강요되어져서는 안 된다. 2) 토지와 산림에 대한 부족민의 권리는 존중되어야 한다. 3) 필요 이상의 많은 외부인의 부족지역으로의 유입을 막아야 한다. 4) 부족민 지역의 행정에 가급적 관여해서는 안 된다. 5) 결과는 지출된 재원의 액수로가 아닌 개입된 인적 특성의 질에 의해 판단되어야 한다.

Scheduled Castes and Scheduled Tribes Lists, 이하 '로꾸르 위원회')가 만들어졌다. 로꾸르 위원회는 '원시적' 속성들, 독자적인 문화, 지리적 고립성, 외부 세계와의 접촉 회피, 낙후성 등의 특성이 포함된 부족만이 '지정 부복' 목록에 오를 수 있음을 제안한 바 있다(Srivastava, 2008).

그러나 인도 정부의 포괄적인 부족 관련 최근 공식적 문건은 2004년 '민족민주연맹'(National Democratic Alliance, NDA) 정부와 2006년 7월에 출범한 '연합진보연맹'(United Progressive Alliance, UPA) 정부의 인도 지정 부족 정책을 담은 두 번에 걸친 '국가 부족 정책초안' (the Draft National Tribal Policy)일 것이다. 이 초안들은 지정 부족에 속하는 부족 집단이 주류 사회와의 여러 지표의 비교 검토로 볼 때 여전히 '박탈된' 상태에 있음을 인정하고 있다. 특히 2006년 초안은 로꾸르 위원회가 제시한 지정 부족 선정 기준 가운데 오늘날의 지정 부족에게는 적용될 수 없는 '원시적', '야만적' 기준을 문제 삼았다. 2006년 초안은 '원시적'이란 어휘 등을 삭제하고 '지정 부족 집단'을 "조밀한 영역에 거주하고 자연과 조화로운 삶의 방식을 따르고, 문화적 독자성, 독자적인 관습, 태생적으로 단순하고 직접적이며, 탐욕스럽지 않은 전통과 신념을 지닌 집단"으로 새롭게 규정하고 있다. 가장 최근 버전의 공식적 인도 정부의 정책 초안임에도 불구하고 부족집단의 새로운 정의 역시 부족을 상품화시키는 광고에서나 볼 수 있는 로맨틱한 내용을 통해 정의함으로써 여전히 주류 사회가 상상하거나 유지시키고자 하는 이미지로 부족을 정의하고 있다.

인도 정부는 부족민의 다양한 문제 해결을 위해 독립 이후 1985년까지는 내무부 산하에 '부족국'(Tribal Division)을 설치하였고, 1985~1998년까지 부족문제는 '복지부'(Ministry of Welfare)에서, 1998~1999

년까지 부족문제는 '사회정의와 역량강화부'(Ministry of Social Justice & Empowerment)에서 다뤄졌다. 마침내 1999년에 '부족부'(Ministry of Tribal)가 발족되어 지정 부족민의 정책과 발전 계획 등을 수립하는 독자적인 부처가 등장하였다. 이 부처는 부족 복지 계획, 정책 수립, 연구와 교육, 장학금 지급, 지정 부족 발전을 위한 자원봉사 등의 업무를 주로 다룬다.

독립 이래 인도 정부는 부족의 발전과 주류 사회의 차별로부터 부족을 보호하기 위한 다양한 정책을 입안하고 이를 위해 독립 부처까지 신설하였음에도 불구하고, 부족민들은 산림 등 자연자원에 대한 권리 박탈, 외부인의 유입으로 인한 피해, 국가주도 각종 개발 사업에 따른 강제 철거, 생계 근거의 박탈로 원거리 이주노동자로의 전락 등 생계를 위협하는 심각한 각종 위기들에 봉착되어 있다. 사실 인도 정부의 부족에 대한 각종 정책들에는 부족의 목소리는 반영되지 않고, 헤게모니를 쥐고 있는 주류 집단들의 수사적 기술만 가득하였다. 인도 정부의 이념적인 지향을 담은 정책들과 현실적인 정책 실행 사이에는 그간 엄청난 간극이 있었다. 국가의 경제적 발전과 '공공적 목적'을 내세운 국가 주도 대형 개발사업과 경제 개방 후 유입된 초국적 기업들의 부족민 거주지에 대한 각종 개발사업 등은 부족민의 생계를 위협하는 강제철거와 '문화적 말살'(cultural genocide)[204]을 가져오고 있다. 인도 부족민들은 이제 이런 일들이 중단되어야 함을 요구하고 있다.

---

204) '문화적 말살'의 개념은 다소 낯설지만 철거를 당하는 사람들의 삶의 질을 급격하게 추락시키는 가장 고통스런 양상들이다(Padel, 2008). 이러한 이유로 철거를 당하는 부족민이나 농부들은 토지를 포기하느니 차라리 죽겠다고 말하며 이들이 이러는 데는 자신들은 자신의 토지와 물리적인 공동체에 근간하고 있기 때문이다. 이들이 말하는 죽음은 굶주림 등 물리적인 죽음을 의미하기보다는 육신 내부의 영혼의 죽음을 의미한다고 이해되어야 한다.

●●● 3. 부족민의 열악함과 풍요로운 천연자원

인도 전체 인구의 약 8.2%에 해당하는 약 8천 5백 만 명의 부족민의 약 63.4%는 산악지역에, 30.4%는 농촌지역에 그리고 6.2%는 도시지역에 거주하고 있다(Census of India, 2001). 전체 부족은 동북부 7개 주에 약 1천 6백 만 명과 인도 중부, 동부, 서부의 아디바시 약 7천 만 명으로 구성된다. 동북부 7개 주인 아루나찰 쁘라데시(Arunachal Pradesh), 아쌈(Assam), 메갈라야(Meghalaya), 마니뿌르(Manipur), 나갈랜드(Nagaland), 뜨리뿌라(Tripura), 미조람(Mizoram)의 전체 인구 약 3천 8백 3십만의 27%에 해당하는 약 1천 3십 만 명이 부족 인구이다. 메갈라야, 미조람, 나갈랜드 주의 약 80% 이상 그리고 아루나찰 쁘라데시의 약 60% 이상이 부족이며, 다른 주들의 경우 35% 이하가 부족 인구이다. 이들 동북부 주들에는 약 200여개 이상의 부족 사회가 존재하며, 동북부 지역에 거주하는 부족민은 인도 전체 부족민의 약 12%에 불과하다. 동북부 부족들에 대한 인도 정부의 정책은 고립과 배제였기 때문에 이 지역 부족민은 주류사회, 특히 힌두문화뿐만 아니라 정부와 초국적 기업 주도 개발사업으로부터도 상대적으로 자유로웠다.

인도 본토 아디바시들은 구자라뜨(Gujarat), 라자스탄(Rajasthan), 마하라쉬뜨라, 마디야 쁘라데시(Madhya Pradesh), 차띠스가르(Chhattisgarh), 자르칸드(Jharkhand), 안드라 쁘라데시, 오릿사(Orissa), 비하르(Bihar), 서벵골 등에 걸쳐 분포되어 있다. 마디야 쁘라데시 한 곳에 인도 전체 부족민 인구의 약 23%가 거주하고 있으며, 라자스탄, 구자라뜨, 마라하쉬뜨라 주들이 위치한 인도 서부 지역에 전체 인도 부족 인구의 약 25%가 분포되어 있다. 지역별로 분포된 주요 부족에는 대규모 부족인 빌족(Bhil)과 곤드족(Gond)은 구자라뜨, 마디야 쁘라데시 라자스탄, 안드라 쁘라데시, 오릿사, 마하라쉬뜨라에 널리 분포되어 있다. 규모가 상당히 큰 산탈족(Santhal)은 비하르, 오릿사, 서벵골, 뜨리뿌라에, 오라온족(Oraon)은 비하르, 마디야 쁘라데시, 오릿사, 서벵골에 분포되어 있다. 미나족(Mina)은 라자스탄에 주로 살고 있으며, 문다족(Munda)은 비하르, 오릿사, 서벵골, 마디야 쁘라데시에 그리고 콘드족(Khond)은 주로 오릿사에 분포되어 있다. 빌족, 산탈족, 곤드족은 전체 부족 인구의 약 40%를 구성하고 있을 정도로 규모가 크다[205].

본토 아디바시들 내부에는 생계양식, 생태적 환경, 문화 등에서 내부적 이질성이 적지 않다. 그러나 이들은 공통적으로 '개발 지표'(indicators of development) 면에서 인도사회에서 가장 열악한 집단이다. 인구학자 마하라뜨나(Maharatna, 2005)가 본토 아디바시, 특별히 '지정 부족'(ST)의 '개발 지표' 규명을 위해 흔히 불가촉천민(untouchable)로 알려진 인도 사회의 또 다른 취약 집단인 '지정 카스트'(Scheduled Castes, SC)와의 비교 연구를 일련의 항목을 통해 수행하였다. 결과에 따르면 ST가 전반적으로 SC 보다도 열악한 개발 지표를 보이고 있다. 식자율에서 ST는 SC 30.1%보다 낮은 23.8%를 보이고, 대학입학 이전 학교 중도 탈락율의 경우 SC의 49.4%보다 높은 62.5%를 ST가 보이며, 빈곤선 아래에 살고 있는 SC가 31.5%인데 반해 ST는 49.5%로 높았다. 의사와 병원의 의료 혜택을 누릴 수 없는 SC가 15.6%인데 반해 ST는 28.9%로 높았다. 아동들의 면역접종 수혜율은 SC가 57.6%인데 반해

205) 인도 정부의 공식적인 부족민 정책 초안에 '원시적 부족 집단'(primitive tribal groups, PTGs)으로 분류되는 75개의 부족민, 예컨대 자르칸드의 비르호르족(Birhor), 아수르족(Asur), 힐 카리아족(Hill Kharia), 꼬르와족(Korwa) 등은 지리적으로 더욱 고립되고 음식과 건강 등의 지표에서 최악의 상태에 있는 부족민들이다. 이들은 '기아 사망'으로 간간히 인도 언론보도에 오르내린다.

ST는 42.2%로 낮았다. 음용수 접근성도 SC는 63.6%인데 반해 ST는 43.2%로 보다 더 열악한 상태에 처해 있었다.

힌두 사회의 최하층에 속하는 SC보다 ST의 개발 지표가 낮다는 점은 부족민의 생활수준 향상을 위한 그간의 정부의 발전 프로그램의 실효성을 의심하지 않을 수 없다. 인도 부족민에게 개발 면에서 최악이라는 것보다 더 우려가 되는 것은 인도 정부에 의해 주도되거나 묵인되어 온 국가주도 개발사업과 초국적 기업들 진출로 인한 생활 근거지로부터의 강제 철거들이다. 아디바시들이 분포되어 있는 지역들은 일반적으로 산림이 우거지고, 산림 사이로 강물이 흐르며, 특히 광물자원이 풍요로운 곳들이다. 사실 풍부한 천연자원을 근간으로 하여 부족민들의 생계경제는 유지될 수 있었다. 그러나 인도 전체의 산림과 광산 자원의 약 80% 이상이 지정 부족이 거주하는 '지정 지역'에 있다는 '안타까운' 사실 때문에 아디바시들은 오랫동안 외부인의 개발 위협에 직면할 수밖에 없었다.

영국식민 시기부터 시작된 부족민의 산림과 토지에 대한 외부 세력의 침투는 독립 이후에 더욱 본격화되었다. 인도 정부는 국립공원과 야생보호구역의 조성과 국가 경제발전이란 '공익적 목적'을 내세우며 인도 정부는 천연자원이 밀집되어 있는 부족들의 생활세계로 각종 개발 사업을 발주하였다. 특히 상업적 산림개발, 대규모 댐건설, 광산개발 등은 부족민들을 삶의 터전에서 추방시키고 있다. 독립 이후 삶의 터전에서 철거된 부족민의 수는 약 2천 만 명에 이르며, 이는 각종 국가 주도 개발 사업으로 인해 철거된 전체 인도인의 약 40%에 해당된다고 추정된다. 인도 전체 인구의 약 8%가 부족민인 점을 감안한다면 개발사업 피해자 전체의 40%가 부족민이며, 이는 일반 인도인 피해자보다 약 5배 이상 더 큰 피해를 입었던 것으로 추정된다

(Fernandes, 2006).

1991년 인도의 신경제 정책의 도입으로 본격 시작된 인도사회의 전지구화 과정은 부족민을 포함한 인도사회 취약 계층에게는 더욱 불리하게 작용하고 있다. '지정 지역' 내에서의 외부인의 개발사업 등으로부터 부족민을 보호해야 할 헌법 규정은 국가에 의해 무시되거나 수정되어지고 있으며, 중앙과 주정부는 초국적 기업의 개발 사업을 지원해주고 있는 형국이다. 전지구화 과정에 따른 인도의 경제발전 패러다임 내에 '지정 부족'과 같은 사회적 취약 계층의 권리와 요구는 반영되지 않고 있다. 이는 전지구화 과정에서 중심 역할을 시장(market)이 주도하고 있으며, 사회의 취약 계층의 보호 보다는 자원의 상업화와 이에 따른 이익 추구가 더욱 중요한 가치가 되었기 때문이다. 특히 가난의 깊은 늪과 높은 문맹률에 처한 부족 집단들은 전지구화 세력의 침탈로 인한 생존권의 위협 앞에서 자신의 목소리를 낼 수 있을 만큼 아직 집합적 정치력도 확보하지 못하였다. 대규모 광물자원이 풍요로운 지역에 거주하는 부족일수록 대규모 개발 사업 프로젝트의 가장 손쉬운 희생양이 되고 있다.

●●● 4. 인도 부족의 인권 현주소

1) 급진 '마오이스트' 세력과 정부군 간에 '샌드위치 된' 부족민 인권

1960년대 후반의 낙살라이트(Naxalites) 운동[206]원의 주요 거점은

---

206) 1967년 당시 서부 벵골 주 낙살바리(Naxalbari) 마을에서 농민들이 마을 지주의 창고를 공격하여 곡물을 빼앗은 농민 폭동 이후 모택동주의(Maoism)를 신봉하는 개인과 단체들이 일종의 계급투쟁을 전개하고 있다.

안드라 뻐라데시 부족 지역이었으며, 1970년대 무렵 이들의 영향력은 카스트에 찌든 비하르 중부와 남부 부족지역까지 확대되었다. 최근 낙살라이트 마오주의자들(Maoists)의 반란은 마하라쉬뜨라와 오릿사, 자르칸드, 차띠스가르에 걸친 부족 지역들로 널리 확산되었다. 낙살라이트 반군은 인도 16개 주까지 활동을 넓혀 네팔과 경계를 이루는 지역부터 남부 해안까지 소위 '붉은 회랑'(red corridors)을 형성하고 있다.

지난 40여 년 동안 본토 아디바시들은 인도 정부의 부족 정책과 프로그램에 집단적으로 불만을 품고 있다. 아디바시가 주로 거주하는 지역은 산악지역 등 열악한 환경이다. 따라서 아디바시 거주 지역으로 배치된 아디바시 출신이 아닌 인도 행정직원과 의사는 아디바시 지역을 벗어나는 일에 몰두하느라 정작 아디바시 주민을 맞이하는 데는 관심이 없었다. 이런 틈을 이용해 낙살라이트 운동가들은 부족민들의 어려움을 해결해 주면서 자신들의 세를 확장시켜 나갔다. 이 운동 초기만 하여도 낙살라이트는 경찰, 산림단속원, 대부업자 등 아디바시를 고질적으로 착취하고 탄압한 세력으로부터 아디바시를 보호하였다. 물론 낙살라이트의 최종 목적은 부족민의 사회·경제적 여건 개선이 아닌 인도 정권을 붕괴시키는데 있었다. 낙살바리 운동 내에도 안드라 뻐라데시를 중심으로 활동하는 '민중의 전쟁집단'(Peoples War Group, PWG)과 비하르를 중심 무대로 삼고 있는 '인도 모택동주의 공산센터'(Maoist Communist Centre, India, MCCI)가 나눠 있었으나, 2004년에 두 집단이 결합하면서 '마오이스트 인도 공산당'(Communist Party of India, Maoist, CPI〈M〉)이 창당되었다.

MCCI 대원들은 자르칸드 남부 지역과 서벵골 동부 지역으로 세를 확장시켰으며, PWG 대원들은 오릿사와 차띠스가르 지역으로 세를 확장하였다. 특히 인구 80% 이상이 아디바시인 차띠스가르의 단떼와다(Dantewada) 군 대부분 지역은 낙살라이트 세력 하에 들어갔다. 차띠스가르 주의 남부에 위치한 단떼와다는 차띠스가르에서 안드라 쁘라데시와 마하라쉬뜨라 까지 전개되는 산림권역의 일부였다. 마오주의자들은 단떼와다에서 주민들의 수자원과 산림자원 및 토지에 대한 권리를 보호한다고 주장한다. 이들은 주로 경찰과 주 정부 직원들을 공격하여 이 지역을 해방구로 만들고자 한다. 인도 내 낙살라이트 수는 대략 1-2만 명의 전문 게릴라로서 이들은 AK 소총으로 무장하고 있으며, 3-4만 명의 보급을 담당하는 대원들이 활동하는 것으로 추정된다(Guha, 2007).

한편 2005년에 '평화로운 캠페인'을 뜻하는 '살와 주둠'(Salwa Judum)이라는 민병대가 낙살라이트 반군으로부터 주민들 스스로를 지키겠다는 명분으로 차띠스가르 주정부에 의해 창설되었다. 그러나 오히려 살와 주둠은 차띠스가르 남부 지역을 공포의 도가니로 몰아넣었다. 살와 주둠은 아디바시 마을에 방화하고 여성들을 겁탈하는 등 정부의 지원 하에서 폭력을 일삼아 왔다.

다른 한편으로 낙살라이트는 정부의 편에 서있는 아디바시를 공격하고 살해하고 있기 때문에 단떼와다 군에 속한 아디바시 마을들은 살와 주둠과 낙살라이트 노선에 따라 분화되어 상호 적대하는 사이가 되었다. 이처럼 이 지역 아디바시는 낙살라이트와 살와 주둠 사이에서 샌드위치 되어 양측으로부터 위협받는 운명에 처하였다. 단떼와다의 약 1천 1백여 개의 마을에 거주하는 약 70여 만 명의 주민들 가운데 양측의 위협을 피해 이 지역을 벗어난 약 5만 명의 난민이 발생하였다. 주정부 군은 낙살라이트 반군이 숨을 수 없도록 아디바시 마을을 소개시켜 주민을 강제 이주시켰다. 낙살라이트와 정부군 간의 전투로 수만의 아디바시가 난민으로 전락하였으며, 이 와중에 아디바시에 대한 인권 유린 행위는 지속되고 있다.

차띠스가르 주정부가 낙살라이트 퇴치를 위해 운영하고 있는 '특별경찰병력'(Special Police Officers, SPO)은 아디바시에서 고용된 어린 청소년들이 대다수를 차지한다. 이들 청소년들은 과거 낙살라이트나 살와 주둠에서 군사 활동하였던 청소년들로서 월 1,500 루삐 급여를 주정부로부터 받으며 소총으로 무장한 채 훈련을 받는다. 2009년 인도 대법원은 어린 청소년들의 군사무장을 불법으로 규정한 바 있다. 2008년 당시 약 5만 명의 부족들이 거주하는 차띠스가르의 비자뿌르(Bijapur) 군과 단떼와다 군에는 23개의 살와 주둠 캠프가 있었다.

NGO '시민자유를 위한 민중연합'(People's Union for Civil Liberties)은 살와 주둠이 차띠스가르 주정부의 지원 하에 아디바시의 인권을 유린하고 있으며, 여기서 발생한 난민들은 정상적인 보건시설도 일터도 없는 열악한 상황에 놓여 있다고 발표한 바 있다(PUDR, 2006; ICI, 2006). 주정부와 낙살라이트 간의 내전으로 인하여 2006년 단 한해 동안 단떼와다 지역에서만 500-1,000명의 희생자가 발생하였다.

2) 힌두 우익 집단에 의한 부족민의 인권 유린[207)]

인도의 힌두 우익 집단인 쌍 빠리와르(Sangh Parivar)[208)]는 힌두가

207) 힌두 우익집단은 부족민을 폭력적 사건에 동원시키고 있다. 다음 장에서 이것은 자세하게 다뤄지고 있다.

208) 힌두민족주의를 내세우며 '힌두성' 또는 '힌두주의'를 의미하는 '힌두뜨와'(Hindutva) 이념을 선전하고, 다수집단인 힌두들에 물리적 힘을 결집시키기 위한 힌두 우익 조직들, 예컨대 '국가자원봉사단'(Rashtriya Swayamsevak Sangh, RSS), '세계힌두회의'(Vishva Hindu Parishad, VHP) 등을 중심으로 각종 우익 조직들이 인도사회의 힌두화를 지향하는 '한 가족 내로 포괄시킬 수 있다'는 의미로 쌍 빠리와르로 지칭된다.

인도의 원주민, 즉 '아디바시'라 주장한다. 이들은 힌두교가 인도 아대륙의 최초의 종교라고 주장하고, 다른 모든 종교는 외래적인 것으로 간주한다. 힌두들이 절대적 토착성을 지녔다고 주장함으로써 쌍 빠리와르는 아대륙 내의 무슬림의 역사를 인정하지 않는다. 또한 자신들의 조상이라고 내세웠던 아리얀(Aryans)들이 외부에서 기원했다는 역사적 사실 또한 부인한다. 이들은 힌두만이 완전한 인도인이자 원주민이며, 진정한 원주민 '아디바시'는 힌두이기 때문에 현재 아디바시라 불리는 부족들은 단지 '산림에 거주하는 자'를 의미하는 '반바시'(Vanvasi)로 교정되어야 한다고 주장한다.[209] 실제 힌두 카스트 세계, 특히 힌두 지배적인 소도시와 지리적으로 근접한 지역들, 예컨대 나르마다 계곡의 아디바시들은 이미 오래 전부터 힌두와의 타협이 시작되어 지배적인 힌두 문화와의 관계를 맺어 왔기 때문이 이 일대에서 아디바시의 힌두화 과정은 널리 알려진 사실이다(Baviskar, 1995). 힌두화 된 아디바시는 자신들의 전통적 종교관습을 포기하고 힌두 종파를 수용하였다.[210]

1990년대부터 쌍 빠리와르 관련 조직들, 예컨대 '세와 바라띠'(Sewa

209) 영국 식민시대의 1931년 센서스까지 아디바시는 애니미즘을 신봉하는 자로 범주화 되어 카스트 힌두들과 구분되었다. 그러나 민족주의 인류학자들은 아디바시를 '낙후된 힌두들'로 주장한 바 있다(Ghurye, 1959). 이들은 부족과 카스트를 구분하여 아디바시를 토착 집단으로 주장하는 것은 영국 식민정부의 '분리 통치'(divide and rule)의 식민지적 잔재라고 주장한다. 쌍 빠리와르 입장에서 아디바시의 종교적 정체성을 힌두라고 주장하는 것은 아디바시를 무슬림과 기독교로 개종시키려는 외래적 종교집단과 대립각을 세우기 위한 문화정치의 한 전략으로 이해된다.

210) 나르마다 계곡의 아디바시들이 1940년대에 힌두의 개혁적 단체인 '아리야 사마즈'(Arya Samaj)의 도움을 받아 힌두로 개종한 것은 당시 토후국 왕이 아디바시에게 무임노동을 강요하자 힌두로 개종함으로써 무임 노동을 회피할 수 있었기 때문이었다고 한다. 이들 아디바시는 음주와 육식을 포기하였다.

Bharati), '반바시 깔리얀 만츠'(Vanvasi Kalyan Manch), '부족사회후원회' 등은 구자라뜨 주정부의 학교와 보건소 등이 없거나 시설이 낙후한 부족 지역에서 자선활동을 하였다. 이들은 이를 통해 아디바시를 힌두로 흡수하거나 이미 기독교로 개종한 아디바시를 재개종하는 일을 하여 왔다[211]. 이들 조직들은 힌두교 강론과 찬양 모임의 조직, 힌두 종교 행사 일정이 인쇄된 달력 배포, 구자라뜨 인근의 힌두 성지 참배 등을 지원하고 있다. 또한 이들은 명망 있는 힌두 종교지도자의 방문과 특별 강론을 주선하여 부족 집단 내에 힌두성을 강화함으로써 기독교와 무슬림 선교사들로부터 아디바시를 종교적으로 보호한다고 자부한다.

사실 힌두뜨와 세력이 아디바시 지역으로 침투한 중요 목적의 하나는 힌두 보수정당을 지지하는 정치력 강화를 통해 선거에서 승리하려는 것이다. 예컨대 마디아 쁘라데시 부족 지역에서 활동하는 힌두뜨와 세력은 아디바시들이 세속주의를 내세운 인도국민회의(Indian National Congress)의 전통적 지지기반이었다. 힌두 우익집단의 부족 집단에 대한 힌두화 작업은 2004년 주정부 선거에서 힌두 보수정당인 인도국민당(BJP)의 승리에 일조하였다.

힌두뜨와 세력은 아디바시 지역에서의 세력 확장을 위해 기독교로 이미 개종한 아디바시들을 폭행하고 교회에 방화하는 등 물리적 폭력을 자행하여왔다. 1997~1999년 사이에 기독교인 아디바시 수십 명과 목사가 힌두 극우세력으로부터 폭행당했으며, 수개의 아디바시 교

211) 부족을 힌두로 개종시키는 일에 필요한 재원은 해외, 특히 미국에 거주하는 힌두들의 자선활동을 위한 재원이 인도 내 힌두 우익조직을 통해 충당되는 것으로 알려졌다. 특히 미국에서 활발하게 운영되는 '인도개발구제기금'(India Development and Relief Fund)은 힌두 우익활동 기금의 주요 재원을 지원하고 있는 것으로 알려져 있다.

회가 방화되었다. 기독교로 개종한 아디바시들은 '정화의례'를 통해 힌두교로 강제 재개종 되었다. 또한 2004년 1월 마디야 쁘라데시 자부아(Jhabua) 군에서 일어나 기독교 학교, 교회, 아디바시 신자 가옥들이 힌두 우익집단에 의해 방화되었다(Indian Express, 2004, 1월 25일). 기독교인 아디바시에 대한 공격은 지난 십 여 년 동안 인도 서부 지역의 아디바시 지역에서 상습적으로 일어나고 있다[212].

2002년 구자라뜨 주에서 발생한 무슬림을 집단적으로 살해한 힌두 폭동[213]에 아디바시들이 개입되었다고 알려졌다. 힌두뜨와 운동원들은 이 지역의 보라(Bohra) 무슬림 상인들이 아디바시를 착취한 지난날의 역사를 악용하여 아디바시들이 무슬림을 물리적으로 공격하도록 부추겼다. 이들은 무슬림 상가를 공격하여 약탈해도 무방하다고 아디바시를 선동하였다. 몇 년 동안 가뭄으로 더욱 경제적 형편이 좋지 않았던 이 지역 빌(Bhil) 부족들은 쉽게 선동되었다. 이처럼 힌두 우익 주정부의 일부 정치인은 힌두뜨와 세력과 함께 아디바시에게 무슬림에 대한 약탈과 방화에 참여할 수 있는 빌미를 제공하였다(Lobo, 2002). 부족 인권운동가인 데위(Devy, 2002)는 사회적으로 열악

212) 기독교로 개종한 아디바시가 구타를 당하는 것 외에도 힌두로 개종하지 않은 아디바시는 '야만적', '낙후된' 집단이라는 사회적 낙인이 찍히기 일쑤였다. 인도 서부 지역의 가난한 아디바시는 힌두가 타고 있는 버스에 승차하여 앞 자석에 앉는 것이 허용되지 않았다. 또한 아디바시 여성은 난잡한 성생활을 하는 것으로 잘못 알려져 지배 집단의 남성들의 성희롱 대상이 되었다. 이처럼 서부 인도에서 아디바시라는 것은 사회적 위계질서 상 가장 낮게 인식되었다(Baviskar, 2005).

213) 2002년 2월 인도 북부 우따르 쁘라데쉬(Uttar Pradesh) 주의 아요디야(Ayodhya)에 람(Ram) 사원을 짓기 위한 행사를 다녀온 VHP 소속 힌두 근본주의자들을 태운 기차가 구자라뜨 주 고드라(Godhra) 역에 도착할 때 화재가 나 열차 한 칸에 타고 있던 58명의 힌두가 사망한 사건이 있었다. 이 사건의 주모자들이 무슬림이라 소문나면서 힌두 근본주의자들이 구자라뜨 주의 일부 대도시의 무슬림들을 조직적으로 살해한 사건이 있었다.

한 지위에 있는 부족민들에게 술만 나눠주고 폭력을 자극하면 이들이 폭발할 만큼 경제적으로 착취당하고 가난하기 때문에, 이런 부족민의 구조적인 원인을 무슬림을 폭력의 희생양으로 삼도록 힌두 우익집단이 이용하였다고 주장하였다[214].

3) 초국적 기업의 부족 지역 광물 개발과 인권침해

인도 천연자원의 약 80% 이상은 아디바시가 분포된 지역에 매장되어 있다. 이 때문에 막대한 자본을 앞세워 인도 광물 채굴과 제련공장 건설을 위해 부족 지역으로 진출하고자 하는 초국적 기업들은 인도 정부를 상대로 로비하여 왔다. 특히 철광석, 보크사이트, 석탄, 망간 등의 매장량이 막대한 오릿사 주의 부족 지역으로 해외 직접투자 유치를 통해 국가 경제성장과 고용창출이라는 명분으로 인도 정부를 통해 외국 투자 기업들이 속속히 몰려들고 있다. 부족민의 권리를 침해하지 않고 개발을 진행할 것이며, 개발의 혜택이 주민 고용과 학교 및 인프라 구축 등으로 돌아갈 것임을 외국계 기업들이 내세우지만 오릿사 주의 경우 철거에 반대하는 부족민들의 투쟁이 고조되어 있다.

오릿사주에서 타타(Tata) 그룹은 까링그나가르(Kalingnagar)와 고빨뿌르(Gopalpur)에 제철소 건설, 나라즈(Naraj)에 화력발전소 건설, 다므라(Dhamra)에 항구 건설, 북 오릿사에 철광산 개발을 시도하고 있다. 또한 한국의 포항제철(POSCO)은 자가뜨씽뿌르(Jagatsinpur)에 제

---

214) 사실 아디바시에게 중요한 것은 '물'(jal), '산림'(jungle), '토지'(jamin)에 관련된 것이기 때문에 그들에게 종교는 결정적인 것이 아니었다. 힌두 위계상 중상층에 속하는 쌍 빠리와르 조직의 핵심 세력은 인도 주류사회가 부족민에게 가하는 사회구조적 핍박의 주요 원인과 이에 대한 저항의 대상을 무슬림과 기독교인으로 왜곡시킨 결과가 아디바시들의 무슬림에 대한 공격으로 나타났다(Lobo, 2002).

철소 및 항구 건설 그리고 북 오릿사에 철광산 개발 등을 계획하고 있다. 그러나 이러한 사업의 대부분은 현지인 아디바시의 철거를 수반하고 있다. 최근 진달(Jindal) 그룹 등에 의한 우뜨깔(Utkal)의 알루미늄 정련소와 제철소 건설 사업에 수반되었던 아디바시 철거 과정에서 부족민의 큰 저항이 있었다.

투자 외국 기업과 개발을 지지하는 연방과 주정부의 입장에서는 사업에 저항하는 부족민들이 엄청난 구모의 해외자본을 중단시키고 있는 무모한 짓을 하고 있다고 생각한다. 그러나 아디바시 입장에서 이들 사업들은 자신들을 철거시킴으로써 기본적 권리와 정의가 침해당하는 것이다. 철거는 흔히 개발 프로젝트의 미미한 주변적 양상으로 인식되는 경향이 있었다. 이 때문에 철거와 재활(Replacement & Rehabilitation)을 담당하는 직원들이 철거를 겪는 부족민이 경험하는 극도의 정신적 트라우마를 제대로 이해하지 못한다(Mathur, 2006: 48). 이들은 철거되는 부족민의 삶이 해체되는 아픔을 제대로 이해하고 있지 못하고 철거에 저항하는 자체만을 문제시 하고 있다.

그림 23. 베단따 그룹의 광산 개발에 반대하는 인도 아디바시의 시위

인도 정부는 초국적 기업의 광물자원 채굴과 공장 건설을 지원하기 위해 부족민을 보호하고자 제정된 법규조차 수정을 시도하고 있다. 예컨대 보크사이트를 채굴하고자 하는 외국 기업에 대해

현지 부족들이 '지정 지역'에 있는 사적 산업에 대해 광산이전 계약은 무효라고 법원에 제소하여 승소하면, 인도 정치계와 산업계는 헌법과 법원의 판결을 무시하고 대법원에 상고한다. 상고가 기각되면 연방정부의 광산부(Ministry of Mines)가 나서서 국가 경제발전을 내세워 헌법 수정 관련 위원회의 구성원을 로비한다. 전지구화의 힘에 밀려 인도 정부는 헌법의 부칙으로 보장하고자 했던 사회적 약자계층에 대한 보호조차 무시하고 헌법 부칙을 수정하여 '지정 영역'의 광산지역을 외국회사에 리스하기 위해 노력한다.

●●● 5. 인도 부족민의 인권 전망

인도 정부에 의해 주도된 다양한 부족 발전 프로그램이 실효를 거두지 못함으로써 인도 부족은 21세기에도 인도 사회의 주변부나 최하위 계층을 구성하게 될 전망이다. 신자유주의 경제체제와 세계화가 심화될수록 부족민의 생계경제는 위협받을 것이며, 이들의 문화적 전통의 말살 또한 불가피할 것이다. 지속적인 경제성장을 위해 인도 정부의 대형 개발 프로젝트 발주와 초국적 기업의 유치는 가속화될 것으로 전망되기 때문에 부족민의 운명은 풍전등화에 처해 있다. 앞서 살펴본 부족민 현황과 이들이 겪고 있는 인권침해 사례들을 통해 몇 가지 인도 부족민의 인권 전망을 해보자.

첫 째, 기존의 인도 부족에 대한 인권침해가 부족의 보호와 발전을 위한 법적 장치 또는 프로그램의 부재로 일어난 것은 아니다. 문제는 기존의 법과 프로그램을 충실히 실행하지 않았던 인도 정부의 태도에 있기 때문에 가까운 미래에 인도 정부의 태도 변화를 기대하는 것은 현실성이 없다.

둘 째, '지정 지역'(Scheduled Areas) 내에서 행해지는 국가와 초국적 기업 주도 각종 개발 사업은 부족민 철거를 불가피하게 수반하였다. 피해 당사자인 부족민에게 진정한 형태의 상담, 철거 관련 정보의 정확한 전달, 가능한 법적 구제와 적절한 보상 등에 관한 절차적 과정이 제시되어야 했다. 그러나 기존 인도 연방과 주정부가 해온 행태로 미루어 짐작할 때 이를 기대하기는 어렵다. 특히 '재정착과 재활'에 관한 마스터플랜조차 없으며, 주마다 그 내용에 편차가 크기 때문에 일관된 절차를 기대하기 어렵다.

셋 째, 각종 개발로 발생되는 이익이 부족민에게 정당하게 분배되어야 했다. 그러나 기존 개발방식은 계약 당사자와 연방 또는 주정부 정치인들 간의 밀실 담합이었기 때문에 정경유착 부패가 심했다. 부족민 스스로가 부족 지역에서 행정적 자치권을 행사할 수 있는 법적 장치가 있기 때문에, 광산물 개발의 이익 분배를 맡을 수 있는 자체 위원회를 구성할 수 있었지만 이를 수행할 인적 풀이 없었다. 교육과 공직 채용에 있어서 '할당제'(reservation)를 통해 사회 지도층에 편입된 소수의 부족 출신 엘리트가 있지만 이들 대부분은 주류 사회의 관행에 안주하고 있다.

넷 째, 각종 개발사업 등 경제 개방화와 세계화의 최대 수혜자들은 중상층 힌두 엘리트와 해외 '힌두 디아스포라'(Hindu Diasporas)이다. 인도사회에 전지구화 과정이 심화되면서 사회 일각에서의 힌두 우경화 경향이 감지되고 있다. 2002년 구자라뜨 주 '반 무슬림 폭동'에 적지 않은 부족민이 폭력에 동원된 사실이 보여주듯이, 가난과 사회적 차별 등 사회·경제적인 구조적 문제에 직면한 부족민들은 힌두 우익세력의 희생양이 될 가능성이 높다.

다섯 째, 부족 지역에서 진행되는 각종 개발사업으로 인해 부족민들의 불만이 고조될수록 낙살라이트(Naxalites)와 같은 급진적 사회세력의 부족 지역에서 영향력은 증대되어간다. 급진 게릴라와 정부군 간의 물리적 충돌이 지속되면서 양측으로부터 '샌드위치 된' 부족민의 생존권 유린은 더욱 심화될 전망이다.

제8장

부족민의 우익 힌두 민족주의와의 만남

2006년 구자라뜨 주 당 군(Dang district)의 '샤바리 꿈브 멜라'(Shabari Kumbh Mela[215]))에 외지에서 온 힌두와 당 지역의 '아디바시'(adivasi) 약 8십 만 명이 집결하였다. 이것은 우익 힌두 민족주의 집단이 기독교도를 위협하여 힌두 세력 결집을 위해 만든 '날조된 전통'이었다. 2007년~2008년 사이에 오릿사 주 깐다말 군(Kandhamal district)에서는 힌두화 된 아디바시들과 우익 힌두 민족주의 집단에 의해 80여명

215) 꿈브 멜라는 Prayag, Huridusar, Ujjain, Nashil 네 곳의 장소를 매 12년마다 순회하면서 열리는 대규모 힌두 종교집회를 말한다. 따라서 2006년 당 군의 샤바리 꿈브 멜라는 새롭게 만들어 낸 일종의 '전통의 날조'에 해당한다. 당 군에는 힌두교의 람(Ram) 신과 그의 동생 락쉬만(Lakshman)이 당 군의 숲에서 배회 중에 빌족(Bhils) 아디바시 출신인 샤브리(Shabri)를 만났다는 전설이 있다. 그러나 인도의 산림지역에는 람 신과 관련된 라마야나의 변형된 형태의 이야기가 전설이란 이름으로 곳곳에서 발견된다. 사실 2006년 우익 힌두집단이 만들어낸 이 샤바리 꿈브 멜라가 개최되기 이전에 당 지역에서 람 신과 샤브리에 관한 어떠한 형태의 의례도 행해진 바 없었다.

의 기독교도가 사망하고 수많은 기독교도 가옥과 교회가 파손되었다. 이들 사건은 최근 구자라뜨와 오릿사에서 아디바시가 동원된 '힌두-기독교도' 그리고 '힌두-무슬림' 대립 구도에 의한 종교공동체적 갈등을 압축적으로 보여준 바 있다.

사실 인도에서는 국가나 특정 종파의 주도(묵인) 하에 소수 종교집단을 의도적으로 약탈, 방화, 살해하는 '종교공동체적 폭력'(communal violence)이 반복적으로 일어났다. 이들 사건들은 일반적으로 도시에 일어났으나 최근 아디바시가 동원된 종교공동체적 폭력은 도시에서 떨어진 농촌이나 산악지역에서도 발생하고 있다. 대체로 도시에서 발생한 그간의 종교공동체적 폭동의 주범은 슬럼이나 재정착지구 등 도시 변경에 거주하는 룸펜의 행위로 호도되는 경향이 있었는데(김경학, 2007b: 50-52), 이 글에서 살펴볼 반기독교와 반무슬림 폭력 사건의 주범은 아디바시와 극우 힌두들로 알려졌다. 아디바시가 동원된 집단폭력도 다른 사례와 마찬가지로 피해자의 재산을 의도적으로 파괴하고 약탈한다는 공통점이 있으며, 이 때 약탈은 아디바시를 비롯한 가해자에게 폭력참여에 대한 일종의 물질적 보상이 되었다.

이 글은 1980년대 말부터 본격화된 인도 내 극우 힌두 민족주의 집단의 정치적 지지획득을 위한 힌두화 영향이 인도 사회에서 고립되고 야만적인 생활을 하는 주변적 대상으로 취급되었던 아디바시 사회로 확산되는 과정에 관심이 있다. 우익 힌두 세력은 물질전략, 종교전략, 폭력전략을 이용하여 아디바시를 힌두화 시킨 후 반기독교도, 반무슬림 집단폭력에 동원하고 있다. 이 글은 특히 힌두 우익 집단의 아디바시 힌두화 작업에 북미와 영국의 힌두 디아스포라(Hindu diasporas)의 재정적 지원의 역할이 결정적이었음을 강조하고 있다. 힌두 우익 정권이었던 '민족민주동맹'(National Democratic Alliance,

NDA)의 집권 시기부터 힌두 디아스포라는 인도의 힌두국가 건설에 막대한 '자금줄' 역할을 하기 시작했다.

이 장은 최근 아디바시가 동원된 종교공동체적 갈등의 대표적인 사례로 여겨지는 구자라뜨와 오릿사 지역에서 전개된 아디바시 힌두화 과정, 아디바시 폭력참여 등을 분석함으로써 우익 힌두 민족주의 세력과 아디바시의 만남의 성격을 살펴보고자 한다. 더 나아가 힌두 민족주의 세력이 아디바시를 동원하여 얻고자 하는 정치적 결과와 우익 힌두 폭력에 참여하게 되는 아디바시의 다양한 동기들에 대한 검토를 통해 필자는 힌두 우익 집단과 아디바시 간의 관계의 성격을 밝히고 이들 만남에 관한 향후 전망을 하고자 한다. 이러한 과업을 위한 기초 작업으로 우선 인도사회에서 부족(아디바시)의 정체와 우익 힌두 민족주의의 특징에 대한 검토가 수행될 것이다.

●●● 1. 힌두 민족주의의 성격

힌두민족주의는 인도에서 무슬림과 기독교세력의 힌두에 대한 위협에 대응한다는 명분으로 20세기 초부터 본격적으로 시작된 '종족-종교적 민족주의'(ethno-religious nationalism)를 말한다. 이 목적으로 힌두 민족주의자들은 힌두뜨와(Hindutva)[216] 이념을 관철시키고 다수

216) 힌두뜨와는 현대 인도의 맥락에서 힌두뜨와라는 구호를 사용하는 공동체 조직이나 그들의 활동을 지칭하는 용어로 사용된다. 특히 1980년대 중반 이후 다수인 힌두의 문화가 인도의 문화이자 지배적 문화라는 인식이 확산되었으며, 힌두 중심의 국가를 추구하는 정치세력들은 자신들의 목표를 "편협한 힌두이즘이 아니라 보다 광범위하고 어떠한 제한도 두지 않는 것"이라는 의미에서 힌두뜨와라는 용어를 사용한다(백좌흠 외, 2003: 57). 힌두뜨와는 '힌두성'이나 '힌두다움'을 의미하고 있다.

집단인 힌두들에 물리적인 힘을 결집시키기 위한 다양한 조직을 만들었다. 힌두뜨와 이념은 인도 대륙 내의 다양한 신관, 생활 관습 등을 모두 힌두화해야 해야 한다고 주장하는 우익적 성향의 사와르까르(Savarkar, V.D.)에서 찾아 볼 수 있으며, 1925년 인도 북부의 낙뿌르(Nagpur)에서 '국민자원봉사단'(Rashtriya Swayamsevak Sangh, RSS)을 창설한 헤드게와르(Hedgewar, K.B.)는 사와르까르의 이념을 계승하였으며, 이 이념이 골왈까르(Golwalkar, M.S.)에게로 이어졌다. 골왈까르(1938)는 무슬림을 인도의 적으로 명확하게 규정하고 힌두국가를 건설하고자 하는 자신들의 운동은 정치적 운동이 아닌 문화운동이라고 역설하였다. 힌두뜨와를 주창하는 극우 힌두들은 인도가 힌두 국가여야 함을 확신하며 무슬림과 세속적 근대주의자들을 적대시 하였다. 이들은 특정 형식의 힌두교적 통일성과 정통성을 강요하지 않고, 오히려 힌두 내의 정치적 단결을 조장함으로써 모든 힌두 집단들이 힌두 문화에 동화되는 결속된 강한 국가를 만들고자 한다(Biswas, 2004; Varshney, 2002).

1939년에 50여개의 분회(shakhas)만을 가지고 있던 RSS는 2007년 현재 인도 주요 도시에만 44,416개를 운영하고 있는 등 경이적인 성장 추세를 보여 왔다. RSS는 사실 독립 이래 분회를 통한 사회침투뿐만 아니라 특정한 사회적 범주에 따라 운동 조직을 가동하였다. 예컨대 RSS는 1951년에는 정치조직인 '인도국민당'(BJP)을 그리고 1964년에는 종교와 사회 조직인 '세계힌두협의회'(Vishwa Hindu Parishad, VHP)를 만들어 종교를 조직화시켰으며, 다양한 힌두 종파들의 수장들을 집단화시키기 위한 노력을 하는 등 일종의 중앙 권력형 구조를 만들었다. 또한 RSS는 1979년에 '인도봉사단'(Seva Bharati)을 만들어 무상학교 운영과 저가로 의약품을 공급하는 등 다양한 사회사업을 통해 인도 빈민가로 침투하였다(Jaffrelot, 2005).

특히 VHP는 인도 국내의 힌두들을 결집시키고 힌두교 중흥을 목적으로 람 사원 운동을 중심으로 인도 국내외를 연결하는 초국가적 조직으로 성장하였다. 1984년에 창단된 VHP의 예하 조직인 '바지랑 달'(Bajrang Dal, 하누만 신의 군대를 뜻함)은 청년조직으로서 폭력적인 행동대원 역할을 하고 있다. 이 밖에도 RSS와 VHP 예하에 수많은 예하 조직들이 만들어졌다. 이들은 인도가 무슬림과 기독교와 같은 이방 종교로부터 위협을 받아왔으며, 이들로부터 어머니의 땅인 인도를 구해 힌두국가로 건설한다는 목표를 두고 활동하고 있다. 힌두 민족주의 운동을 위해 다양하게 연결된 정치, 종교, 사회 조직들은 '힌두 조직들의 가족'이라는 의미로 흔히 '쌍 빠리와르'(Sangh Parivar)로 통칭된다.

인도의 현대 힌두뜨와 운동의 발흥은 무슬림 대중들과 기독교 선교사뿐만 아니라 최근 기독교로 개종한 달리뜨와 아디바시와 같은 인도 사회 주변적 집단에 대한 폭력을 기반으로 하고 있다. 1992년 아요디야(Ayodhya) 사태와 2002년 고드라(Godhra) 사태에서 무슬림 대중에 대한 힌두의 집단폭력은 인도 내 힌두 민족주의자들이 자신들의 힘을 과시한 대표적인 현대 정치적 사건들이었다. 1992년 힌두뜨와 세력들이 아요디야의 바브리 무슬림 사원(Babri Masjid)

그림 24. 2002년 구자라뜨의 고드라 역 열차 방화 사건은 힌두의 무슬림에 대한 집단폭력의 단초가 되었다.

을 파괴한 사건[217)]과 이 사건 발생 후 힌두와 무슬림의 충돌로 수 천 명의 무슬림 희생자 발생으로 인도국민당(BJP)은 힌두들의 정치적 힘을 결집하게 되었다. 우익 힌두 민족주의 세력은 아요디야 사태 이후에도 람 사원을 재건하는 문제를 주효하게 이용하여 힌두와 무슬림 간의 갈등을 유지하면서 정치적 지지기반을 확충하는 전략을 사용하여 왔다. 이러한 전략을 토대로 이들은 1998년 군소 지역정당과 연합하여 '민족민주동맹'(National Democratic Alliace, NDA) 정부를 구성할 수 있었다. NDA 정권의 수립에는 1980년대 말부터 본격화된 힌두뜨와 운동과 이 운동의 결정판인 아요디야 사태가 중요하게 작용하였다.

BJP가 정권을 획득한 이후 '힌두 대 무슬림' 대립구도를 완화시키면서 인도 여러 주에서 실시된 주 의회 선거뿐만 아니라 군과 촌락 단위 지방선거에서 BJP가 고전을 면치 못하자, BJP 내부에서 무슬림과의 대립각을 다시 세움으로써 자신들의 전통적인 지지기반인 힌두 중상위 카스트와 계급의 지지를 회복해야 한다는 목소리가 높아졌다. 사실 NDA 집권 초기에 BJP 출신 바지빠이(Vajpayee, A.B.) 수상은 쌍빠리와르 등 우익 힌두 민족주의 세력과 일정한 거리를 유지하였다. 2002년 2월 27일 문제의 아요디야에 람 사원을 건립하겠다는 힌두 민족주의자들을 실은 '사브라마띠 특급열차'(Sabramati Express)가 구자라뜨 주 고드라 역에서 방화되어 58명의 승객이 불에 타 살해되었다.

217) 1986년에 VHP 등의 힌두 세력이 라마의 탄생지를 해방시키기 위해 람 사원을 허물고 그곳에 지은 바브리 마스지드를 붕괴해야 한다는 주장을 하였다. 이들의 주장에 따르면 1528년 무굴 제국 황제 바부르(Babur)가 람 사원을 붕괴하고 그곳에 이슬람 사원을 지었다고 한다. 1992년 12월 6일 VHP의 주도로 수만의 '까르 세박'(kar sevak, 자원봉사대)이 동원되어 바브리 마스지드가 붕괴되었으며 이 사건으로 야기된 힌두와 무슬림의 소요로 약 3,000명 이상의 인명이 희생되었다.

그림 25. 2002년 구자라뜨 폭동 당시에 시사잡지 'OUTLOOK'의 표지사진에 남성은 VHP 하부조직 구성원으로 알려졌다. 무슬림에 대한 보복을 촉구하고 있다.

이 사건의 배후가 무슬림 공동체로 지목되자 이에 격분한 힌두들이 무슬림을 집단적으로 살해한 사건이 일어났다. 우익 힌두 민족주의 조직원들은 구자라뜨의 무슬림을 공격하여 최소한 1천명의 무슬림이 사망하였다. 약 15 만 명의 무슬림이 집을 잃었지만, 이 사건에 대해 당시 BJP 나렌드라 모디(Narendra Modi) 주정부의 공권력은 철저히 침묵하였다. 사실상 모디 정권은 이러한 집단적 살육을 방조한 것이나 다름없었다. 인도 국내외 많은 인권단체들은 이 사건이 주정부 관련자들의 철저한 음모 속에서 이뤄졌다고 주장하였다. 이러한 주장은 사건을 목격한 사람들이나 추후의 조사[218]를 통해 짐작할 수 있었다. 모디의 정치적 불의에도 불구하고 그는 2002년 12월 선거에서 압승하였다. 선거 유세 때마다 모디는 무

218) 인도국가인권위원회(National Human Rights Commission), 소수자국가위원회(National Commission for Minorities), 국가여성위원회(National Commission for Women) 등은 이 사건이 모디를 비롯한 우익 힌두 민족주의 세력의 음모로 일어났음을 주장하였다.

슬림과의 종교공동체적 갈등을 부추기는 도발적인 연설을 서슴지 않았다(Brass, 2004; Varshney, 2004).

1992년 아요디야 사태와 2002년 고드라 사태는 무슬림을 인도를 위협하는 이방인으로 타자화 시키는 종교공동체적 전략이 힌두를 결집시킴으로써 정치적인 집권으로 이어진다는 종교 전술이 인도 내에서 여전히 유효하다는 것을 분명히 보여주었다. 2007년 구자라뜨 주 선거에서 구자라뜨 주 수상으로 모디가 재선된 것은 종교공동체적 정치의 힘이 얼마나 강한가를 적나라하게 보여주었다.[219]

1992년 아요디야 사태와 2002년 구자라뜨 두 사건에는 인도 내 힌두뜨와 세력뿐만 아니라 미국 등 해외 힌두들의 전폭적 지원이 있었다. 사실상 1980년대 말 이후 현재까지 인도 국내 정치에 개입한 미국 등 해외 인도인, 특히 이민 1세대 힌두들은 힌두뜨와 이념에 기초하여 '원거리 민족주의'(long-distance nationalism)[220]에 개입해 왔다.

219) 물론 2002년에 비해 모디는 자신의 임기 중에 인상적으로 거둔 경제발전을 강조한 반면 반 무슬림적 논조를 의도적으로 회피하였다. 그는 투자 친화적이고 구자라뜨를 부유하게 만들 정치지도자로 자신을 투사시키고자 노력하였다. 그는 구자라뜨 정체성과 자존심에 유권자의 이목을 집중시켰으며, 구자라뜨는 자신의 정권 하에서 테러리즘의 공포로부터 해방되었다고 주장하였다. 그의 재선은 2002년 모디가 구자라뜨에서 자행한 반 인권적 소행에 대한 책임을 묻고자 하는 사람들을 실망시켰다(Subrahmaniam, 2007).

220) 원거리 민족주의는 제한된 영토적 경계를 초월한다. 원거리 민족주의자들은 특정 국가에 살면서 모국으로의 귀환하고자 하지 않으면서 모국의 정치에 관여한다. 앤더슨(Anderson, 1998: 74)은 거의 자동에 가까운 충성심이 종족적 디아스포라(ethnic diaspora)를 모국과 강하게 연결 짓게 만든다고 주장한다. 즉 이주자들은 자신들의 모국에 대한 강한 충성심을 지속하고 있다는 것이다. 소위 원거리 민족주의 견해에서 종족적 디아스포라들의 정치 행위는 모국 내부적으로나 주재국에서 위협받고 있는 자신의 종족적 정체성을 보호하는 역할과 긴밀하게 관련된다고 한다. 이러한 일종의 민족주의의 변형으로 볼 수 있는 원거리 민족주의의 특성은 이것이 극단적인 형태의 근본주의를 인정하고 있다는 무책임함과 관련이 있다고 앤더슨은 인식하고 있다.

힌두 디아스포라들이 개입된 원거리 민족주의는 인도를 힌두 국가로 건설할 것을 주장하면서 인도와 주재국의 이슬람 집단을 사악한 대상으로 여기고 있다.[221)]

RSS는 힌두 디아스포라 사회에서도 국내와 유사한 전략으로 조직을 성장시켜 왔다. RSS는 영국, 미국, 캐나다 등에서 '힌두자원봉사단'(Hindu Swayamsevak Sangh, HSS)으로 불린다. HSS는 RSS의 국제지회로서 RSS 재원의 주요 후원자 역할을 해왔다. 영국에 정착한 힌두 자원봉사자들은 1976년에 '인도사회 후원회'(Friends of Indian Society)를 발족하여 힌두뜨와 이념을 관철하는 것을 그 목적으로 삼았다. 후원회는 1980년대 중반 이후 파리 등 유럽의 다른 지역으로 세를 확장하였다(Andersen & Damle, 1987). HSS도 RSS의 쌍 빠리와르처럼 자매 조직 네트워크를 만들었다.[222)]

사실 미국 힌두 디아스포라 집단은 현지에서 사회・경제적으로 성공한 힌두 디아스포라로 간주되며[223)], 이들은 인도의 힌두 민족주의 운동에 직간접적인 긴밀한 관계를 유지하고 있다. VHP의 미국 지부

---

221) 그러나 미국 등 해외에 거주하는 인도 아대륙 출신 디아스포라에는 힌두뜨와를 지지하는 세력만 있는 것은 아니다. 힌두 민족주의를 경계하고 비판하는 다른 조직들은 세속주의를 지향하는 힌두, 남아시아 출신 좌파 지식인, 달리뜨, 인도출신 무슬림과 기독교인 등의 연맹집단으로 이들은 '반 힌두뜨와' 연합전선을 펼치고 있다.

222) 예컨대 VHP-UK는 인도 VHP가 1972년에 영국에서 조직된 것이며 BJP의 해외 후원조직인 '해외 BJP 후원회'(Overseas Friends of the BJP, OFBJP), 영국 힌두 학생들 모임으로서 인도 ABVP의 해외 조직인 '전국힌두학생포럼'(the National Hindu Student Forum, NHSF)도 창단되었다(Bhatt, 2000: 559-593).

223) 해외에서 쌍 빠리와르의 자금 모금활동과 그 역할은 해외 인도인의 경제적 성공과 관련된다. 미국 2000년 센서스에 따르면 미국 내 인도인의 연평균 소득은 미국 전체 인구의 평균 연소득에 비해 훨씬 높은 6만 7천불인 것으로 알려졌다. 이런 점을 토대로 해외 인도인은 흔히 '모범적 소수자'(model minority)라고 지칭되고 있다.

인 'VHP of America'(VHP-A)는 1970년에 창단된 미국의 힌두 상부조직으로 2000년대 후반에 미국 내 약 50개의 지부를 두고 적극 활동하는 회원 수도 약 1 만 명의 큰 조직이다. VHP-A는 공식적으로는 힌두교를 부흥시키기 위한 사회 · 문화적인 활동이 주목적으로 알려졌지만 비공식적으로는 회원들이 인도 내 힌두 조직들과 연결되어 정치적 성격의 활동도 하고 있다. 특히 미국에서 인도 내 쌍 빠리와르로 유입되는 자금 창구인 '인도개발구제기금'(India Development and Relief Fund, IDRF)은 미국 메릴랜드에 근거지를 두고 있는 표면상 비영리 자선단체이다. 인도의 개발과 구호사업을 목적으로 전면에서 자금을 모금하고 있는 이 조직은 인도에 교육과 의료 등의 구제활동과 개발을 지원하고 있으나, 가장 큰 비중의 재원은 쌍 빠리와르가 전개하는 힌두 국가 건설에 사용되고 있는 것으로 알려졌다(Biju & Prashad, 2000: 529).

사실 힌두 디아스포라 집단의 인도 내 힌두 민족주의 집단에 대한 재정적인 지원을 확인하기란 쉽지 않다. 그러나 'BJP 해외 후원회'(Overseas Friends of the BJP)가 운영하는 디아스포라 웹사이트는 미국 내 인도인 공동체 내에서의 힌두뜨와 인기를 반증하고 있다(Kapur et al. 2005). 미국의 힌두 디아스포라는 1992년 12월 6일 바브리 모스크 붕괴 후 람 사원 건설 명목으로 1993년에 미화 35만 불을 인도로 보내는 등 지금까지 천문학적인 금액을 송금했다. 2004년 남아시아 인권조직인 'AWAAZ 네트워크'가 발간한 영국 자원봉사자 활동에 대한 보고서 "잘못된 신념? 영국 자선단체와 힌두 극단주의"(In Bad Faith? British Charity and Hindu Extremism)에서 저자들은 인도에서 문제시되는 자금들은 SEVA-UK와 IDRF를 통해 쌍 빠리와르 재정적 구조 전체를 구성하고 있으며, 이들 해외 국가의 힌두 디아스포라와 국내

쌍 빠리와르의 관계를 연결시키고 있음을 폭로하였다(Quddus, 2005: 153).[224)]

●●● 2. 힌두 우익 민족주의의 아디바시와의 만남

인도 우익 힌두 민족주의 집단인 쌍 빠리와르는 힌두가 인도에서 가장 오래된 진정한 토착민, 즉 '아디바시'(adivasi)이며 힌두교는 외래 종교인 이슬람과 기독교와는 달리 인도 아대륙 최초의 종교라고 주장한다.[225)] 이들에게 아디바시로 지칭되던 부족민들은 단지 '산림에 거주하는 자', 즉 '반바시'(vanvasi) 일뿐이다. 그러나 힌두 민족주의 집단은 아디바시가 비록 비문명적인 원시적 생활을 하지만 처음부터 힌두였다고 주장한다. 그러나 센서스에서 아디바시는 힌두 사회와 거리를 두고 애니미즘을 신봉하는 자들로서 힌두 카스트와는 달리 빙

---

224) 1995년~2002년 사이에 IDRF는 미화 5백만 불을 모금하여 인도의 사회프로그램에 관련된 284개의 조직에 분배하였다. IDRF는 모금된 자금의 약 20%는 기부자가 지정한 사업에 할당하고 남은 80%는 운동의 재량에 따라 배분된다. IDRF에 연관된 75개의 조직 가운데 1995년부터 2002년 사이에 미화 5백만 불의 주요 수혜조직의 약 60% 이상은 'Seva Bharati'나 'Vanavasi Kalyan Ashram'(아디바시 복지를 위한 아쉬람으로서 RSS의 산하 조직이며 아디바시들을 위해 그리고 이들에게 선교하는 기독교 선교활동에 대항하는 활동을 위해 사용된다) 등의 쌍 빠리와르 유관 기관들과 힌두 민족주의 운동과 연관된 조직들이었다. 이 기간 동안의 6명의 IDRF의 부의장은 HSS 회원이었으며 이들 중 한명은 VHP-A 전국조직위원회에 속해 있었다.

225) 그간 베다 문화를 외부에서 가져온 아리아인을 자신의 조상이라 주장했던 힌두 상위 카스트로 구성된 이들 쌍 빠리와르는 기존의 역사를 부인하면서 인도 대륙의 진정한 원주민인 아디바시를 힌두라고 역설한다. 이들의 이러한 주장은 아디바시를 무슬림과 기독교인과 같은 외래적 종교집단과 대립각을 세우기 위한 하나의 문화정치로 보이며, 특히 기독교로 개종한 일부 아디바시를 힌두로 재개종 시키기 위한 하나의 담론으로 간주될 수 있다.

의, 희생제의, 음주와 가무 등 종교적인 면에서 원시적 형태의 종교를 지닌 '정령을 숭배하는 자'들로 분류되었다. 그러나 비록 야만적인 존재로 취급되었지만 아디바시는 인도의 카스트 체계의 밖에 있었기 때문에 힌두 불가촉천민처럼 '부정 탄' 대상으로 간주되지는 않았다. 대부분의 아디바시는 외부인의 접근이 쉽지 않은 산악지역에서 대체로 고립된 채로 원시적 형태의 농업과 수렵채집으로 기본적 생계를 삼았다. 그러나 자체 공급이 어려운 소금과 철 등의 공급은 아디바시와 근접하여 생활하는 지역 힌두 '장인 카스트'(artisan castes)로부터 받았다. 이러한 힌두 사회와의 교류를 통해 일부 아디바시는 힌두 문화의 영향을 받아 힌두교를 받아들이거나 자신의 종교와 힌두 전통을 습합(syncretism)한 형식의 사회・문화적 생활을 하였다.[226)]

영국식민 기간 동안 본격적으로 활동했던 기독교 선교사들은 아디바시와 불가촉천민과 같은 인도사회의 주변적 대상에 대한 복지와 구호사업을 통해 기독교를 전파하였다. 인도 독립 이후 부족민을 위한 인도 정부의 다양한 발전 프로그램에도 불구하고 정책과 현실 간의 간극이 너무 컸기 때문에 지금까지 아디바시는 각종 개발 지표면에서 인도사회에서 가장 열악한 집단으로 남아 있다. 아디바시 거주지에서 근무하는 인도 주 정부 직원 및 의료 등 복지 담당 직원은 아디바시를 위한 복지와 구호보다 오지를 벗어나기 위한 데만 관심이 있었다. 사실상 독립 이후에도 기독교 선교단체를 비롯한 자발적인 사회구호단체가 아디바시를 위한 교육과 의료 분야 등 복지와 구호

226) 가무를 하고 빙의와 같은 아디바시 종교 의례에 참여하는 나르마다 유역에 사는 일부 아디바시 뱃사공이 자신의 하루를 아디바시 의례에서는 전혀 이용하지 않는 향(incense)을 봉헌하는 등 힌두 방식으로 배에 대한 의례를 한 후 하루를 시작하거나, 아디바시 버스 기사 역시 버스 바퀴에 의례를 행하고 하루를 시작하는 것과 같은 것 등은 아디바시 전통적 종교와 힌두교 습합의 예에 해당한다(Baviskar, 2005: 5107).

사업을 지속하였다(Guha, 2007: 3306-3307).

1980년대 들어 오릿사, 라자스탄, 마디야 쁘라데시, 구자라뜨 등의 대규모 아디바시 거주지에서 아디바시를 대상으로 교육과 의료 등의 복지와 구호사업을 전개하는 우익 힌두 민족주의 조직이 등장한 것에 주목할 필요가 있다. 이들 힌두 구호단체의 외형적 목적은 기독교 선교사들이 행했던 것과 유사한 구호와 복지 사업을 하는 것이지만, 사실은 아디바시를 힌두로 개종시키고 그들을 기독교로의 개종을 막는 것이었다. 또한 이미 개종한 기독교 아디바시를 이들의 '원래' 종교였던 힌두교로 재개종 시키는 것도 이들 목적에 포함된다. 그러나 이들 활동의 핵심적인 것은 아디바시를 이용하여 무슬림과 기독교인과의 대립을 부추겨 외래 종교집단에 의해 힌두가 위협당하고 있다는 위기감을 고조시킴으로써 각종 선거에서 힌두 우익세력들의 정치적 지지기반을 강화하는 데에 있었다. 물질전술과 종교전술을 기반으로 포섭된 아디바시는 기독교인과 무슬림을 대상으로 하는 종교공동체적 폭력에 동원되어 왔다. 아디바시가 동원된 종교공동체적 폭력은 1990년대 이후 지속적으로 반복되고 있으며, 오릿사 주의 깐다말 군과 구자라뜨 주의 당 군에서 일어난 집단 폭력사태들은 이러한 대표적인 사례에 해당한다.

1) 아디바시에 대한 '힌두뜨와화'(Hindutvization)

쌍 빠리와르는 1980년대 말 무렵부터 아디바시가 거주하는 구자라뜨, 오릿사, 마디야 쁘라데시, 라자스탄, 차띠스가르(Chattisghar) 주들에서 아디바시를 대상으로 한 복지와 구호활동을 통해 힌두뜨와 이념 전파에 몰두해 왔다. 아디바시 밀집 거주 지역에서 힌두뜨와 세력의 아디바시에 대한 힌두화 작업이 가능했던 것은 힌두 디아스포라의 튼튼한 '자금줄' 덕분이었다. '사브랑 커뮤니케이션'(Sabrang Communications)과 '남아시아 시민 웹'(South Asia Citizen's Web, SACW)에 의해 발행되는 '증오의 외환'(the Foreign Exchange of Hate) 보고서에 따르면, 인도개발구제기금(IDRF)이 보내는 재원의 약 82.4%는 쌍 빠리와르 조직에 그리고 8.1%는 여타 힌두 종교조직으로 유입된다. 나머지 2.2%만이 세속적인 구호활동을 하는 조직으로 들어간다 (Sabrang Communications and SACW, 2002: 87). 또한 이 보고서는 전체 지원 금액을 활동 종류에 토대하여 분류하고 있는데, 약 80%의 IDRF 재원은 힌두화, 힌두교육, 부족민을 대상으로 하는 힌두뜨와 활동으로 들어가고, 20% 미만의 액수만이 세속적인 활동에 투입된다. 세속적인 활동 20%는 개발사업에 3.9%, 구호사업에 15.2%가 투입된다. 이 보고서는 IDRF가 개발 및 구호라는 명목으로 힌두 디아스포라로부터 후원받은 대부분의 재원이 힌두뜨와 조직에 지원되어, 결국 인도의 종교공동체적 분쟁을 가속화시키고 있음을 지적하고 있다.

IDRF 등 해외 힌두들의 지원으로 아디바시 지역에서 적극적으로 활동해 온 대표적인 쌍 빠리와르 조직들에는 '부족 발전 위원회'(Vanvasi Kalyan Ashram, VKA), '단일 교사학교'(Ekal Vidyalayas)[227], '인도 자원봉사대'(Seva Bharati), 비베까난다 껜드라(Vivekananda Kendra, 비베까난다 영적 수련원), '부족사회 후원회'(Friends of Tribal Society) 등

227) 다수의 단일 교사학교를 운영하고 기숙사를 학생들에게 제공함으로써 아디바시 지역에 힌두뜨와 세력의 입지를 공고히 하고자 한다. 학생들에게 제공된 교과서에 애국적 시가 포함되어 있으며, 교사는 힌두 지도자의 이름을 딴 교실과 호스텔을 운영하고 학교 건물 벽면에 힌두 지도자 그림과 이들의 어록을 기록한다. 학생들이 힌두뜨와 조직에 일단 연결되면 교사와 힌두뜨와 활동가가 가정을 방문하여 학생과 부모와 토론하고 이를 통해 비공식적 관계를 만든 다음, 점차 조직으로 끌어 들여 힌두뜨와 이념에 교화되도록 한다. 이를 통해 아디바시들이 힌두라는 주류에 통합되어 애국적 대의에 응할 수 있도록 준비시킨다.

이 있다. 이들 조직들은 교육, 건강, 사회·문화적인 개선 등을 위한 프로그램, 힌두 축제와 스포츠 행사 개최, 부모와 교사 협의회, 촌락 위원회의 조직[228]을 통해 아디바시를 기독교 선교사와 무슬림 상인으로부터 분리시키고, 이들에게 힌두뜨와 이념을 전파함으로써 쌍 빠리와르 조직들과 친밀한 관계를 형성하였다. 이들 조직들은 의료시설 제공과 의료캠프 개최, 우물과 담수 시설 건설, 종자와 펌프 세트 제공 등 복지와 개발 사업을 위한 기술과 장비를 제공함으로써 아디바시로부터 호감을 받고자 유화 제스처를 하였다.

이러한 구호와 복지 활동을 통해 힌두뜨와 세력은 다수의 아디바시를 힌두로 흡수하거나 기독교로 개종한 아디바시를 재개종시켰다. 이들은 기독교로 개종한 아디바시가 힌두였기 때문에 '집으로 다시 되돌아오게 만든다는 의미'의 '가르 와빠시'(ghar vapasi) 운동에 강제적 또는 자발적으로 아디바시들이 참여하도록 하였다. 힌두뜨와 세력은 아디바시 종교를 힌두교로 되돌리는 대대적인 종교 정화의례를 조직적으로 수행하였다. 쌍 빠리와르 조직은 힌두의 종교적 자각을 촉구하는 'Dharma Jagaran' 프로그램을 다양한 종류의 종교 문화 센터를 통해 운영하였다. 특히 아디바시 아동을 대상으로 하는 '아동개혁센터'에서는 아동들에게 힌두교 정보를 조기에 노출시킴으로써 힌두교 전통에 따른 사회화를 시켰다. 또한 'Satsang Kendra'라는 촌락 종교 조직을 통해 아디바시로 하여금 종교 활동에 참여하여 힌두 이념을 유포하도록[229] 하고 지역 내 기독교 선교사와 무슬림의 활동을

228) 아디바시 촌락민이 쌍 빠리와르 조직에 우호적인 감정을 갖도록 아디바시를 격려하여 '촌락 교육 위원회'(village education committee), '학교 위원회'(school committee), '기숙사 운영 위원회'(Hostel management committee), '촌락 위원회'(village committee) 등을 운영하여 교육, 촌락 발전, 의료 등에 대한 토론 등을 통해 아디바시와 조직과의 비공식관계를 강화함으로써 아디바시들이 조직에 고마움을 느끼게 만든다.

감시하여 조직에 보고하도록 하였다. 이들 종교 센터나 조직들에서 아디바시에 대한 힌두교 강론과 찬양이 행해지며, 람 신과 가네쉬 신 등의 힌두 신 이미지가 내장된 목걸이와 힌두교 행사 일정이 인쇄된 달력, 힌두 삼지창, 사프론 헤어밴드 등을 배포하고 집단적인 재개종 프로그램도 운영되었다.

구자라뜨 당 군[230]에서 활동하던 쌍 빠리와르 조직들은 현지 기독교 선교사와 경쟁적으로 복지 및 구호활동에 몰두해 왔다. 종교 전술면에서 이들은 힌두 신상과 달력을 배포하고 힌두 사원을 건립[231]하였다. 또한 아디바시 지역 내에 새로운 힌두 전통을 만들어 내는 경

---

229) '락샤 반단', '끄리슈나 잔마스따미' 등의 힌두 축제를 아디바시 마을에 개최하여 힌두 종교 이념을 유포하고 촌락에서 종교적 행진인 '야뜨라'(yatra)를 행하게 하는 등 힌두교적 활동이 활성화되었다.

230) 구자라뜨 주의 전체 인구의 약 15%는 아디바시이며 빌족(Bhils)이 주류이다. 이들은 동북부의 사바르깐타(Sabarkantha), 빤츠마할(Panchmahal), 바도다라(Vadodara), 바루츠(Bharuch), 수라뜨(Surat), 당(Dang) 지역에 주로 거주하고 있다. 종교별 구자라뜨 인구는 약 90%의 힌두, 약 9%의 무슬림과 미미한 비율의 기독교도, 시크, 자이나교도 등으로 구성되어 있다. 한편 당 군 전체 인구의 약 93.3%가 아디바시이며, 이들은 빌족(Bhils), 꼬까니족(Kokanis), 월리족(Warlis)으로 구성되어 있다. 당 군의 전체 인구의 약 5%는 기독교로 개종한 아디바시이다. 당 군의 전체 면적의 약 90%는 산림지역이기 때문에 절대적으로 농지가 부족하여 무토지 노동자들은 인근 수라뜨 등의 사탕수수 농장에서 추수작업을 하는 이주노동자이다.

231) 1990년대 초에 쌍 빠리와르 조직들은 아요디아에 람 사원 건축을 위한 주춧돌을 놓는 의례(Ramshila Puja)를 위한 벽돌 헌납 운동에 아디바시 가구들도 강제로 참여시켰다. 벽돌 하나를 1.25Rs 계산하여 헌금하도록 하였으며, 이에 참여하지 않으면 무슬림 편으로 취급하였기 때문에 불가피하게 많은 아디바시가 이 운동에 참여하였다(Pinto, 1995: 2416-2419). 또한 이들은 1999년~2002년 사이에 하누만 신을 섬기는 41개의 힌두사원을 당 군내에 건립하였다. 하누만 사원이 유독 지배적으로 세워진 것은 라마야나에서 람 신의 조력자인 하누만 신이 람 신에게 복종하는 것처럼 아디바시가 힌두뜨와의 전사에 편입되어 힌두 국가 건설에 무조건적으로 따른다는 의미를 내포한 것이라 해석될 수 있다(Basu, 2003).

우도 있었다. 쌍 빠리와르 조직이 2006년 2월 당 군에서 '샤바리 꿈브 멜라'(Shabari Kumbh Mela)를 개최한 것이 그 대표적인 사례에 해당한다. 이 행사에 참여하기 위해 당 군에 모인 힌두와 아디바시 수는 약 8십 만 명으로 추산되었으며, 250헥타르에 이르는 대규모 행사장에 약 22개의 성스런 목욕을 위한 소규모 담수시설이 만들어졌다. 이 행사를 위해 아디바시 소유의 보호림이 불법적으로 개간되고, 행사장으로 이어지는 새로운 도로가 건설되는 등 주 정부 차원에서 이 행사를 위한 막대한 재정적 지원이 있었다. 이 행사에는 구자라뜨 주 정부의 주요 인물들[232)]이 초대되었다. 이 행사의 주요 목적은 힌두의 종교의식, 특히 당 군 지역의 아디바시에게 힌두 의식을 자각시켜 기독교 전도에 대항하기 위한 것이었다(The Milli Gazette Online, 2006). 이 멜라의 개최를 통해 쌍 빠리와르 조직들은 구자라뜨에서 종교적인 쟁점을 만들어 힌두 세력을 결집시켜 2007년 선거에서 BJP 정부를 유지시키고자 하였다.

오릿사 주의 깐다말 군[233)]에서의 힌두뜨와 기획은 1969년 VHP 지도자인 락쉬만아난다(Lakshmanananda)가 깐다말 군의 차까빠드

232) 이 행사에 모디 구자라뜨 주 수상이 참여하여 증오의 정치를 널리 확산시켰으며, 여기서 기독교로의 개종을 막겠다는 자신의 정책을 발표하였다(Bunsha, 2006).

233) 오릿사 주의 아디바시의 인구는 전체 인구의 약 22%이며, 이들은 산탈족(Santhals), 본다족(Bondas), 문다족(Mundas), 깐드족(Kandhs), 꾸이족(Kuis) 등으로 구성되어 있다. 오릿사의 종교별 인구는 2.4%의 무슬림, 2.4%의 기독교인을 제외한 대부분은 힌두로 구성된다. 한편 깐다말 군 전체 인구의 80%는 깐드족이며, 16%는 빠노(Panos) 달리뜨이다. 대부분의 빠노 달리뜨와 아디바시는 빈농으로서 산림 부산물을 내다 파는 일을 하는 경제적으로는 열악한 상황에 처해 있다. 일부 빠노 달리뜨는 소규모 상인으로 이 중 소수는 아디바시로부터 토지를 구입하였다. 일부 빠노의 경제적 역량 강화에는 카스트 위계질서를 거부하고 수십 년 전에 기독교로 개종한 것도 한 몫 하였다.

(Chakapad)에 자신의 아쉬람를 열면서 시작되었다. 그는 아디바시가 힌두라고 주장하면서 힌두 의례, 신상, 성전(聖典) 등을 토대로 대규모 종교집회 등을 개회하여 많은 수의 아디바시를 힌두로 개종시키고자 하였다. 1970년대 초 그가 힌두 복지 단체를 운영하기 전까지 기독교 선교사들이 깐다말의 구호사업을 빠노 힌두 달리뜨와 아디바시 꾸이족과 깐드족을 대상으로 하였지만, 아디바시보다는 힌두 달리뜨 빠노가 기독교로의 개종을 적극적으로 수용하였다. 이에 따라 오릿사에서 활동하고 있는 쌍 빠리와르[234)]는 깐다말의 다수 집단이면서 소수만이 기독교로 개종한 꾸이와 깐드 아디바시를 대상으로 힌두 의식화 작업을 하였다. 1980년대 후반부터 락쉬만아난다를 중심으로 한 우익 힌두 민족주의 세력은 깐다말에서 기독교로 개종한 빠노와 아디바시를 대상으로 재개종 운동을 전개하였다. 이들은 재개종 운동과 함께 아디바시를 힌두로 사회화시키기 위한 '종교 행진'(dharma yatra) 등을 수행하였다. 쌍 빠리와르는 2006년 4월에는 RSS의 창설자 '골왈까르 탄생 100주년 기념식'을 위해 힌두 의례를 수행하고 이 의례에 힌두뜨와라는 대의를 지지하는 3만 여명의 지역 아디바시를 동원하였다(Chatterji, 2008).

234) 2003년 오릿사 주에서 자선단체의 이름을 걸고 운영되는 교육과 보건 기관의 수는 최소 35개 이상으로 이들은 RSS와 VHP가 주도하는 것으로 알려졌다. RSS는 2,273개의 지회에 약 10만 명의 회원이 있으며, VHP는 약 6만 개의 지회, 200여 개의 바지랑 달, 약 7천 명의 여성 행동대원인 '두르가 바히니'(Durga Vahini) 조직 등이 오릿사에서 공조 운영되고 있다.

●●● 3. 소수 종교집단 폭력에 동원된 아디바시

1) 구자라뜨의 기독교도와 무슬림에 대한 폭력

쌍 빠리와르 조직은 구자라뜨의 당 지역처럼 무슬림 인구가 거의 없는 곳에서는 기독교도와 힌두 간의 대립각을 세우려 하였다. 당 지역에서 있었던 기독교인 아디바시와 선교사에 대한 집단폭력은 군 전체 인구의 약 5%에 불과한 기독교인 아디바시를 '적'으로 상정하고서, 힌두와 기독교인을 대립구도로 삼아 비기독교인 아디바시의 내부 결속을 강화시키면서 이들을 힌두화 시키려는 힌두뜨와 세력의 시도였다.[235] 1997년~1999년 사이에 쌍 빠리와르는 당 군을 비롯한 구자라뜨 남부 지역의 교회방화, 아디바시 기독교인에 대한 구타, 이들에 대한 강제 재개종 의례를 실시하였다. 이 기간 동안 발생한 총 51건의 기독교인에 대한 집단폭력 가운데 당 지역에서만 41건(교회방화 24건, 구타 8건 등)이 발생하였다(Lobo, 2002: 4844-4849).

쌍 빠리와르와 동원된 아디바시들은 1998년 12월 25일 당 군에서 기독교 선교사와 기독교인에게 집단폭력을 행사하였다. 교회의 크리스마스 행사에 맞춰 RSS 산하 조직인 '힌두자각포럼'(Hindu Jagran Manch, HJM)이 당군 내외에서 힌두와 아디바시를 당 군소재지 아화(Ahwa)에 불러 모았다. 25일 오전 힌두뜨와 세력은 힌두뜨와 깃발을 주요 도로에 장식하고 지프차를 타고 다니며 "힌두들아 자각하고 기

235) 아디바시 마을을 방문하여 일부 청년을 강제로 바지랑 달 단원으로 만들고, 기독교로 개종하지 않은 아디바시 촌장을 힌두뜨와 조직원으로 만들며, 기독교를 비난하는 회합을 조직하고, 기독교 축제일에 공격적인 힌두 모임을 조직하였으며, 마을마다 청년 실업자를 고용하여 마을의 정보를 쌍 빠리와르에 보고하게 하는 등 이를 통해 아디바시를 힌두화 시키려 다양한 시도를 하였다(Lobo, 2002: 4846-4849),

독교인을 물리치자", "모든 기독교 목사들은 도둑놈이다", "기독교인은 도둑놈들이다" 등의 반 기독교적 슬로건을 외쳤다. 교회들의 예배가 종료되자 HJM의 시위가 시작되었다. 당 지역 군수가 문제의 집회 현장에서 화환을 받는 등 군 당국은 이 행사를 방조하거나 협조하였다. 시위대는 기독교도 아디바시를 구타하고, 기독교인과 무슬림 소유의 가게들, 기독교 미션 학교, 학교 남학생 기숙사 등을 파손시켰다. 오후 5시 무렵 시위대열은 교회들로 이동하여 교회를 사수하고 있는 일부 교인들을 구타하였다. 당시 교회를 지키는 백 명 남짓한 개종한 아디바시에 비해 성난 시위 군중의 규모는 약 1,500명이었다. 경찰이 몽둥이와 최루탄으로 시위대를 진압하였으나 이로 인해 더 큰 피해를 본 사람들은 오히려 기독교인들이었다. 이 날 당 군의 기독교인은 폭력을 심하게 당했으며 수십 곳의 예배장소가 공격받았다.

크리스마스일의 집단폭력 다음 날 26일에 당 군의 베흐둔(Behdun)과 까라디암바(Karadiamba) 등 여러 마을 소재 교회들이 공격을 받아 엄청난 피해를 입었다. 다음 해 1월까지 당 군 수십 곳의 기독교인이 구타당했으며, 그들의 재산과 예배 장소들이 파손되었다. 당시 중앙정부의 수상인 힌두 우익 정당 BJP 소속 바지빠이가 당 군을 방문하였음에도 불구하고 폭동은 중단되지 않았으며, 그는 오히려 이러한 기독교인의 피해를 선교사들의 무분별한 개종활동의 탓으로 돌렸다. 사실 아디바시가 동원된 당시 기독교인 공격에는 구라라뜨 주정부 직원들이 여러모로 개입되어 있다는 주장이 있었다. 당시 주정부 역시 BJP 주 정권이었으며, 주 수상 역시 기독교의 피해를 기독교 선교사들의 공격적인 개종활동에 있는 것으로 주장하였다. 당 군에서 일어난 당시 폭력의 특징은 힌두뜨와 전략으로 힌두화 된 아디바시가 동료 기독교도 아디바시에게 물리적인 집단폭력을 가했다는 데 있다

(Chenoy, 1999).

한편 구자라뜨 힌두뜨와 집단은 사바르깐타, 빤츠마할, 바도다라(Vadodara)와 같이 적지 않은 무슬림 인구가 있는 곳에서는 반무슬림 폭력에 아디바시 인구를 동원하였다. 쌍 빠리와르 조직은 아디바시를 상대로 힌두화 작업을 하는 과정 속에서 고리대금업을 해온 무슬림을 아디바시의 착취자로 낙인찍어 이들에 대한 아디바시의 적대감을 고조시켜 왔다. 2002년에 고드라에서 일어난 반무슬림 폭동에는 힌두화 된 일부 아디바시들이 무슬림에 대한 약탈과 방화 등에 직접 참여하였다. 구자라뜨 BJP 정치인과 주 정부 관리들은 아디바시를 약탈과 방화에 교묘하게 이용하였다. 이들은 아디바시에게 술을 공급하였으며, 농촌에서 무슬림 방화와 약탈에 성공한 아디바시를 도시로 진출하도록 격려하였다. 고드라 사태 당시 경찰 등 공권력이 무슬림을 보호하지 않는 정황을 인지한 아디바시는 거리낌 없이 약탈과 방화에 가담하였다(Devy, 2002).

2002년 고드라 사태에서 많은 수의 아디바시가 무슬림 폭력에 가담하였다. 다호드(Dahod) 군의 화떼뿌라(Fatehpura)에서는 일부 아디바시가 힌두 폭력배와 무슬림 여성 강간에 직접 참여하였다(Balagopal, 2002: 2118). 바도다라 군의 빤와드(Panvad)와 까완뜨(Kawant), 초따우데뿌르(Chhotaudepur)에서의 무슬림에 대한 집단폭력을 기술하고 있는 '시민 자유를 위한 국민연합'(The People's Union for Civil Liberties)의 보고서(2002)에 따르면 아디바시는 우익 힌두의 돈을 받고 무슬림들의 재산에 방화하였다. 당시 약 4천명의 아디바시로 구성된 폭력단이 이들 지역들을 공격하였는데, 이들은 먼저 가옥을 향해 돌을 던지고 다음으로 활을 쏘기 시작한 후 최종적으로 석유먹인 헝겊이 달린 화살을 날려 불을 질렀다. 다호드 군의 산제리(Sanjeli) 마을에서는

VHP가 동원한 아디바시 청년들을 포함한 힌두뜨와 세력 2,500-3,000여명 폭력단이 100여 가구의 무슬림 가옥에 방화하였고, 이 마을 무슬림들은 마을의 모스크로 피신하였다. 다음날 아디바시를 포함하여 약 1만 명으로 불어난 폭력단은 무슬림들을 활과 화살, 총기 등으로 공격하여 수십 명의 무슬림이 사망하였다. 무슬림에 대한 집단폭력을 인솔한 아디바시는 거의 없었으며, 쌍 빠리와르 조직원들의 폭력에 아디바시가 동참하는 형태가 일반적이었다. 그러나 아비다시가 구자라뜨 16개 군에서 약 3천명의 사망자와 막대한 재산피해가 난 2002년 고드라 사태에 다양한 방식으로 무슬림 폭력에 가담하였다는 사실은 명백한 사실이다. 대부분의 폭력에 참여한 아디바시는 돈과 술을 지원받고 심각한 형태의 폭력에 가담하였다.

2) 오릿사의 기독교도에 대한 폭력

1990년대 초반 이래 오릿사의 깐다말에서는 종교공동체적인 갈등이 주기적으로 있었다. 기독교도는 아요디야의 바브리 사원 분쟁과 상관없음에도 VHP에 의해 주도된 람 사원 소요 사태 때 깐다말의 일부 교회가 파손되고 기독교인들이 공격당했다. 무슬림 인구가 거의 없는 깐다말에서 람 사원 소요의 후폭풍은 기독교인에 대한 폭력으로 변화되었다(Kanungo, 2008: 17-19). 1999년에는 호주 출신 목사 그래햄 스타인스(Graham Staies)와 그의 두 아들이 우익 힌두 민족주의자들의 방화로 살해되는 등 아디바시나 달리뜨와 같이 인도사회의 주변적 대상에 대한 기독교 선교 사업에 대한 탄압이 이어져 왔다.

2000년대 들어 깐다말 군의 힌두 우익세력에 의한 달리뜨 기독교인에 대한 폭력은 '오릿사의 종교 폭력'의 대명사가 불릴 정도로 심각하였다. 2000년대 중반 무렵부터 깐다말 군에서는 기독교로 개종한 빠노 달리뜨와 힌두화 된 아디바시 간의 갈등이 더욱 심화되었다.[236] 기독교로 개종한 후 '지정 카스트'(SC) 명단에서 제외된 빠노 달리뜨가 '지정 부족'(ST) 지위를 요구하면서 두 집단의 갈등은 더욱 격화되었다. 꾸이와 깐드 아디바시 단체인 '꾸이 사미띠'(Kui Samiti)는 쌍 빠리와르의 지원[237]을 받으며, 소수집단인 빠노 기독교인에 대한 폭력을 가했다. 꾸이 사미띠는 빠노 기독교 달리뜨에 대한 항의의 의미로 2007년 성탄절 '반드'(bandh, 통행금지 및 모든 가게의 철시)를 요구하였으며, 이것은 2007년 기독교인에 대한 집단폭력으로 이어졌다. 2007년 기독교도에 대한 집단 폭력사태에서 오릿사의 '비주 자나따 달'(the Biju Janata Dal, BJD)과 BJP 연합 정권은 소수집단인 기독교도

---

236) 역사적으로 깐드 아디바시는 깐다말 지역의 원주민으로서 지역의 토지를 통제하는 등 자신들을 '라자'(raja)로 인식하였으며, 평야지역에서 이주 온 무토지 힌두 빠노 달리뜨를 자신들의 하인인 '쁘라자'(praja)로 취급하였다. 그러나 영국식민당국이 아디바시의 산림에 대한 전통적인 권리를 박탈하자 깐드와 빠노 간의 관계에 변화가 생겼다. 당시 깐드 아디바시는 여전히 외부 세계와의 직접적인 관계를 꺼려 빠노 달리뜨를 외부 세계와의 중개인으로 이용하였으며, 빠노를 속임수에 능한 자들로 신뢰하지 않았다. 일부 빠노는 소규모 상업을 통해 영국 식민시기에 소농의 지위로 상향 이동하는 등 경제적으로 나름 성공하였다. 깐드의 토지를 앗아가는 착취자로 인식된 빠노는 독립 이후에 인도 정부의 SC 할당제 혜택을 입었으며, 기독교로의 개종 후에는 기독교 선교사들의 도움을 받아 교육과 경제면에서 깐드에 앞서게 되었다. 그러나 아직도 대다수의 빠노는 경제적으로 열악하며, 기독교로 개종한 빠노는 정부의 할당제의 수혜까지 박탈되었다. 그럼에도 불구하고 상대적으로 빠노에 비해 열악하다고 느끼는 깐드 아디바시는 기독교로 개종한 빠노가 종교적 정체성을 감추고 여전히 할당제 수혜를 받을뿐더러 심지어 '지정 부족'의 지위까지 넘본다고 비난하고 있다. 그러나 빠노는 자신들이 아디바시 꾸이 언어를 사용한다는 근거로 꾸이와 깐드 아디바시처럼 ST 지위를 요구하는 것은 마땅하다고 주장한다(Kanungo, 2008:17-19).

237) 2007년 깐다말의 폭력에 대해 극우 힌두 민족주의자 락쉬만아난다는 다음과 같이 소회를 밝힌 바 있다: "얼마나 많은 기독교인 집과 교회를 태웠는가? 혁명 없이는 평화도 없다. 나렌드라 모디(구자라뜨 주 수상)는 구자라뜨에서 혁명을 주도했다. 그래서 지금 그곳에 평화가 있는 것이다"(Chatterji, 2008b).

들의 생명과 재산을 보호하는 일에 소홀하였다. 주수상은 경찰로 하여금 쌍 빠리와르와 아디바시의 빠노 기독교도에 대한 폭력을 방관하도록 지시하였다. 2002년 구자라뜨의 대 무슬림 폭력과는 달리 깐다말 폭력은 주정부가 직접 주도하지는 않았으나, 기독교도 빠노 40명이 사망하고 수천의 기독교인의 가옥이 방화되는 것을 공권력이 수수방관하였기 때문에 이 역시 국가의 공권력이 개입되지 않았다고 보기 어렵다.

2008년 8월에 다시 깐다말의 기독교 소수집단은 아디바시가 포함된 폭도들로부터 엄청난 집단폭력을 당하였다. 교회가 불타고 교단이 운영하는 학교와 고아원 등이 파괴되었으며, 목사들이 구타당하고 한 명의 수녀는 산채로 불타 죽고 수녀에 대한 집단 강간도 있었다. 이러한 공포에 휩싸인 빠노 기독교인을 비롯한 수천의 기독교인들은 숲으로 몸을 피했다. 집단폭력은 깐다말 군을 넘어 인근 지역의 기독교인에 대한 테러로 확산되었으며 이 사건으로 수천 명의 기독교인 집이 파손되었다. VHP 리더인 락쉬만아난다가 2008년 8월 23일 일단의 무장 괴한들의 공격을 받아 사망한데 대한 힌두뜨와 세력의 보복조처였다.[238] 당시 VHP 지도자 아뿌르와난다(Apurvananda)는 락쉬만아난다를 공격한 것은 힌두교를 공격한 것이나 마찬가지이기 때문에, 모든 성자들은 단결하여 기독교도에 대한 대응 공격을 하여 인도가 기독교 국가로 변화되는 것을 막아야 된다는 위기론을 확산시켜 폭동을 자극하였다. 2008년 집단폭력으로 기독교도 38명이 살해되

238) 오릿사에서 활동 중인 모택동주의 운동원의 소행이거나, 쌍 빠리와르가 이 지역의 기독교인에게 일격을 가하기 위해 스스로 꾸민 소행으로 추측되었다. 2009년에 있을 주 의회 선거에서 힌두 세력을 결집시키기 위해 힌두와 기독교도 대립구도를 만들어 BJP가 재선하기 위한 선거 전략의 일환으로 락쉬만아난다를 극우 힌두 집단이 조직적으로 살해하였다는 견해도 있다.

었으며, 수많은 기독교도 가옥 및 교회가 방화되었다. 이 폭력에는 힌두화 된 아디바시들이 쌍 빠리와르 조직원들의 지원으로 조직적으로 참여한 것으로 알려졌다. 가옥의 방화로 구호 캠프에 있던 기독교로 개종한 달리뜨와 아디바시들은 힌두뜨와 집단으로부터 힌두로 재개종 하라는 압박을 받았다. 마을별로 재개종 의례 날짜가 발표되었으며, 재개종 하지 않을 기독교인들은 마을로 돌아오는 것이 허용되지 않았다(Chatterji, 2008b).

●●● 4. 아디바시의 힌두화 흐름에 대한 전망

1980년대 말부터 인도의 힌두 근본주의자들이 확산시키는 힌두뜨와 이념은 주로 도시의 중산층 힌두 카스트들의 적극적인 호응을 받아왔다. 그러나 1990년대 이래 RSS, VHP, BJP 등의 쌍 빠리와르에 의한 아요디야와 고드라 사태를 계기로 힌두 근본주의 세력은 농촌의 하층민과 아디바시까지 확산되는 양상을 보여주었다. 힌두뜨와 세력은 주기적으로 필요에 따라 힌두-기독교도 또는 힌두-무슬림 대립구도를 형성하여 소수 종교집단을 희생양으로 삼아 힌두 지지 세력들의 결속을 강화시켰다. 이 연구는 힌두뜨와 세력이 가장 야만적으로 여기면서 일상생활 속에서 거의 접촉을 꺼리던 아디바시를 힌두화 시킨 후 이들을 소수 종교집단에 대한 폭력사태에 동원하는 사례들을 구자라뜨와 오릿사를 중심으로 살펴보았다. 우익 힌두 집단의 소수 종교집단에 대한 폭력에 아디바시를 동원하는 것은 구자라뜨와 오릿사 외에도 마디야 쁘라데시, 라자스탄[239] 등 특히 우익 힌두 민족주의가 강

239) 2004년 1월 마디야 쁘라데시 자부아(Jhabua) 군에서 일어난 기독교 학교, 교

한 북인도를 중심으로 광범위하게 나타났다(Luden, 2005; Nandy, 2008).

힌두뜨와 세력은 아디바시를 대상으로 복지와 구호활동을 통한 물질전술, 사원 건립과 힌두로의 재개종 등의 종교전술, 힌두뜨와 폭력에 아디바시를 동원함으로써 두 집단 간에 공통 관심사를 만들어 내는 폭력전술을 토대로 아디바시의 사회·정치적 지지를 확보해 왔다. 특히 힌두뜨와 세력의 폭력전술은 아디바시와 같은 사회적 약자에게 공포와 불안감을 조성하여 힌두 다수집단에 대한 복종을 가르쳤다.

우익 힌두 민족주의 세력이 아디바시를 힌두화 하여 집단폭력에 동원한 것은 지방과 중앙 정치에서 정치적 지지기반을 확대하여 정권창출에 성공하기 위해서였다. 아디바시의 무슬림과 기독교인에 대

그림 26. 힌두뜨와를 지지하는 우익 힌두집단

회, 아디바시 기독교 신자 가옥들이 힌두 우익집단과 힌두화 된 아디바시에 의해 방화되었다(Indian Express, 2004, 1월 25일). 라자스탄의 꼬따(Kota)에서도 힌두뜨와 지지자들이 국제 임마누엘 선교단(Emmanuel Mission International)이 기독교 개종에 개입되었다고 주장하면서 힌두화 된 아디바시에게 무기를 제공하여 기독교단을 공격하게 하였다(Rajalakshmi, 2005).

한 집단폭력은 기존의 '반 BJP 연대노선'의 기반 구축에 치명적인 타격을 주었으며, 구자라뜨가 이러한 사례의 전형을 보여주었다. 구자라뜨에서 기독교도와 무슬림에 대한 아디바시의 폭력은 1990년대 초반까지 견고했던 'KHAM 연대'에 결정적인 타격을 주었다. 정치적 지지기반의 회복을 위해 '인도국민회의 (I)'(Indian National Congress I)는 1980년대부터 전통적인 지지기반인 끄샤뜨리야(Kshatriya), 하리잔(Harijan), 아디바시(Adivasi), 무슬림(Muslims)을 아우르는 대연합전선 'KHAM' 전략을 도입하여, 1980년~1990년 사이의 구자라뜨 선거에서 정권을 유지하였다(백좌흠 외, 2004: 33-34). 그러나 1990년대 초부터 힌두화 된 아디바시가 무슬림과 기독교인에 대한 폭력에 참여하면서 'KHAM 연대'가 거의 와해되자 BJP가 1995년 이래 현재까지 구자라뜨에서 정권을 장악하고 있다.[240)]

힌두 우익 민족주의 집단이 아디바시를 힌두화 시키는 작업에서 간과될 수 없는 것은 힌두 디아스포라의 핵심적 역할이었다. 1998년~2004년까지의 힌두 우익 NDA 정권 기간 동안 인도 정부와 해외 인도인 간의 밀월 관계[241)]가 시작되었다. 특히 북미와 영국을 중심으

240) 1980년~90년 사이에 BJP는 구자라뜨 주의회 선거와 하원 선거에서 10-30% 지지를 받았다. 특히 동일 기간 아디바시 선거구에서는 10% 미만의 지지를 받았을 뿐이었다. 그러나 힌두 근본주의 성향이 강화되었던 1995년~2009년 사이의 선거에서 BJP는 구자라뜨 전체 선거구에서 약 40-50%의 지지를, 아디바시 선거구에서도 비슷한 비율의 지지를 받았다. 2002년 고드라 사태 이후 치러진 주 의회 선거에서 BJP는 아디바시 선거구에서 40% 이상의 지지를 받았으며, 가장 최근 치러진 2007년 주 의회 선거에서도 아디바시 선거구의 40.58%의 지지를 받았다.

241) NDA 정권 기간 동안 1999년 '인도계 재외동포카드'(PIO Card)와 '해외시민권'(Overseas Indian Citizenship) 제도가 도입되었으며, 2003년에는 '세계 인도인대회'(Paravasi Bharatiya Divas)가 시작되었다. NDA 정권만큼 해외 인도인에 대한 우호적인 태도를 보인 역대 정권은 없었다.

로 한 힌두 디아스포라는 이 기간 동안 인도의 힌두 국가 건설에 적극 참여하였다(Desai: 49-67). 쌍 빠리와르의 RSS는 인도에 대한 서구 사회의 경제적 지원을 '서구 제국주의 기획'으로 간주하여 원조받기를 거부하였지만, 힌두 디아스포라가 보내는 '사프론 달러[242]'(saffron dollar)는 적극 수용하여 인도 사회를 힌두 국가로 건설하는 사업들에 사용하였다. 특히 아디바시 지역에서 활동하고 있는 VKA과 같은 쌍 빠리와르 조직들은 IDRF 등 대표적인 재원조달 창구를 통해 유입되는 지원금을 받아 아디바시의 힌두로의 개종과 기독교 개종 저지활동에 열심이었다. 힌두 디아스포라의 현지에서의 경제・정치적 역량이 강화되면서 '사프론 달러'의 유입도 지속될 것으로 전망된다.

힌두화 과정을 통해 힌두 근본주의 세력을 대면하게 된 아디바시가 집단폭력에 참여하게 된 배경들을 검토하는 것은 인도 사회에서 이들이 처해 있는 사회・문화적, 정치・경제적 상황을 말해줄 뿐만 아니라 향후 힌두뜨와 세력과의 관계도 전망할 수 있을 것으로 사료된다. 소수 종교집단 폭력을 아디바시가 주도하지는 않았지만, 이들은 힌두뜨와 세력과 함께 방화, 약탈, 살인에 직접 가담했다(Balagopal, 2002:2117-2118). 아디바시가 집단폭력에 개입한 이유는 무엇인가. 폭력 현장에서 아디바시가 보여준 주요 폭동행위는 약탈과 방화였다. 인도 사회에서 사회・경제적으로 가장 열악한 집단인 아디바시는 폭력을 묵인하는 주정권의 비호 속에서 힌두뜨와 세력의 공격에 합승하여 기독교도와 무슬림의 생계품목을 '전리품'으로 챙겼다. 아디바시가 약탈한 품목들은 설탕 등 생계품목이 대부분이라는 점은 아디바

242) RSS의 깃발은 사프론 색을 띠고 있다. 대게 쌍 빠리와르 조직들의 깃발 색깔은 사프론 색이다. '사프론 달러'는 '증오의 외환'(foreign exchange of hate)과 같은 맥락에서 이해될 수 있다. 힌두뜨와를 위해 힌두 디아스포라가 보내는 외화를 지칭한다.

시의 폭력참여에 물질적 보상이 중요했음을 말해준다. 일부 연구자들(Lobo, 2002: 4849; Nandy, 2002: 15)은 힌두뜨와 이념보다 오히려 물질적 보상이라는 단순 동기가 아디바시가 집단폭력에 동원되게 한 요인이라고 주장한다. 예컨대 난디(Nandy)는 힌두뜨와 집단에 의한 주기적인 종교공동체적 폭동에 아디바시 같은 빈곤층이 참여하는 것은 폭력 참여가 그들에게 경제적 이득을 줄 수 있는 생계수단이 되었으며, 일종의 '생활방식'이 되었다고 주장한다.

아디바시 폭력참여에는 심리적 요인도 중요하게 작용했다. 가난하고 일상생활에서 무시당하는 아디바시들이 중상층 힌두 카스트를 중심으로 하는 쌍 빠리와르 세력으로부터 인정과 칭찬을 받을 기회를 잡기위해 폭력에 참여한 것으로 보인다(Desai, 2002: 498). 지배적인 집단에 유용한 일을 했다는 심리적 보상은 경제적인 불평등 의식을 잠시나마 망각하게 하는 효과가 있었다. 아디바시의 열악한 사회・경제적 상황은 인도의 주류 사회의 사회구조적 모순에서 비롯된 것이었지만, 쌍 빠리와르는 무슬림과 기독교인과 같은 힌두 국가의 '타자화 된 적'에 그 원인을 돌렸다.

물질적 또는 심리적 보상 외에 아디바시의 폭력참여를 아디바시 사회의 내부적 요인들, 예컨대 사회 내부의 계층화 심화로 등장한 일부 엘리트 아디바시의 주류 사회로의 편입 열망과 같은 내부적 요인과 연결지어 해석할 필요도 있다. 사실 소수의 부유한 아디바시가 정부의 각종 발전 프로젝트를 이용해 아디바시 사회의 특권을 향유함으로써, 아디바시 사회의 계층화가 심화되어 왔다. 이들 소수의 엘리트 아디바시는 동료 아디바시의 권익보다는 자신의 계급적 이해를 관철시키는 경향이 있었다. 쌍 빠리와르 조직원들은 주류사회 편입을 열망하는 엘리트 아디바시에게 힌두뜨와 이념을 심어주었으며, 엘리트 아디바시는 힌두 주류 사회 진입을 위해 필요한 경우 동료 아디바시와 함께 소수 종교집단 폭력에 적극 가담하였다(Bonar, 2010). 엘리트 아디바시는 집단폭력에 참여하고 선거에서 BJP 정치인을 지지함으로써 자신의 '힌두성'을 증명하고 정치적 후원[243]이라는 보상도 기대하였다.

적지 않은 아디바시들이 '야만' 또는 '야생'이라는 부정적 의미가 담긴 반바시'(vanvasi, 숲에 사는 사람들)라는 명칭사용을 거부하지만, 우익 힌두 민족주의 세력들은 아디바시를 힌두 '반바시'로 부르며 힌두 주류 사회로의 통합을 요구하고 있다. 그러나 힌두화 된 일부 상층 아디바시조차 힌두 주류로 진입하는 것은 쉬운 일이 아니다. 인도 사회에서 아디바시라는 것은 여전히 사회적 위계질서에서 가장 낮은 '낙후된' 또는 '미개한' 존재로 취급되어 왔기 때문이다. 실제로 힌두뜨와 세력은 아디바시 존재를 힌두 주류 사회 구성원으로 결코 인정한 바 없으며, 향후에도 이를 인정할 가능성은 희박해 보인다. 그러나 이들은 아디바시를 힌두화 시켜 폭력행위에 앞으로도 동원시킬 것이다. 이들이 아디바시를 자신들의 하수인으로 삼는 것은 아디바시 집단이 사회·문화적이고 정치·경제적으로 자신들을 위협할 수 있는 도전세력이 결코 될 수 없다는 그들의 확신 때문이다.[244]

---

243) 자신들이 오랫동안 지지했던 '인도국민회의' 정권 아래에서 일부 아디바시 엘리트들은 정치적 리더로 성공할 수 있는 여지를 발견하기 어려웠다. 구자라뜨와 오릿사 등의 인도국민회의 정권의 헤게모니는 상층 카스트에게만 한정되었기 때문이다. 이들 지역의 대안 세력으로 BJP가 아디바시 집단에 물질전략 등으로 접근하자 엘리트 아디바시는 BJP를 통한 정치적 열망의 성취를 위한 소망을 갖게 된 것으로 해석된다.

244) '바후잔 사마즈 파티'(Bahujan Samaj Party)을 중심으로 북인도 지방과 중앙정치에서 상층 힌두 카스트들을 위협하고 힌두질서를 탈피하기 위해 타 종교로 집단 개종하는 달리뜨와는 달리 아디바시에게 결속을 줄 수 있는 정치세력이 전혀 없는 아디바시는 달리뜨에 비해 힌두 민족주의 세력에 훨씬 순종적이다.

힌두뜨와 세력은 힌두 디아스포라의 지원과 힌두 주정부의 재원으로 아디바시를 대상으로 물질적이고 종교적 전술을 지속할 것이다. 중요한 것은 이들이 그간 아디바시 사회의 발전을 위해 현저한 성과를 내지 못했으면서도 유입되는 '사프론 달러'를 이용해 물질전략과 종교전략을 이어가려 한다는 점이다. 그러나 2002년 폭동 시 4-5년 연속적인 가뭄으로 아디바시의 지독한 가난이 무슬림 상가에 대한 적극적 공격으로 이어졌다는 점에 주목할 필요가 있다. 힌두뜨와 세력이 아디바시를 '일회용' 대안세력으로만 취급한다면, 반기독교와 반무슬림 약탈로 '전리품 맛'을 이미 본 아디바시 세력이 향후 발생할 집단폭력에서 힌두 집단, 특히 상인 집단을 안전하게 남겨둘지 의문이다. 실제 2002년 3월 14일 구자라뜨 폭력참여 시에 아디바시들이 까완뜨(Kawant)의 보흐라(Bohra) 무슬림 상인들을 약탈한 후 힌두 상인들에 대한 약탈을 시도하였으나 경찰 출동으로 뜻을 이루지 못한 사실은 이러한 가능성을 입증하고 있기 때문이다.

집단폭력으로 가져단 준 일시적 물질적 보상으로 아디바시의 경제적 조건이 개선되는 일은 없다. 사실 인도국민회의 세속주의 정권이나 인도국민당 힌두뜨와 정권 모두 아디바시의 진정한 발전을 위한 노력에는 상대적으로 소홀하였다. 더구나 신자유주의 경제체제와 세계화가 심화된 오늘날의 아디바시의 생계는 더 큰 위험에 직면하게 되었다. 독자적인 정치적 목소리를 낼 수 있는 또 다른 하층계급인 달리뜨와 달리, 자신들의 압제와 착취에 대한 저항의 집단적 목소리를 낼 수 있는 제도화된 정치세력이 없는 아디바시는 힌두뜨와 세력이 주도하는 소수 종교집단을 향한 집단폭력에 동원될 가능성이 여전히 높아 보인다.

제9장

개발과 전지구적 인권운동

••• 1. 인도 '나르마다(Narmada) 계곡 개발 프로젝트'와 인권문제

댐을 '근대 인도의 신전'이라 불렀던 인도 초대 수상 네루(Nehru, J.)는 "댐은 그 규모와 웅대함에 호소되어야 한다고 생각했다"(Gopal, 1989). 영국식민지 시기에 독립운동을 주도하였던 네루를 비롯한 일부 인도 지도자들의 식수, 관개, 전력 등의 다목적 대형 댐을 건설하고자 했던 '개발에 대한 욕망'은 현재까지도 지속되고 있다. 일찍이 인도 정치가들은 산업화된 서구 선진국의 경제개발 모델에 심취되어 댐 건설을 경제개발 전략의 핵심적 요소의 하나로 간주해 왔다. 이들에게 대규모 댐 건설과 같은 '대형 프로젝트'(mega-projects)는 개발과 다목적 유용성의 상징이었다(Joyce, 1997).

인도에서 1940년대의 대형 댐 건설의 욕망은 1979년 '나르마다 계곡 개발 프로젝트'(Narmada Valley Development Project, NVDP)라는 이름으로 공식 개시되었다. 이 프로젝트 내에는 구자라뜨 주, 마하라쉬뜨라 주, 마디야 쁘라데시 주의 3개 주들에 걸쳐 대규모 댐 30개, 중규모 댐 135개, 소규모 댐 3,000개를 세우는 건설 사업들이 포함되었다. 이들 사업 가운데 가장 큰 규모의 댐은 구자라뜨 주에 위치할 '사르다르 사로바르 댐'(Sardar Sarovar Dam)이었으며, 이 댐의 건설 프로젝트는 흔히 '사르다르 사로바르 프로젝트'(Sardar Sarovar Project, 이하 SSP)로 불린다. SSP는 138m 높이의 댐 건설 외에 강 유역의 발전소, 송신탑, 주요 운하, 운하 발전소, 보완 조림공사, 집수구 처리시설, 건설인부 정착촌, 야생동물 피신처 공사 외에 나르마다 철거민 재정착을 위한 제 2차적인 철거 등 막대한 부차적 개발 사업들이 포함되어 있었다.

SSP 하나만도 거대 규모의 개발 사업이기 때문에 사업지구 내에 속하는 수만 가구에 거주하는 수십만의 주민들에 대한 철거와 이에 따른 사회·문화적이고 생태학적 파괴나 말소가 불가피하게 수반되었다. SSP와 같이 국가가 주도한 개발 사업은 흔히 "모든 국민에게 더 나은 사회적 평등과 번영을 보장하기 위한 새로운 시대를 향한 전진"이라고 주장되지만, 이들 사업은 일반적으로 개발의 부정적 측면을 수반하고 있으며, 특히 인도를 포함한 제 3세계의 경우 이러한 개발로 인한 거주민의 인권 침해 상황은 심각하였다.

서구에서도 대형 댐의 개발이 경제발전을 위한 중요한 인프라라 간주되어 1950년대 이래 대형 댐 건설이 가속화되기 시작했으며, 이와 함께 대형 댐 건설에 반대하는 투쟁도 서구에서 본격적으로 시작되었다[245]. 댐 건설에 필요한 막대한 재원은 세계은행(World Bank)

245) 1960년대 미국의 가장 성공적인 댐 건설 반대 캠페인은 그린 강(Green River)

등 국제적인 금융지원 기관으로부터 지원되었다. 서구의 환경과 인권을 위한 다양한 비정부조직들이 국가 주도 대형 댐 건설 사업에 제동을 걸기 시작하면서, 세계은행 등의 세계화의 외부의 손길은 서구 발전모델을 따라 대형 댐 건설이 경제발전의 지름길로 생각하였던 개발도상국으로 대형 댐 건설의 관심을 돌리기 시작하였다.

인도의 나르마다 계곡 개발 프로젝트 내 SSP 역시 1980년대 중반 세계은행의 재정지원으로 시작되었으며, 이 과정에서 개발 사업에 요구되는 엄격한 법적 요구사항을 인도 연방정부와 해당 주정부들이 눈감아주면서 SSP가 착수될 수 있었다. 따라서 대형 댐 건설에서 반드시 요구되는 엄격한 환경영향평가, 평등성을 토대로 한 참여적 결정과정, 책무성, 적합한 재정착 프로그램 등이 제대로 지켜지지 않거나 아예 무시되는 비민주적인 과정을 통해 나르마다 유역의 주민들은 강제철거의 위기에 몰렸으며, 철거 후에도 재정착 프로그램이 제

유역에 525 피트 높이의 생태 공원 댐 건설에 반대하는 '그랜드 캐니언 캠페인'(Grand Canyon Campaign)이었다. 시민단체들이 경제적이고 환경적인 이유로 댐 건설을 극렬히 반대하여 1963년에 이 댐 건설을 중지시켰다. 이 운동의 결과로 1972년 '환경정책센터'(Environmental Policy Center)가 설립되었으며, 이 센터는 후일 '환경 정책연구소'(Environmental Policy Institute)로 명칭이 변경되었다. 이 연구소는 1973년에 '미국 강 보존 위원회'(American River Conservation Council)와 연대하여 연방정부를 로비함으로써 대형 강 프로젝트를 진행하지 못하도록 하였다. 이러한 운동에 입어 1972~83년 사이에 미국에서만 100여개의 대형 댐 건설을 중지시켰다. 이러한 노력은 '환경보호재단'(Environmental Defence Fund)을 탄생시키고, 1980년대 이후 캐나다, 노르웨이, 일본, 스위스, 영국 등의 환경 단체들과 연대하여 대형 댐 건설에 반대하는 세계적인 투쟁을 전개하였다. 이들 환경단체들은 세계은행에 의해 지원되는 대형 댐 프로젝트의 부정적 영향을 크게 부각시키면서 댐 건설 반대 투쟁에 나섬으로써, 세계은행의 댐 건설 프로젝트에 참여하는 비율을 대폭 낮추게 했으며, 더 나아가 세계은행으로 하여금 개발 사업에서 재정착과 환경영향평가, 원주민과 정보공개 등에 관한 새로운 정책을 채택하게 만들었다(Khagram, 2004).

대로 작동하지 않아 그들의 생존권과 환경권이 위협받아 왔다.

국가의 헤게모니는 강제(coercion)와 동의(consensus)를 통해 관철되는데(Gramsci, 1971), 나르마다 개발 계획에 대해 해당 주민들 대다수의 반대로 동의를 구하지 못하자, 인도 정부는 사업 수행을 위해 강압적인 방법에 의존하였다. SSP에 대한 저항운동은 1985년부터 현지 주민들에 의해 시작되었으나 탄탄한 조직을 통한 본격적인 저항운동은 '나르마다 바차오 안돌란'(Narmada Bachao Andolan, 이하 NBA: '나르마다를 구하는 운동'〈Save the Narmada Movement〉)이란 시민사회 조직을 통해 가능하였다. 메다 빠뜨까르(Medha Patkar)와 같은 카리스마적 지도자의 강한 리더십 하에서 NBA의 중추적인 역할은 SSP 준비 부실 및 이로 인한 인권침해 현황을 규명하고, 이 사업으로 인한 피해 주민 대상의 범위를 확장하며, 철거와 이에 따른 위험성, 재정착 프로그램의 내용과 그 수행의 부실을 부각시키는 활동 등이었다(Dharmadhikary, 1995).

NBA의 적극적인 반대 투쟁으로 SSP에 재원을 지원했던 세계은행이 1993년 SSP에서 손을 뗀 후에도 공사는 지속되었다. 1995년 인도 대법원이 시민사회 청원을 수용하여 이 사업의 일시 중단을 명령하였지만, 1999년 사업의 재개명령으로 2006년에 121.92m 높이의 사르다르 사로바르 댐의 완공이 구자라뜨 주 총리에 의해 발표되었다. NBA와 국내외 비정부조직들의 연대 투쟁에도 불구하고 대형 댐은 완공되었지만 철거민에 대한 재정착 프로그램은 제대로 이뤄지지 않고 있다. 비공식 통계에 의하면 약 32만 명의 주민들이 이 댐의 건설로 철거되었으며, 댐의 부대시설 건설로 인한 피해까지 합친다면 사르다르 사로바르 댐 한 개의 건설이 약 100만의 주민들에게 피해를 주었다. 나르마다 계곡 개발 프로젝트의 전반적인 계획 취소와 철거민의 재정착 사업의 완전한 수행을 촉구하는 NBA를 비롯한 비정부 조직들의 저항운동은 오늘까지도 지속되고 있다.

이 장은 근대 이후 인도의 대표적인 국가주도 대형 개발 사업으로 손꼽히는 '나르마다 계곡 개발 프로젝트' 가운데 '사르다르 사로바르 댐' 건설 사업(SSP)을 주요 연구 대상으로 삼고 있다.[246] 이 장은 국가주도 개발 사업이 흔히 개발로 인한 혜택만을 강조하고 개발 과정에서 발생될 수 있는 개인과 집단의 인권에 끼치는 부정적 영향에 대해서는 무관심함을 비판적으로 바라보고 있다. SSP라는 국가 주도 대형 개발 사업으로 인해 발생하는 인권침해 현황을 검토하는데 이 장 연구의 목적이 있다. 이를 위해 본 연구는 나르마다 계곡 개발 프로젝트 관련한 기존 연구들과 시민사회에서 발행한 관련 문헌들을 기초로 SSP 사업과정과 이를 저지하는 시민사회의 저항운동을 우선적으로 검토한다. 다음으로 이들 내용들을 인권이라는 관점에서 연결 지어 해석하는 작업이 뒤따른다. 이 장은 발전이나 성장이란 명분을 내세우는 개발 사업으로 인해 발생하는 인간의 기본권 침해뿐만 아니라 막대한 환경 파괴가 국가와 세계화의 대리자에 의해 발생할 수 있으며, 국익을 내세운 국가 개발 사업이라 하더라도 그 계획 수립과 진행 절차에 인권에 대한 진지한 고려가 이루어져야 함을 강조하고 있다.

246) 나르마다 계곡 개발 프로젝트와 관련된 연구들 가운데 소수의 논문만이 이를 인권문제와 연결지어 논의하고 있다. 예컨대 Cullet, P(2001), Goulet, D(2005), Mehta, L(2005), Narula, S(2008) 등은 SSP를 인권문제와 연결지어 논의하는 대표적인 논문들이다.

2. 나르마다 계곡 개발 프로젝트(NVDP)

1) '발전'이란 이름의 개발욕망

제2차 세계대전 종전 이후 유럽과 북미의 국가들은 경제발전을 가속화하기 위한 대형 인프라 구축을 추구하였으며, 이는 에너지 영역에서도 마찬가지였다. 경제발전을 위해 이들 국가들은 전력, 농수, 홍수 통제 등의 다목적용 대형 댐 건설에 치중하였다. 점차 개발도상국의 발전도델도 서구의 형식을 따라 가면서 아시아의 일부 국가들의 댐 건설 비율은 서구에 비견할 만한 규모가 되었다. 세계 5개국[247]이 가장 대표적으로 댐 건설에 막대한 자본을 투자하였는데, 이들 국가들이 전 세계 댐의 약 80%를 건설하였다. 1970년에서 1975년 사이가 전 세계적으로 약 5천 개의 댐이 건설됨으로써 댐 건설 붐이 절정에 달했다. 더 많은 수력 발전이 필요하고 물 부족 사태가 심각하던 1990년대에는 오히려 1970년대의 약 75% 수준으로 댐 건설 비율이 감소되었다[248]. 한편 2000년대 전후로 약 5년 동안 전 세계에 1천 7백 여

---

247) 1949년 전까지 22개의 댐을 보유한 중국이 2000년 현재 약 2만 2천개의 대형 댐을 건설함으로써 전 세계 댐의 약 50%에 가까운 수의 댐을 보유하고 있다. 이 밖에 세계 댐 건설 상위 5개국 가운데에는 약 6천 3백 9십 개의 대형 댐을 만든 미국, 약 4천개의 댐을 가진 인도, 약 1천개-1천 2백 개를 만든 스페인과 일본이 포함된다(World Commission on Dams, 2000:8-10).

248) 이러한 감소 배경에는 몇 가지 요인들이 있었다. 우선 기술적으로 대형 댐 프로젝트를 수행할 장소가 점점 줄어들고, 댐 건설에 요구되는 재원이 줄어들었으며, 가스와 석탄과 같은 다른 에너지 생산부분에 대한 투자가 늘었다. 게다가 댐 건설에 가장 큰 장애인 댐 건설에 반대하는 저항 운동적 성격의 정치적 반대투쟁이 감소에 한 몫 하였다. 대형 댐 건설과 같은 대규모 개발 프로젝트에는 환경 파괴와 대규모 철거민의 발생이 따르기 때문에 반대 운동이 거세지고 있는 것이 현실이다. 여기에는 국내 운동 집단 외에도 국제적인 네트워크를 통한 해외 비정부조직들의 저항운동도 중요한 역할을 하였다 (Khagram 2004).

개의 댐이 건설되었는데, 이 가운데 약 40%가 인도에서 건설되었다(World Commission on Dams, 2000: 8-10).

일반적으로 거대주의와 기술 물신주의 등을 특징으로 한 대형 댐은 개발의 상징이 되었다. 대개 국가는 대형 댐 건설과 같은 대형 프로젝트를 가능하게 하는 과학과 기술의 진보에 대한 신념을 근대주의적 이데올로기로 채택해 왔다. 그러나 그간 대규모 철거민을 낳는 개발 모델 내에는 '국익'을 내세우며 해당 국가 주민들의 인권존중에는 관심이 없었다(Levien, 2006). 특히 인도를 포함한 제 3세계의 대다수 국가 주도 개발 사업은 일방적인 국가의 정책 결정에 따라 인간과 환경 파괴를 가져왔다. 국가는 흔히 자연과 사회에 대한 행정명령을 내릴 뿐 개발 계획에 지역적 인식을 반영하려는 의지가 없었다. 또한 개발사업을 위해 국가는 기본적인 사실조차 말소하거나 철저히 왜곡시키는 일을 자행하곤 하였다.

개발과 관련된 인권문제는 개발로 인해 야기된 피해에 대한 자선사업이나 구호품 원조의 시각에서 벗어나, 피해 주민들의 역량 강화와 존엄한 형태의 생존권 그리고 주민들의 자유 및 선택에 대한 확고한 권리를 확보해 주는 내용을 포함하고 있다(Hausermann, 1998). SSP와 같은 대형 프로젝트는 주민의 생존, 토지, 물 등에 대한 권리 침해를 수반하는 대규모 강제 철거 사태를 발생시킨다. 발전이란 이름으로 철거 과정 속에서 주민의 기본권인 생존권과 경제 · 사회 · 문화적 권리들은 국가나 세계은행과 같은 세계화의 대리자에 의해 심각하게 침해당할 수 있다. 국가는 대형 댐 건설과 같은 근대적인 계획이 실현되도록 권위적이고 강압적인 방식을 선택하고, 이 과정 속에서 시민 사회의 힘이 부족한 경우 국가의 계획에 저항할 수 없는 경우가 일반적이었다(Scott, 1998).

신자유주의 경제원칙은 그간 공익이란 이름으로 규제를 하였던 국가의 경제에 대한 각종 규제들이 경제적 자유를 위해 대폭 감축되거나 사라져야 한다고 주장한다. 신자유주의 경제 또는 전지구화 논리는 경제 분야에서 국가의 규제가 풀려 국영 기업의 민영화와 시장에 의한 자원 분배의 촉진을 요구한다. IMF, World Bank, WTO와 같은 강력한 국제 금융조직들은 개발 재원을 요구하는 개발도상국들에서 신자유주의 원칙이 관철되도록 요구하고 있다. 이들이 선도하고 있는 신자유주의적 전지구화는 초국적 기업들이 값싼 노동력, 느슨한 환경규제, 자연자원 이용이 가능하도록 해당 국가의 간섭이나 규제들의 제거를 요구하고 있다(Kala, 2001).

신자유주의적 전지구화는 제3세계의 생계경제와 전통적 유형의 삶을 말소시켜 이들로 하여금 세계 시장에 의존한 삶으로 변화할 것을 촉구한다. 따라서 신자유주의적 시각은 전 세계적인 동일성 지향이라는 이름으로 초국가적 기업 주도로 사회·문화적, 생태학적 다양성을 사회적, 생물학적 단일 문화로 대체하는데 관심을 갖고 있다. 특히 세계은행은 신자유주의적 원칙에 따라 전통적인 문화와 생계를 말소시키는 대형 개발 프로젝트를 정당화시키기 위한 다양한 수혜의 장밋빛 전망을 내놓는다(Gill, 2000).

인도는 1980년과 1991년 두 번에 걸쳐 경제위기에 직면하여 IMF와 World Bank의 지원을 받았으며, 이를 통해 경제규제에 대한 자유화 조치와 구조조정을 요구받았다. 세계은행은 1950년대부터 인도경제에 개입하기 시작하였다. 1961년부터 1994년 사이에 농수를 위한 관개사업에 미화 52억불이 인도로 유입되었으며, 인도의 전력 개발 사업과 관련하여 세계은행의 37개의 사업을 위한 미화 72억불과 20개의 사업을 위한 국제개발협회(IDA)의 24억불이 인도에 지원되었다.

세계은행은 인도에 '민영전력발전재단'(Private Power Development Fund) 설립과 이를 통해 '인도국영전력위원회'(India's State Electricity Board)에 대한 전반적인 개혁을 시도하였다. 인도 정부는 세계은행의 압력으로 에너지 분야에 민영자본의 유입이 허용될 수 있도록 법적, 행정적인 기존 법령을 수정하였다. 이를 두고 세계은행 에너지정책과 전략국장 트레보 바이어(Trevor Byer)는 저렴한 전력을 인도의 소비자가 누릴 수 있는 기획들이었다고 주장한 바 있다(Public Interest Research Group, 1995).

인도를 포함한 대부분 국가의 개발 계획의 담론 속에는 개발에 관련된 사람들의 기존 문화와 생계 방식의 변형을 정당화시키기 위해 가뭄과 홍수 방지, 안정적인 농수와 전력 공급 확보 등 사업의 긍정적인 일련의 비전을 담고 있다. 국가나 세계화 대행 조직들의 거대 개발 사업의 수혜에 대한 전망에는 진보와 근대성의 서구적 문화를 우월시하는 담론들이 반영되어 있다. 전근대적, 전통적, 토착적 지식 체계는 비과학적이고 비합리적인 것으로 폄하되며, 이를 통해 형성되는 이데올로기적 위계는 인도의 근대화 과정부터 진행 중인 세계화 과정 속에서도 발견된다.

나르마다 댐 건설을 감독하는 '나르마다 통제 당국'(NCA)의 개발 전문가인 아흐마드(Ahmad, A.)국장은 이러한 개발 담론을 공공연히 주장하고 있었다(Escobar, 1984). "혜택을 누리기 위해서는 기존의 저급하고 정비되지 못한 경관들을 철폐해야 하고 여기에 침수에 따르는 주민의 철거도 불가피한 것이라"는 그의 주장(Ahmad, 1999: 399-403)에서 개발 담론은 명확하게 확인된다. 그에 따르면 계획 지구 내에 거주하고 있는 주민들은 흔히 인구 압박으로 계획성 없이 토지, 산림, 초지를 무단으로 사용하는 사람으로 취급된다. 따라서 이들은 졸지에 사회・문화적이고 환경적인 면에서 '낙후된'(backward) 사람들로 전락된다. 이러한 담론들은 나르마다 강 유역에 건설될 댐 공사지역의 수몰 예정 환경상태는 이미 피폐해 있기 때문에 SSP와 같은 국가 개발 사업이 나르마다 강 유역의 지속 가능한 발전을 위한 가장 효과 있는 해결책이라 주장한다.

2) 나르마다 계곡 개발 프로젝트와 SSP 진행과정

나르마다 강의 길이는 1,312km로 인도 세 개의 주에 걸쳐 흐르고 있으며. 비옥한 니마르(Nimar) 평야 지역과 빈디야(Vindhyas)와 사뜨뿌라(Satpuras) 산맥을 관통하고 있고, 이 지역에 거주하는 인구는 약 2천 1백 만 명이었다(Rosencranz, & Yurchak, 1996). 강의 상류에는 빌랄라(Bhilalas), 빌(Bhils), 뽀으라(Powras) 등의 부족민 아디바시(Adivasis)들이 살고 있다. 이들은 천수에 의존한 농업과 가축사육 및 산림자원 판매, 강에서의 고기잡이를 생계의 기본으로 삼고 있었다. 강 하류의 평야지대, 대표적으로 마디야 쁘라데시의 니마르 평야의 토지는 비옥하기 때문에 인구밀도가 높으며, 관개시설이 갖추어져 주로 현금작물을 재배・판매하는 다수의 빠띠다르(Patidars)와 일부 자뜨(Jats) 카스트가 거주하고 있었다. 이들은 10-40 헥타르 정도의 농지를 소유한 부농들이다. 또한 이 지역에는 일부 라즈뿌뜨(Rajputs), 야다브(Yadavs), 아히르(Ahirs) 카스트 출신의 중농들도 거주한다. 토지를 소유한 이들 외에 이 지역 인구의 약 1/2를 구성하고 있는 불가촉천민과 아디바시는 대부분이 무 토지 농업노동자들이었다(Dwivedi, 1999).

나르마다 강을 막아 거대 댐들을 건설 하고자는 개발 욕망은 이미 1940년대 식민시기 부터 시작되었다. 1946년 '인도 중부운하・개관 및 항해 위원회'(India's Central Waterways, Irrigation and Navigation

Commission)는 코스라(Khosla, A.N.) 박사를 위원장으로 삼아 나르마다 강 유역에 댐 건설실행 가능성을 연구하도록 하였고, 동 위원회는 독립 후인 1959년에 최종 연구보서를 제출하였다. 초대 수상 네루는 1961년에 나르마다 강 댐 건설 프로젝트를 천명하였다. 이 프로젝트에 관련된 구자라뜨, 마하라쉬뜨라, 마디야 쁘라데시 주들은 이 프로젝트의 비용과 혜택을 둘러싸고 분쟁을 일으켰다. 수몰지역 범주와 수위 조절을 두고 주들 간에 이견이 노출되자 인도 정부는 1956년 '주상호 간 인도 물 분쟁 법안'(India's Inter-State Water Dispute Act)에 따라 1969년 '나르마다 물 분쟁 심판위원회'(Narmada Water Disputes Tribunal, 이하 NWDT)를 구성하였다. 위원장으로는 당시 대법원 판사였던 라마스와미(Ramaswami, V.)를 두고 고등법원 판사 2명을 위원으로 하고 토목공학, 농업, 수문학, 전력공학 전공자로 구성된 전문가[249]들은 이들 위원들에게 전문가적 자문을 하였다(Fisher, 1997).

NWDT는 1979년에 사업의 최종 윤곽을 결정하여 사업의 효력을 발생시켰다. 나르마다 댐 건설 프로젝트는 세 개 주에 걸친 나르마다 강 유역에 30개의 대규모 댐, 135개의 중규모 댐, 3000개의 소규모 댐을 건설하는 것이며, 나르마다 강 유역의 마지막 댐은 구자라뜨 주에 위치할 '사르다르 사로바르 댐'이다. 그러나 SSP와 관련된 개별 주들 간의 여러 분쟁들의 쟁점에 댐 건설로 인해 극도의 피해를 입을 당사자에 대해 충분히 고려하고 있지 않았기 때문에 인도 사회의 약자인 부족민[250]의 목소리는 이 사업에 반영되지 않았다. 사실 심판위원회

249) 라자고빨(Rajagopal, 2005)은 수몰 예상지역이 부족과 농민들의 공간인 점을 생각할 때 당시 위원회에 사회학, 인류학 등의 인문 사회과학 전문가가 배제된 것은 처음부터 이 프로젝트 입안에 문제가 있음을 보여주고 있다고 주장한다. 이는 국가의 대형 개발 사업 지역의 주민과 그들의 사회·문화적 삶을 처음부터 고려하지 않고 개발 사업을 오직 기술에 의존한 국가의 경제 정책으로만 인식하고 있음을 보여준다.

의 재정착에 관한 명령[251)]에는 철거민의 상실된 토지에 대해 토지(land-for-land)로 보상하도록 규정하고 있기 때문에 초기에는 보상방법에 대해 상당히 기대하였지만, 실제 철거 과정에서 재정착 관련한 NWDT 명령이 제대로 지켜지지 않는 등 철거에 따른 대책은 파행을 겪었다.

나르마다 계곡 개발 프로젝트의 가장 대표적인 댐 건설 사업인 SSP에 관한 정부의 해당 기관의 추정에 따르면, 이 댐이 완공되면 상시 물 부족 사태를 겪는 구자라뜨와 라자스탄 일부 군들을 포함하여 약 3천 만 명에게 식수를 공급하고, 1백8십만 헥타르 농지에 농수를 공급할 수 있으며, 1천4백5십 메가와트 전력을 생산할 수 있다고 주장되었다(Raj 1991). 또한 이 댐은 홍수와 가뭄에 대비할 수 있게 하며 식물과 동물 그리고 어류에게도 긍정적인 영향을 주어 생태계 보존에도 도움이 된다는 홍보를 하였다. 이러한 국익을 위해 피해를 입을 것으로 예상되는 규모는 세 개주에 걸쳐 245개 촌락의 4만 1천명으로

---

250) 프로젝트로 인해 수몰될 지역의 절대 다수의 사람들이 인도 토지법상 자가 농가로 인정을 받지 못하는 부족민들이었다. 이들은 1927년 인도 산림법에 따라 부족민들의 산림지에 대한 권리는 인정되지 않고 단순히 산림의 무단 거주자 신분으로 약간의 법적 권리만을 인정하고 있었다. 그러나 이들 부족들이 나르마다 댐 사업의 피해자들 가운데 가장 취약한 세력들이었다(Rajagopal, 2005).

251) 1979 NWDTA(나르마다 물 분쟁 심판위원회 명령)에 따른 재정착 조치에는 다음과 같은 내용이 포함되어 있다. 1) 토지를 토지로 보상한다 2) 재정착과 시민들의 편의시설을 위한 금전적 보상 3) 철거민의 광범위 범주에 토지 소유자뿐만 아니라 상업 종사자 등 농업 외 종사자도 포함 4) 매 가정마다 2헥타르 토지 보상 5) 가족은 부부와 미성년자 자녀와 그 밖의 피부양자로 인정 6) 모든 성년은 단독 가정으로 인정 7) 필수 편의시설이 갖추어진 가족과 촌락 단위의 재정착 8) 수몰 1년 전에 토지 할당. 그러나 이러한 명령에는 부인 가장과 성년 여성, 과부, 이혼녀 등에 대한 명령이 없었기 때문에 이러한 가부장적인 가족의 정의로 인해 여성은 가족의 부속물로 취급되어 재정착 과정에서 손실이 매우 컸다(Modi, 2004).

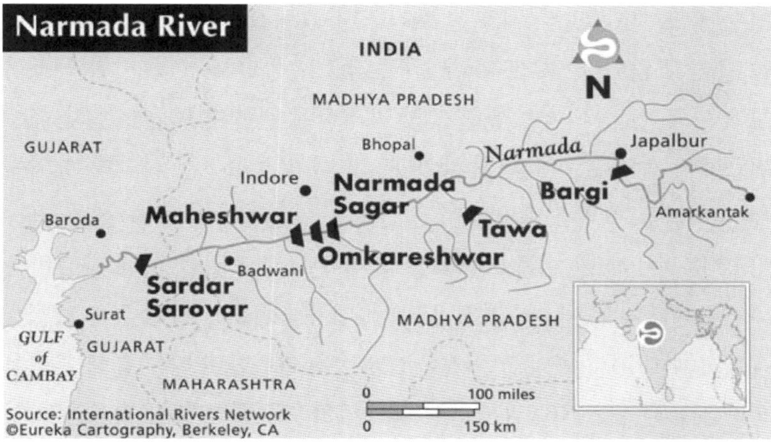

그림 27. 나르마다 강 유역의 댐 개발계획 관련 지도
(http://www.umcji.edu/~snre492/Jones/narmada.html)

발표되었다[252].

●●● 3. 시민사회 저항과 인권문제

1) SSP 진행에 따른 시민사회의 저항[253]

SSP 당국이 철거에 따른 피해자 보상에 대해 수립한 계획들을 주민들에게 공개하지 않자 초기에는 피해 주민 등 소수의 운동단체들이

252) 인도 정부의 피해 예상 규모 등에 대한 발표는 국제 NGO와 NBA와 같은 운동단체의 피해 규모 주장과 상이하다. 그러나 SSP로 인한 피해를 예측한 단체들의 보고서나 백서 등에 그 규모에 차이가 발견되기 때문에 일관된 내용을 파악하기란 쉽지 않다.

253) 나르마다 계곡 개발 프로젝트에 반대하는 운동에는 다양한 성격의 집단들이 참여하고 있다. 정채성(2008: 218-221)에 따르면 크게 세 부류(인도 도시 출

침수 정도, 침수 일정, 새로운 토지조사 등을 요구하였으나 당국은 이에 응하지 않았다. 초기 세 개 주의 각종 운동단체[254]는 시위를 조직하고 당국으로부터 SSP와 철거 및 재정착에 관한 정보를 입수하여 주민들에게 알려주는 역할을 하였다. 세 개의 주정부는 사업에 항의하는 시위들을 폭력을 동원하여 강압적으로 진압하는 등 파행을 거듭하였다[255]. 1985년 이들 조직들은 일부 운동 조직들과 함께 '나르마다 바차오 안돌란'(NBA)을 조직하였다(Dharmadhikary, 1995).

1985년부터 SSP에 대한 저항은 NBA라는 탄탄한 조직을 통해 본격적으로 시작되었다. NBA의 운동은 20여명의 헌신적인 핵심 활동가와 이들을 지지하는 지원 집단으로 구성되었다. NBA 리더십은 카리스마적

신 운동가 핵심집단-지도부, 해당 지역 농어민과 부족민들, 선진국 환경운동과 시민운동 단체)가 나르마다 운동에 참여하고 있는데, 이들 집단들 간에 SSP 등에 저항하는 근본적인 이유와 성격이 상이하기 때문에 운동 내부적으로 다양한 집단들 간의 갈등과 대립, 정치적 조작과 권력다툼 등이 벌어지고, 서로 다른 세계관들이 충돌하는 현상이 있다. 본 논문이 나르마다 운동에 참여하는 집단들 간의 관계에 주요 관심이 있지 않기 때문에 나르마다 운동 내부의 '집단 역동학'에 대한 자세한 언급은 하지 않고 있다. 다만 참여한 집단들에 대한 간략한 언급만이 이뤄지고 있음을 밝힌다.

254) 이러한 조직들에는 구자라뜨의 'Arch-Vahini'(Action Research in Community Health and Development), 'Narmada Asargrastha Samiti'(Committee for People affected by Narmada dam), 마디야 쁘라데시의 'Narmada Ghati Nav Nirman Samiti'(Committee for a new life in the Narmada Valley), 마하라쉬뜨라의 'Narmada Dharangrasta Samiti'(Committee for Narmada Valley) 등이 있었다(Dharmadhikary, 1995).

255) 사실 SSP에 대한 반대 투쟁의 역사는 1978년 당시 마디야 쁘라데시의 인도 국민회의(Indian National Congress)의 핵심 정치 인물이었던 아르준 싱(Arjun Singh)이 니마르 평야의 주민들을 동원하여 조직한 '니마르 구조 운동'(Nimar Bachao Andolan, 〈save the Nimar movement〉)으로 거슬러 올라간다. 당시 인도 국민회의 운동 조직과 조직 동원은 사실 지방 선거 전략의 하나로 작동하였다. 그러나 마디야 쁘라데시에서 인도 국민회의가 집권하자 아르준 싱이 조직한 운동은 와해되었고, 오히려 댐 건설에 우호적인 입장에 서게 되었다(Nayak, 2010).

지도력을 가진 메다 빠뜨까르(흔히 '메다 디디'〈메다 큰 누이〉로 불림)가 현재까지 약 25년 이상을 이끌고 오고 있다. 그녀는 NBA를 통해 정부를 상대로 하여 국가의 개발 사업의 투명성과 책무성을 요구하여 왔다. 그녀는 수없이 경찰에 구타당하고 투옥되는 고초를 경험하면서 생명권과 나르마다 프로젝트로 고통을 받을 2천 만 명 이상의 생계를 위해 투쟁하였다. 그녀와 함께 사회운동가 '바바 암떼'(Baba Amte) 역시 나르마다 강 보호라는 대의를 위해 도덕적인 지도력을 발휘하였다. 1980년대에 시작한 나환자에 대한 사회운동으로 유명세를 떨친 그는 대규모 댐 건설을 반대하는 투쟁에 합류하였다(Narula, 2008).

그림 28. '나르마다를 구하는 운동'을 이끌고 있는 '메다 빠뜨까르'

빠뜨까르와 암떼 외에 NBA의 핵심집단은 주로 교육받은 전문가들이었다. 이들 대부분은 나르마다 계곡 주민이 아닌 외부에서 유입되어 도시에 있는 사무실에서 운동을 움직이는 사람들로서 국내외 비정부조직들과 다른 운동 조직들과의 연락을 취하는 역할을 맡았다. 또한 이들은 연구, 자료 수집, 홍보, 관련 정부 부처와 국제조직 및 언론과의 로비활동 등을 하고 나르마다 계곡에서의 시위를 동원하고 조정할 뿐만 아니라 재원을 확보하고 전략을 수립하였다. NBA운동의 지원집단에는 인도 국내의 인권, 환경, 대안적 발전 운동가와 이들 운동에 관련된 외부 비정부조직들이 있었다. 이들 조직들은 NBA운동에 자금과 전략을 지원하였으며, NBA와 인도 내 다른 종류의 투쟁과의 연결고리 역할을 하였다(Dwivedi, 1997).

NBA는 지역 단위에서도 SSP에 저항하였다. 나르마다 강 유역의 아디바시 농민, 현금작물 재배에 종사하는 부농들이 철거 반대를 위한 시위에 동원되었다. 인도 국내에서 NBA는 대법원에 SSP 저지를 위해 청원하는 등 인도의 세계화에 반대하는 국내 다양한 사회운동조직의 연합체인 '전국민중운동연맹'(National Alliance of People's Movement)을 동원하는 주체가 되었다. 국제적 차원에서 NBA는 '국제 강 네트워크'(International River Network)와 '국제 나르마다 캠페인'(International Narmada Campaign)과 같은 인도 외부의 조직들과 네트워크를 구축하였다. 이들 인도 국외 단체는 나르마다 현장을 방문하여 투쟁 방식에 대해 학습하고 나르마다 관련 정보를 홍보하는 등 NBA와의 연결을 지속함으로써 탄탄한 연대관계를 보여주었다. '국제 강 네트워크', '환경보호재단'(Environmental Defence Fund), '지구 친구들'(Friends of the Earth)과 같은 환경단체, '생존을 위한 국제조직'(Survival International)과 같은 인권과 토착민의 권리를 보호하는 제 집단 등의 연대적인 관계가 NBA와 지속되었다. 이처럼 NBA의 투쟁은 지역, 인도 국내외 등 수준을 달리하며 다양한 조직들과의 연계 속에서 진행되었다[256] (Routledge, 2003).

사실 NBA의 초기 목표는 SSP 자체의 타당성에 대한 문제제기보다는 이 사업으로 인해 철거될 사람들에게 적절한 재정착 편의를 제공하라는 요구에서 시작되었다. 그러나 운동이 진행되면서 NBA는 인도

256) 예컨대 2000년 7월-9월까지의 '사띠야그라하'(satyagraha)와 같은 비폭력 저항에 지역 아디바시와 농민, 인도 학생, 인도 국내 운동조직, 캐나다, 영국, 네덜란드 등의 국제 활동가와 연구자들이 참여한 바 있었다.

정부가 따르고 있는 주민을 배제한 개발 모델에 대한 비판, 피해 주민들의 재정착에 관한 관련 정부의 조치의 한계들, 피해가 예상되는 사람을 재정착 보상 대상에서 제외시킨 점을 교정하라는 요구 등으로 운동의 주요 내용이 확대되었다. 이에 따라 NBA는 댐 건설 자체에 대한 철저한 반대 입장으로 선회하였고, 시간이 지나면서 운동은 인도 국내외 운동으로 확대 전개되었다(Nayak, 2010).

NBA가 국내외 저항운동 조직들과 연대하여 대표적인 세계화 대행기관의 하나인 세계은행이 지원한 제 3세계에서의 개발 사업을 포기하게 만든 것은 제 3세계에서의 환경과 인권운동의 대표적인 승리의 하나로 인식되고 있다. 앞서 언급되었듯이 SSP는 세계은행의 정책적 재원의 지원 하에서 시작되었다. 세계은행은 1979년 위원회를 인도 구자라뜨 주에 파송하여 사업 기본설계에 들어갈 천만 달러를 유엔개발계획(UNDP)으로부터 얻도록 협조해 주었다. 그 후 세계은행은 SSP가 시작된 1985년부터 사업이 중단된 1993년까지 자금을 지원하였다. 세계은행은 인도의 SSP가 세계은행이 염원하는 방향으로 인도 개관사업의 근대화를 지향하고 있기 때문에 지원을 결정했다는 나름의 정당성을 내세웠다(Dharmadhikary, 1995). 세계은행은 1985년 SSP를 위해 국제부흥개발은행(International Bank for Reconstruction and Development, IBRD)의 미화 3억불과 국제개발협회(International Development Association, IDA)의 미화 1억 5천만 달러 각각의 재정 지원을 승인하였다. 그러나 1987년까지 인도정부는 사업 관련한 환경영향평가와 적절한 재정착 계획의 수립이 완료되지 못했다는 이유로 SSP에 대한 승인을 지연하였다. 그러나 SSP가 세계은행의 재원을 확보하자 초기에 요구했던 요건을 무시하고 인도정부는 이 사업을 승인하였다(Kara, 2001).

NBA가 조직한 나르마다 계곡의 주민들과 국제적인 연대 집단들 가운데 특히 '국제 나르마다 행동위원회'(International Narmada Action Committee)는 세계은행의 주요 주주 국가들의 의원, 재정부 임원, 재무 장관들에게 SSP 반대를 위한 로비를 함으로써 세계은행은 1993년에 최종적으로 SSP로부터 철회한다는 선언을 하였다. 빠뜨까르와 NBA는 1987년에 미국 워싱턴에서 세계은행 직원들을 만나 인도 환경산림부의 허락 없이도 1985년 세계은행이 구자라뜨 주와 개발 사업 계약을 맺었던 경위에 대한 공개적 질문을 하고, 1989년에는 미국 의회 청문회에 참석하여 SSP가 인도의 환경과 사회·문화적 영역에 심각한 영향을 끼칠 수 있는 문제점을 지적함으로써 세계은행을 순차적으로 압박해 나갔다. 이와 함께 미국, 캐나다, 유럽, 호주, 일본 출신들의 비정부조직으로 구성된 '국제 나르마다 행동 위원회'는 자국의 세계은행 관련자들에게 세계은행이 SSP에 대한 투자를 철회하도록 로비해 줄 것을 요청하였다[257]. 이러한 일련의 활동으로 세계은행은 1992년 SSP 지원을 검토하는 독립적인 위원회를 인도에 파견하였다. 파견된 위원들은 보고서를 통해 SSP에 대한 인도 국내외 반대가 극심하고, 사업 진행에 재정착 문제 등이 발견되었기 때문에 세계은행이 이 사업에서 손을 뗄 것을 조언하였다. 게다가 지속적으로 발표되는 국제 환경단체들의 SSP 진행 과정에서 발생하는 인권침해 현황에 대한 비판적 보고서 등 국제적인 여론의 부정적 반응에 세계은

257) 예컨대 1990년 4월 일본의 비정부조직 '지구 친구들'(Friends of Earth)이 동경에서 최초의 나르마다 관련 국제 심포지엄을 개최하고 이들은 직접 나르마다 현장을 방문하였다. 이러한 행동은 주요 국제 미디어의 주목을 받았으며 일본의 '해외 경제 협력 재단'(Overseas Economic Cooperation Fund)으로 하여금 나르마다 댐 프로젝트에서 철회할 것을 발표하도록 하였다. 1990년 20명이 넘는 일본 의회 의원들은 세계은행이 인도 SSP에 지원하지 않을 것을 촉구하는 서안을 보낸 바 있다(Morse & Berger, 1997).

행은 전체 지원비 4억 5천만 달러 가운데 남은 1억 7천만 달러 잔액의 지원 취소를 전격 결정하여 마침내 1993년 3월에 이 사업의 지원 취소를 발표하였다(Rajagopal, 2005).

세계은행의 남은 재원 지원 취소와 관계없이 SSP는 계속되었으며, 인도 정부의 지속된 건설 작업으로 인해 더 많은 촌락들이 침수 위기에 직면함에 따라 NBA와 그 협력 조직들은 법률적 힘에 호소하기로 결정하였다[258]. NBA는 1994년 대법원으로 SSP 문제를 가져갔다. 이들은 댐 건설로 피해 입은 다양한 집단들의 기본권의 침해를 들어 인도 헌법 32조가 보장하고 있는 바에 따라 댐 건설 중지를 주장하였다. 소송 내용의 주요 골자는 SSP 관련한 환경영향평가의 부실, NWDT가 명령한 재정착 내용에 대한 정부의 무성의한 대응 등이었다. 이러한 내용의 청원에 따라 1995년 대법원은 댐 높이 80.3m에서 공사 중단을 명령하여 1999년 공사가 재개될 때까지 댐 건설작업이 중지되었다. 그러나 1999년 2월 이 사건의 최종 청문회가 연기된 상태에서 대법원은 공사 중단 명령을 해제하여 85.3m까지 공사를 진행하도록 명령하였다. 1999년 대법원은 사업에 대한 총체적인 검토를 착수하는 대신에 댐의 건설 중단을 무효화 하고 사안을 재정착 문제로만 한정시켰다. 이에 1999년 부커상 수상자인 아룬다띠 로이(Arundhati Roy)는 대규모 댐 건설에 대해 자신의 글을 통해 신랄하게 비판하였

258) NBA는 1990년에 NBA의 철거와 침수를 방지해주라는 청원을 봄베이 고등법원에 하였으며, 개발 사업이 헌법에 위반된 것이라는 법원의 결정에도 불구하고 사업은 지속되었다. 또한 불가촉천민과 부족 위원회가 제기한 강제철거와 재정착 관련한 소송에서 대법원은 최소 침수 6개월 전에 재정착이 이뤄져야 하고 이에 따라 관련 3개주는 헌법에 보장된 '생존권'에 준하는 재정착이 확보되도록 하라는 명령을 내렸다. 그러나 일반적으로 강제 철거, 산림훼손, 경찰의 폭력에 관련한 소송에 대해서 인도 법원들은 적극적으로 처리하지 않는 경향이 있었다(Rajagopal, 2005).

다[259]. 이 사건 관련한 대법원의 2000년 최종 결정내용은 SSP를 조속한 시일 내에 종료하기 위해 댐의 수위를 90m까지 건설하고, 이후 5m 높아질 때마다 나르마다 통제 당국(Narmada Control Authority, 이하 NCA)의 필요한 재정착 작업의 적합한 실행 감독을 조건부로 138.6m까지의 공사 진행을 허용하는 것이었다(Nayak, 2010).

그러나 NBA는 법적 투쟁을 여기서 포기하지 않았다. 나르마다 계곡 통제 당국이 댐의 수위를 2002년에 95m로 상향 조정하였을 때 NBA는 댐 건설과 재정착 작업이 함께 진행되고 있지 않다는 근거를 들어 법원에 새로운 청원을 하였으나 절차상 문제로 청원이 기각 당했다[260]. 다시 2005년에 댐 건설로 인한 철거와 재정착 작업과정의 문제점을 들어 청원으로 공사 중단을 시도하였으나[261] 작업 진행을 멈추기에는 역부족이었다. 2006년 121.92m 댐의 완공되고 15.24m 높이의 30개의 수문 설치 작업만을 남겼다는 구자라뜨 주 수상의 선언이 있었다.

---

259) 로이는 40만의 식수를 위해 20만의 주민을 철거하고 재정착 시키는 것은 공익을 위해 맞지 않으며, 이런 것은 파시스트적인 계산법이라고 주장하였다(Roy, 1999). 로이와 NBA의 댐 건설에 대한 비판과 법원의 건설 재개 명령에 대한 신랄한 비판에 대해 1999년 대법원은 로이에게 법원 모독죄를 물었다. 로이는 모독죄에 대해서 유죄로 인정되어 상징적으로 하루 수감 생활과 벌금 2천 루삐를 징수 당했다.

260) 법원은 피해 당사자가 먼저 독립적인 기구인 '고충처리당국'(Grievance Redressal Authority)에 청원하고 이것이 받아들여지지 않을 때 법원에 청원해야 한다는 절차상의 문제를 들어 이 청원을 기각하였다.

261) 마디야 쁘라데시 주의 침수된 27개 마을 사람들이 고충처리당국이 자신들의 청원을 거절하였다는 이유로 대법원에 청원하였다. 법원은 마디야 쁘라데시 정부로 하여금 청원자들에게 가급적 조속한 시일 내에 적합한 토지를 배당할 것을 명령하면서 침수되기 전에 철거민의 재정착이 완료될 것과 댐의 수위가 올라가기 전에 구조와 재정착 조치들이 취해질 것을 명령하였다(Narmada Bachao Andolan v Union of India, 2005).

2) SSP와 인권문제

국가의 대형 개발 계획에는 수십 만 명의 주민 철거와 그들의 문화, 생태, 생계 방식의 철저한 변화가 수반된다. 사업을 주도하는 집단은 철거민에게 적합한 보상을 약속하거나 재정착 지구에 교통, 의료, 학교, 음용수, 거주 공간 등을 약속하지만 이러한 약속이 제대로 지켜지는 경우는 드물다. 대규모 개발 사업이 가져오는 긍정적 효과에도 불구하고 이러한 사업들에는 대규모 철거민과 '환경난민'을 양산하기 마련이다. 따라서 강물은 댐과 저수지를 통해 전력과 용수로 전환되지만, 강 유역에 살던 철거민들에게는 '비탄의 눈물'로 바뀌게 된다(Thukral, 1992).

'나르마다 계곡 개발 프로젝트'처럼 개발 사업으로 유린될 수 있는 인권 침해는 다양한 맥락에서 발생한다. 이는 환경권에 대한 침해뿐만 아니라 이러한 침해에 대해 자유롭게 의사표현 할 수 있는 권리의 실현 시에 국가로부터 인신에 대한 구속 및 위협이 자행되어 오기 때문이다. SSP를 주도했던 인도 정부는 '시민 · 정치적 권리에 대한 유엔 규약'(UN Covenant on Civil and Political Rights, CPR)과 '경제 · 사회 · 문화적 권리에 대한 유엔 규약'(UN Covenant on Economic, Social and Cultural Rights, ESCR)[262)]에 가입하였음에도 불구하고, 개발 사업

---

262) 1948년 유엔총회에서의 '보편적 인권선언' 후 18년이 되던 해인 1966년에서야 법적 효력을 지니기 위해 두 개의 규약이 결실을 보았다. 하나는 CPR이고 다른 하나는 ESCR 이었다. 일반적으로 CPR은 생존권과 언론의 자유처럼 국가가 법으로 고문이나 언론의 자유의 박탈 등의 행위를 금지해야 한다는 의미로 '소극적 권리'(negative rights)로 불린다. 한편 ESCR은 국가가 적합한 표준적 삶의 권리 등을 적극적인 행위를 통해 보장해야 한다는 의미로 '적극적 권리'(positive rights)로 불린다. 소극적 권리는 개인의 권리이기 때문에 진정한 의미의 인권에 해당되지만 후자인 ESCR은 집단적 권리의 성격이 강하고 기껏해야 바람직한 상태에 대한 소망을 나타낼 뿐 강요적인 성격이 없기 때문에 진정한 의미의 인권으로 보기 어렵다는 주장(Ignatieff 2000; Neier

진행 도중 이러한 규약의 위반은 일상화되었다. '경제 · 사회 · 문화적 권리에 관한 유엔위원회'는 2002년 11월 수자원에 대한 권리에 대해 일반적 의견을 내 놓은 바 있다. 위원회는 국가가 수자원 권리의 실현에 법적 책임이 있음을 강조하면서, 수자원을 단순히 경제적 상품이 아닌 사회 · 문화적 산물로 규정하고 있다. 따라서 유엔위원회는 개별 국가가 개발 사업을 입안하면서 경제적인 논리만이 아닌 인간의 사회 · 문화적 환경에 끼치는 영향[263)]까지도 고려할 것을 주문하고 있다.

SSP로 인해 입을 환경파괴는 상상을 초월하는 것이었다. 수백만 마일의 밀림이 사라지며 경작 가능한 평야가 사라지고 동식물과 어류계의 환경변화로 있게 될 피해는 엄청난 것이었다. 그러나 SSP의 부정적 영향은 단순히 생태적 환경에 그치지 않는다. 특히 수자원이 단순 경제적 상품을 넘어 사회 · 문화적 산물이라는 점을 고려할 때 SSP의 부정적 영향은 나르마다 강 유역 산림지대에 거주하던 원주민 아디바시 사회의 생계와 사회 · 문화적 토대를 송두리째 파괴하였다. 사실상 나르마다 유역에 수세대를 살았던 원주민 빌랄라, 빌, 뽀으라 부족들은 SSP로 인해 자신들의 생태적 환경을 위협 받고 있었다. 아디바시 부족민들의 종교생활은 자연과 사회 간의 긴밀한 관련성을 특징으로 하였기 때문에 자연 순환에 영향을 주는 개발 사업은 이들의 신앙과 관련된 모든 것들에 치명적인 영향을 주었다. 나르마다 강 계곡은 니마르 평야 지역의 환금작물에 종사하는 빠띠다르 등 농민들

2003)도 있다. 그러나 일반적으로 ESCR도 보장받아야 할 진정한 인권으로 간주되는 경향이 있다(Uvin, 2004).

263) 개발 사업 지구의 거주자들의 언어사용, 공동체 의식, 친족관계, 물질적이고 정서적인 호혜적 구조, 조상에 대한 기억 등이 개발 사업으로 인해 말소되는 것이 일반적이다.

의 풍부한 힌두 문화가 부족 문화와 어우러져 있었던 곳이었다. 따라서 SSP로 인해 수몰되는 것은 물리적인 것 외에도 사회·문화적인 말소가 수반되었다(Baviskar, 1995).

ESCR 위원회는 절차적 과정이 보장되지 않는 주민에 대한 철거를 강요하지 못하도록 규제하고 있다. 해당 정부에게 요구된 절차적 보장에는 프로젝트로 인해 피해를 입을 사람들과의 진정한 형태의 상담, 철거 전에 피해 당사자들에게 관련 정보의 정확하고 적절한 방식의 고지의 의무, 가능한 법적 구제와 지원에 대한 조치 등이 포함된다. 그러나 인도 정부와 해당 주정부들은 SSP로 인한 침수 정도, 침수 일정, 새로운 토지 조사 등에 대해 자세한 일정과 정보를 제공하지 않았다. 예컨대 SSP로 인해 피해가 예상되는 가구의 규모에 대한 가장 기본적인 정보에 대해서조차 정확한 추정과 이에 대한 적절한 방식의 고지의 의무를 소홀히 하였다. 따라서 사업 당국이 내놓은 피해 추정치는 농지를 보유한 가족들만 포함된 초기부터 잘못된 산술이었다. 댐 건설에 가장 적극적으로 저항했던 비정부조직인 '나르마다 바차오 안도란'(NBA)은 SSP로 인해 철거될 가구가 약 8만 5천에 이르며, SSP가 완료될 시점에서는 약 6십 만 명 주민의 생계가 위협받게 될 것이라 주장한 바 있었다(Ram, 1993; Sangavai, 2000). 사실상 정부의 피해 예상 규모에는 농지를 지닌 가구들만이 포함되었을 뿐, 나르마다 강 유역에서 모래 채취, 어업, 도선업(渡船業), 목재 관련업에 종사하는 다양한 생계유형의 사람들이 제외되었다. 피해 예상 규모뿐만 아니라 피해 주민들에 대한 구제와 지원에 관한 계획과 실천에 있어서도 유엔이 정한 각종 의무사항이 지켜지지 않고 사업이 진행되었다. 예컨대 SSP로 발생하는 철거민에 대한 재정착(resettlement and rehabilitation)을 포함하여 인도 정부의 재정착에 관련한 정책과 규정이 거의 없을 정도로 미비하였고, SSP에 관련된 세 개 주들마다 재정착에 관한 지침이 각기 다른 점[264]은 대규모 국가 개발 사업에서 파생되는 주민들의 권리에 대해 SSP 당국자의 무관심함을 쉽게 짐작하게 할 수 있게 하였다.

SSP처럼 대형 규모의 국가 개발 사업에서 문제가 되는 것은 인간의 환경에 대한 권리의 유린도 마찬가지이다. 1990년 유엔인권위원회는 환경보전과 인권증진의 관계를 명확하게 하는 '인권과 환경[265]에 관한 결의문'을 채택하였다. 인권과 환경에 관한 원칙은 1966년의 CPR과 ESCR에 담긴 환경 관련 규정의 개념을 적극적으로 해석하여 '환경권'의 개념을 확대시킨 것이다. 유엔인권위원회는 환경적으로 건강한 세계를 만들어 가는 것을 인권의 중요한 토대로 강조했다. 1994년에 제출된 유엔인권위원회의 '인권과 환경에 관한 원칙'(Principles on Human Rights and the Environment) 초안이 정식 규약으로 채택되지는 않았지만, 이는 인권과 건전한 생태적 환경과 지속가능한 발전 등이 불가분의 관계에 있음을 전제하고 있다. 이 원칙들에는 실체적 권리로서 오염 등으로부터 자유로울 수 있는 권리나 환경을 보전할 권리,

264) 농지를 소유한 구자라뜨 내 또는 구자라뜨로 이주할 계획인 마디야 쁘라데시와 마하라쉬뜨라 주의 철거민에 대해서는 프로젝트 관할 구역 내 개간 가능한 토지 2 헥타르를 제공한다. 구자라뜨의 경우 무토지 또는 18세 이상의 아들들의 경우 2헥타르를 받을 수 있지만 마하라쉬뜨라에서는 1헥타르를 그리고 마디야 쁘라데시에서는 전혀 토지를 받을 수 없게 된다. 이처럼 각 주마다 보상에 대한 지침이 다른 경우가 허다했다(International Rivers Network, 1994).

265) 환경과 인권 논의에서 '환경권'은 '인간의 건강한 환경에 대한 권리' 뿐만 아니라 '환경의 권리'까지도 포함한 것으로 이해되어야 한다. 전자로만 이해될 경우 인간 중심적이라는 한계가 발생한다. 인간을 포함한 환경을 구성하는 다양한 주체들의 법적 지위까지 포함시켜야 하는 것은 전체 생명체와 인간이 유기적 관계 속에서 살기 때문에 모든 생명체의 권리가 보호되지 않으면 결국 인간의 환경권이 실현될 수 없다는 판단 때문이다(남상민, 2007).

절차적 권리로서 환경 관련 정보에 대한 권리와 환경 관련 의사 결정에 참여할 권리 및 결사의 권리 등이 제시되어 있다(남상민, 2007).

SSP가 환경과 관련되어 문제가 되는 것은 1980년대 인도정부와 국제 자본을 지원하는 세계은행(World Bank) 간에 사업이 시작하기 전부터 환경영향평가를 철저하게 실시하기로 합의했으나 종합적인 환경영향평가가 제대로 이뤄지지 않은 상태에서 철거와 작업이 시작되었다는 점이다.[266] 사업으로 인한 환경에 대한 영향을 도외시한 SSP는 이로 인한 다양한 문제를 발생시켰다. 따라서 SPP로 인해 사업 지구에 거주하는 사람들의 생태적 환경은 지속적인 위협을 받아 왔다. 예컨대 SSP 사업으로 인한 댐의 저수와 인근의 잔존 물 웅덩이 및 침수된 주변 육지로 인해 말라리아와 같은 질병 발생률이 크게 높아졌다. 나르마다 강 유역에 거주하는 주민들은 댐으로 인해 강물의 흐름이 완만하게 되어 모기가 알을 서식하게 되면서 말라리아 발생빈도가 훨씬 높아졌다고 주장한다(Kothari & Ram, 1994; Morse & Berger, 1997).

1998년 UN대표부는 국내적 철거에 관한 지침을 제안한 바 있다. 이 지침은 구속력 있는 법적 문건은 아닐지라도 국제인권법과 인도주의적 난민법 등에 기초하고 있다. 이 지침의 6조는 개발 사업으로 인한 철거에 대하여 명시적으로 언급하고 있다. 6조에 따르면 모든

---

266) 인도의 경우 1980년 인도 수상에 의해 댐을 포함한 주요 관개시설 공사 시에 환경영향평가를 의무시하는 명령을 발동하였다. 그리고 1980년 인도 국회는 '산림보호법안'(Forest Reservation Act)을 통과시키고 '연방환경부'(the Federal Environment Department)가 1985년 '환경 산림부'(Ministry of Environment and Forest)로 보완 조정되었다. 또한 1970년대부터 다양한 종류의 환경 관련 비정부조직들이 만들어졌다. 세계은행이 1985년 SSP에 대한 차관승인을 하였으나 인도 연방환경부는 댐건설 진행을 초기에는 용인하지 않았으나 계속된 정치적 압박에 의해 결국 승인하게 되었다(Kothari & Ram, 1994).

인간은 자신의 주거지로부터 임의적으로 철거되지 않을 권리를 갖는다고 명시하고 있다. 이러한 임의 철거에 대한 보호는 강제적인 성격이나 또는 공익에 의해 정당화되지 않는 대규모 개발 프로젝트에서 일어나는 철거를 포함하고 있다(Robinson, 2003). 이러한 지침 외에도 다양한 국제적 인권규약은 생명권, 이동의 자유, 자신의 주거를 선택할 수 있는 권리, 적합한 음식, 의복 및 주택을 포함한 표준적인 삶에 대한 권리 등을 포괄적으로 인정하도록 하고 있다. 적절한 절차에 따라 철거가 이루어지는 경우라도 국제인권법은 철거민에 대한 재정착을 위한 구제와 지원이 적절한 시기와 삶의 여건이 갖추어진 환경에서 이루어져야 함을 권고하고 있다.

그러나 SSP를 포함하여 '개발로 인해 발생하는 철거와 재정착'(development-induced displacement and resettlement)은 철거민의 사회, 경제적 환경의 피폐를 가져왔다. 세계은행처럼 국제기금 기구들이 피해자들에 대한 부정적 결과를 최소화하고자 세워진 재정착 지침은 SSP에서도 제대로 실천되지 않았다. 또한 재정착 이전보다 이후에 더 많은 부정적 결과가 일어나는 경우가 빈번하였다(de Wet, 2009). SSP 당국자들의 재정착 수행 과정은 극히 소극적이고 부정적인 결과를 가져왔다. 재정착 지역에는 가축을 먹일 초지, 땔감, 음용수, 화장터 등의 시설이 없고, 홍수 다발지역의 불량 토질로서 경작 불가한 토지를 불하받거나[267], 재정착 지역 토지를 둘러싸고 재정착을 수용한 마

267) 열악한 재정착 조건은 가장 많은 철거민을 발생시키는 마디야 쁘라데시로부터 유입되는 인구를 구자라뜨와 마하라쉬뜨라가 책임져야 하는 근본적인 구조 때문에 발생하는 면도 있다. 예컨대 구자라뜨로 유입되는 피해가구들을 위해 구자라뜨 주정부는 14,000헥타르 농지를 확보하여 이들 지역에 400여 개의 재정착 촌락을 조성하였다. 그러나 구자라뜨로 추가 유입 예정인 약 13,000명을 위한 농지를 주가 확보하지 못하였기 때문에 제대로 된 재정착 프로그램 운영이 불투명하였다. 이처럼 농지 확보가 어려운 것은 SSP로 인

을 사람들과의 분쟁 등 다양한 종류의 갈등을 경험하고, 서로 다른 재정착지로 배정됨으로써 촌락과 가족들이 해체되는 등의 부정적인 결과들이 발생하였다. 또한 초기 명령과는 달리 해당 지역 내에 토지의 부족을 내세워 토지로 보상받지 못하고 현금으로 보상을 받는 경우가 일반적이었다. 이에 따라서 재정착 후 토지가 아닌 현금에 생계를 전적으로 의존하게 됨으로써 재정착 가구들은 더 많은 대출을 받게 되었으며, 이에 따라 현금 경제의 늪에 빠지게 된 경우가 적지 않았다(Morse & Berger, 1997).

SSP처럼 대규모 개발 사업을 진행하는데 있어서 철거 외에 대안이 없다고 판단되는 경우 철거 대상들은 철거 절차에 관한 고지를 들을 수 있으며, 사업 진행과 절차 등에 관한 표현의 자유를 포함한 '시민・정치적 권리'(CPR)가 보장되어야 한다. 그러나 이러한 권리를 무시하고 해당 정부가 강압적으로 거주민들을 주거지로부터 몰아내는 것은 철거민의 인권이 침해되는 것이다. SSP로 인한 철거민의 인권 침해와 철거민에 대한 재정착 프로그램의 부실함과 성실하게 이행하지 않는 것을 비판하는 시민사회의 저항운동들은 인도 정부에 의해 무참히 진압되어 왔다. 인도 정부는 SSP를 완료하기 위해 이를 반대하는 저항세력에 대해 가혹하게 진압하였다. NBA를 비롯한 대부분의 저항운동이 지극히 평화적이었음에도 불구하고 평화로운 시위를 보

하여 조성할 재정착지에 필요한 농지 수요의 증가는 토지의 매매가를 상승시켰으며, 이로 인해 주정부 입장에서는 재정착민이 작물을 재배할 수 있을 만큼의 양질의 토지를 저렴한 가격에 구입하기 어려워졌다. 이에 따라 주정부는 품질이 떨어지는 농지를 확보함으로써 재정착민의 재활을 거의 어렵게 만들었다. 한편 마하라쉬뜨라 주는 재정착을 위해 4,300 헥타르의 산림을 어렵게 확보하였지만 마하라쉬뜨라로 추가로 유입될 철거민의 절반에 해당하는 인구에게 향후에 지급해야 할 농지확보가 어려워 정상적인 재정착 프로그램 운영이 불가능하였다.

장하고 있는 인도 헌법 19조를 위반하면서 경찰로 대표되는 공권력은 관련 운동가들에 대한 구타, 투옥 등 기본적인 인권을 침해하였다. 사실 NBA를 비롯한 대부분의 SSP 반대 투쟁에는 마하뜨마 간디 식의 단식 투쟁 등의 비폭력 무저항인 '사띠야그라하'(satyagraha) 방식과 물이 차게 되면 죽을 각오로 자신의 주거지에 머무르며 투쟁하면서, 나르마다 강의 수위가 올라가면 물속에 몸을 던져 자신을 희생시키는 '잘 사마르빤'(jal samarpan) 방식 등 비폭력적인 방식[268]이 동원되었다(Narmada Bacho Andolan, 2000). NBA를 포함한 인도 시민사회와 국제적 환경과 인권 조직들의 이러한 비폭력적 연대 투쟁에도 불구하고, SSP 당국은 표현의 자유와 생존권의 자유 등 기본적 인권을 도외시하며 결국 2006년에 SSP를 완결 지었다.

●●● 4. 개발과 전지구적 인권운동의 전망

'나르마다 계곡 개발 프로젝트'는 인도 정부의 대규모 개발 사업을 통한 발전 정책의 대표적인 숙원 사업이며, 이 사업의 대표적인 댐 건설의 하나가 '사르다르 사로바르 프로젝트'(SSP)였다. 세계 경제의 전지구화를 추구하는 세계은행의 자본과 국가 권력의 합작품인 SSP

268) 이들은 육체적인 방식의 비폭력적 투쟁 외에도 논쟁을 통한 투쟁방식과 개발 관련한 담론들을 들춰내서 정부와의 논리적 경합을 하는 일도 중요하게 생각하였다. SSP가 지극히 폭력적임을 주장함으로써 사업의 문제점을 지적하는 방식을 채택하였다(Kara 2001; McCully 1996). 또한 NBA와 피해 주민들은 정부의 개발 사업이 가져다 준 주민들에 대한 피해를 증명하기 위해 아디바시와 농민들의 증언과 목격담 등을 대중적인 시위에서 이용하였다. 이들 증언과 목격담은 보빨(Bhopal), 뭄바이(Mumbai), 델리(Delhi) 등 대도시에서 전개된 시위와 데모에서도 활용되었다. 피해 주민들의 증언은 자신들의 저항운동행위를 정당화할 수 있었다(Dwivedi, 1999; Gandhi, 2001).

안에는 국가의 경제발전의 가속화를 위한 인프라 구축이라는 국익의 다양한 장밋빛 전망이 담겨 있었다. 이 사업은 애초부터 '인권을 생각하는 개발'(Andreassen & Marks, 2010) 의지가 결여되어 있었다. 유엔 인권위원회는 개발을 위한 국가 프로젝트의 경우 철거처럼 인간에게 심각한 영향을 주는 개발 사업을 대신할 수 있는 가능한 대안을 모색해 볼 것과 철거가 불가피하다면 철거 절차가 피해를 입을 주민들의 생존권과 자유 및 안전에 대한 권리를 최대한 보장할 것을 권고하고 있다. 이러한 개발과정의 인권적 차원에 대한 요구는 흔히 개발 개념과 조화되지 않았기 때문에 무시되고 있는 것이 인도의 SSP 진행과정에서 보여주듯이 특히 제 3세계에서 벌어지는 국가 주도 개발 사업의 현주소이다.

제대로 된 인권이 보장되려면 인권 침해 여부를 국가의 감독기관, 예컨대 법원 등의 철저한 감독이 있어야 한다. 이는 국가적으로 법원이 인권 관련한 사항을 다룰 수 있는 권력기관이기 때문이다. 그러나 인도의 SSP의 진행 과정에서 드러난 것처럼 인권침해에 대한 시민사회의 여러 소송들은 법원에 의해 빈번히 기각되거나, 법원이 해당 사업 관련 기관에 내린 명령이 제대로 집행되지 않는 일이 빈번하였다. 흔히 국가는 법원 등 국가 기관이나 다른 채널을 통해 국익을 내세운 개발 사업을 관철하기 위한 조정을 한 동안 시도해보지만, 해결이 어렵다는 판단이 들 경우 폭력 등을 앞세운 물리적인 해결을 동원하기 십상이다. 인도의 NBA 등의 시민사회의 SSP 반대 투쟁이 지극히 비폭력적인 저항이었음에도 불구하고 국가 권력은 지도자를 비롯한 참여자들에 대한 임의적 체포, 불법 감금, 구타 등 여러 형태의 신체적 고통을 가하였다. 또한 국가는 저항 운동에 참여하는 개인과 집단들을 국익을 위한 개발 사업에 반대하는 '반국가적' 행위자들로 매도하는 경우도 있다[269].

20여년 이상의 시민사회의 SSP에 대한 반대 투쟁에도 불구하고 결국 SSP는 완료되었다. SSP 저지에는 실패했지만 NBA를 중심으로 한 인도 국내 시민사회는 나르마다 계곡 개발 프로젝트 전체 계획의 포기를 요구하고 SSP에 대한 공사 중단 철회를 결정한 대법원의 명령에 대한 저항운동을 지속하고 있다. NBA와 인도 국내외 인권과 환경 관련 조직들은 세계화의 대행자인 세계은행의 SSP에 대한 재정적 지원의 철회 결정을 이끌어 냄으로써 이를 환경과 인권 운동의 승리로 규정하고 있다. NBA와 국제 연대조직의 SSP에 대한 반대 캠페인은 사회·환경적 정의를 위한 전지구적 투쟁의 상징으로 간주되고 있다. 특히 NBA는 인도와 전지구적 차원에서 국가 주도 개발 사업으로 인한 철거문제를 쟁점화 시켜 대규모 개발 사업이 끼치는 생태적, 사회·문화적 영향에 대한 고려를 중요하게 생각하도록 만들었다. 인도의 SSP처럼 대규모 개발 사업이 국익을 내세우며 국민의 생존권 등 기본권을 무시하는 개발 사업은 개발이 가져다주는 수혜의 크고 작음에 관계없이 인권적 차원에서 본다면 완전히 실패한 사업일 수밖에 없을 것이다.

---

269) 예컨대 구자라뜨 정부는 SSP를 '문화적 민족주의' 이념을 지닌 사업으로 간주하면서, 이 사업에 반대하는 사람들을 '구자라뜨의 적'으로 규정하였다. 1989년 다양한 정당 소속의 구자라뜨 정치인들은 주 의회에서 SSP 반대 세력들을 국익에 반하는 반국가적 기관들(인물들)로 비난하고 자신들은 SSP를 전폭 지지한다는 결의안을 발표하였다. 특히 일부 주류 언론들도 논설을 통하여 NBA가 해외 비정부조직들과 함께 로비를 통해 국익 사업을 방해한다는 논조로 비판한 바 있다(Editorial, 1989).

참고문헌

김경학, 2006a, 『국제 이주와 인도인 디아스포라』, 서울: 집문당.

김경학, 2006b, "정체성의 정치: 캐나다 시크사회를 중심으로", 『한국문화인류학』, 제39집 2호, 한국문화인류학회.

김경학, 2007a, "국제이주와 시크의 '이주문화'", 『국제지역연구』, 11권 3호, 한국외국어대학교 외국학종합연구센터.

김경학, 2007b, "국가폭력의 양상과 그 성격: 1984년 인도 시크 대학살 사건을 중심으로", 『민주주의와 인권』 제7권 1호, 전남대학교 5.18 연구소.

김경학, 2008a, "델리 시크 대학살" 이후 시크의 저항: 인도 국내외 칼리스탄 운동을 중심으로", 『민주주의와 인권』, 제8권 2호, 전남대학교 5.18연구소.

김경학, 2008b, 『터번의 문화정치: 시크 초국가적 민족주의』, 광주: 전남대학교출판부.

김경학, 2008c, "결코 잊지 못할 1984년: 시크 사이버 민족주의의 전개와 성격", 『민주주의와 인권』 제8권 3호, 전남대학교 5.18연구소.

김경학, 2010, "전지구화와 인권: 뻰잡 달리뜨운동의 초국가적 성격", 『민주주의와 인권』, 제10권 1호, 전남대학교 5.18연구소.

김경학, 2011, "인도정부의 부족민 정책과 인권현황", 『아시아저널』 여름 3호, 5.18 기념재단.

남상민, 2007, "환경과 인권, 그 관계맺음에 대하여: 인간 중심적 관점을 넘어서야 할 환경권",『세상을 두드리는 사람』26호.
박금표, 2003, "시크교와 민족주의,『인도연구』8권 1호, 한국인도학회.
박정석, 2003, "크리켓과 민족주의",『인도지역동향』, 한국인도학회.
박정석, 2007, "케랄라의 귀환 이주자: 이주과정과 소비행위를 중심으로",『인도연구』, 12권 1호, 한국인도학회.
백좌흠, 이광수, 김경학, 김찬완, 이재숙, 2003, "힌두-무슬림 갈등의 구조적 성격과 동태 분석: 아요디야 사태를 중심으로",『인도연구』제 8권 2호, 한국인도학회.
백좌흠, 이광수, 김경학, 김찬완, 이재숙, 2004, "힌두-무슬림 갈등의 구조적 성격과 동태 분석: 구자라뜨 사태를 중심으로",『인도연구』제 9권 2호, 한국인도학회.
이광수, 2006, "'1984년 폭력'과 디아스포라에서의 시크 종족 정체성의 변화", 김경학 외,『인도인 디아스포라: 경계를 넘는 사람들』, 서울: 경인문화사.
이광수, 2007, "1947년 분단과 델리 정착 파키스탄 난민의 정체성 변화", 김경학 외『글로벌 시대의 인도인 디아스포라』, 서울: 경인문화사.
이광수 · 김경학 · 백좌흠 · 박정석, 2002,『카스트: 지속과 변화』서울: 소나무.
정채성, 2003, "하리잔과 달리뜨: 불가촉천민의 집단의식형성",『인도연구』8권 1호, 한국인도학회.
정채성, 2008, "인도 환경운동의 사회경제적 성격: '칩꼬(Chipko)'와 '나르마다(Narmada)'운동을 중심으로",『인도연구』13권 1호, 한국인도학회.
조정규, 2006, "광역 밴쿠버 인도인의 이주와 정착", 김경학 외「인도인 디아스포라: 경계를 넘나드는 사람들」, 서울: 경인문화사.

Ahmad, A. 1999, 'The Narmada Water Resources Project, India: Implementing Sustainable Development', *Ambio*, 28(5): 398-403.

Ali, I. 1989, *The Punjab under Imperialism 1885~1947,* Delhi: Oxford University Press.

Andersen, W.K. & Damle, A.D. 1987, *The Brotherhood in Saffron: The Rashtriya Swayamsevak Sangh and Hindu Revivalism*, Westview Special studies on South and Southeast Asia, Boulder: Westview Press.

Anderson, B. 1998, *The Spectre of Comparisons: Nationalism, Southeast Asia, and the World*, London: Verso.

Andreassen, B. & Marks, S. P.(양영미·김신 역), 『인권을 생각하는 개발 지침서』, 서울: 후마니타스.

Anti Caste Discrimination Alliance, 2009, *Hidden Apartheid: Voice of the Community Caste and Caste Discrimination in the UK*. A Scoping Study.

Appadurai, A. 1996, *Modernity at large: Cultural Dimensions of Globalization*, Minneapolis: University of Minnesota Press.

Appadurai, A.(차원현 외 역), 1995(2004), *Modernity at Large*(고삐 풀린 현대성), 서울: 현실문화연구.

Asian Center for Human Rights, 2007, *India Human Rights Report 2007*.

Asian Center for Human Rights, 2008, *South Asia Human Rights Index 2008*. New Delhi.

Axel, B.K. 2001, *The Nation's Tortured Body*, Durham: Duke University Press.

________. 2005, 'Diasporic Sublime: Sikh martyrs, internet mediations, and the question of the unimaginable', *Sikh Formations: Religion,*

Culture, Theory, 1(1): 127-54.

Azeez, A. & M. Begum, 2009, 'Gulf Migration, Remittances and Economic Impact', *Journal of Social Sciences,* vol.20(1): 55-60.

Bakshi, P.M. *The Constitution of India*, New Delhi: Universal Law Publishing, 2006.

Balagopal, K. 2002, 'Reflections on Gujarat Pradesh of Hindu Rashtra', *Economic and Political Weekly*, June, 1.

Ballard, R. 1983, 'Emigration in a Wider Context: Jullundar and Mirpur Compared', *New Community*, 11: 117-36.

Ballard, R. 2003, 'The South Asian Presence in Britain and Its Transnational Connections', Bhiku Parekh et al.(eds.) *Culture and Economy in the Indian Diaspora*, London and New York: Routledge.

Bally, L. R. 1997, *Dr. Ambedkar: Jeewan Atey Mission*, Jalandar: Bhim Patrika Prakashan.

Basu, H. 2003, 'The Social Engineering of Gujarat', *Himal South Asian*, July 6.

Baviskar, A. 1995, *In the Belly of the River: Tribal Conflicts Over Development in the Narmada Valley*, Delhi: Oxford University Press.

Baviskar, A. 2005, 'Adivasi Encounter with Hindu Nationalism in MP', *Economic and Political Weekly*, November, 26.

Begg, W. D. 1934, *Cricket and Cricketer in India*, Ajmer.

Beteille, A. 'Construction of Tribes', *The Times of India*, June 19, 1995.

Bhatt, C. 2000, 'Dharmo Rakshati Rakshitah: Hindutva Movement in UK', *Ethnic and Racial Studies*, 23: 3.

Bhattarai, R. 2007, *Open Borders, Closed Citizenship: Nepalese Labour Migrants in Delhi, Institute of Social Studies*, The Netherlands.

Biju, M. & Prashad, V. 2000, 'The Protean Forms of Yankee Hindutva', *Ethnic and Racial Studies*, 23: 3.

Biswas, B. 2004, 'Nationalism By Proxy: A Comparison of Social Movements among Diaspora Sikhs and Hindus', *Nationalism and Ethnic Politics*, 10: 269-295.

Bob. C. 2007, "'Dalit Rights are Human Rights': Caste Discrimination, International Activism, and the Construction of a New Human Rights Issues", *Human Rights Quarterly,* vol. 29: 167-193.

Bose, M. 1990, *A History of Indian Cricket*, London: Andre Deutsch.

Breman, J. 1985, *Of Peasants, Migrants and Paupers: Rural Labour Circulation and Capitalist Production in West India*, Delhi: Oxford University Press.

Breman, J. 1993, *Beyond Patronage and Exploitation: Changing Agrarian Relations in South Gujarat*, Delhi: Oxford University Press.

Breman, J. 1996, *Footloose Labour: Working in India's Informal Economy*, Cambridge : Cambridge University Press.

Breman, J. & Arvind Das, 2000, *Down and Out: Labouring under Global Capitalism,* Delhi: Oxford University Press.

Bunsha, D. 2006, 'Festival of fear', *Frontline*, February 25-March 1.

Burton, D. 2002, Remembering Sukhbir Singh Osan, Washing D.C. THOMAS Legislative Information on the Internet, Congressional Records, Retrieved November 11, 2006, from: http:thomas. loc.gov/

Cashman, R. 1979, *Patrons, Players and Crowd*, Calcutta: Orient

Longman.

Castles, S. & S. Miller, 1998, *The Age of Migration: International Population Movements in the Modern World*, London: Macmillan.

Chakroborty et al. 2006, 'Atrocities on Dalits: What the District Level Data Say on Society-State Complicity', *Economic Political Weekly,* 17. June.

Channa, S. 'Concept of the Mainstream', S.K. Chaudhury & S.M. Patnail(eds.), 2008, *Indian Tribes and the Mainstream*, Jaipur; Rawat Publications.

Channa, S. 2008, 'Concept of the Mainstream', S.K. Chaudhury & S.M. in Patnail(eds.), *Indian Tribes and the Mainstream*, Jaipur: Rawat Publications.

Channa, S. 2009, 'NRI Investment on Social Development Projects: findings from two sample surveys in Doaba, Punjab', Dusenbery, V. & D. Tatla(eds.), *Sikh Diaspora Philanthropy in Punjab: Global Giving for Local Good*, Delhi: Oxford University Press.

Chatterji, A. 2008a, 'Khandhamal: Hindutva's Terror', *Z Net-The Spirit of Resistance Lives*, February, 7.

Chatterji, A. 2008b, 'Hindutva's Violent History', *Tehelka Magazine*, 1: 3.

Chenoy, K.M. 1999, *Violence in Gujarat: Report of the Citizen's Commission on Persecution of Christians in Gujarat*, National Alliance of Women.

Cleaver, H. 1996, Zapatistas and the Electronic Fabric of Struggle, <http://eco.uteaxs.edu/faculty/Cleaver/zaps.html>.

Cohen, R. 1995, *The Cambridge Survey of World Migration*, Cambridge:

Cambridge University Press.

Commission of Human Right(UN), 2004, *Prevention of Discrimination: South Asian Diaspora*.

Conway, D. 2000, 'Nations Bounded: a critical (re)read of transnationalism suggests that US-Caribbean circuits tell the story better', Agozino, A.(ed.), *Theoretical and Methodological Issues in Migration Research: interdisciplinary, intergenerational and international perspectives*, Aldershot: Ashgate.

Crick, E. 2009, 'Contact Sport: Cricket in India-Pakistan Relations Since 1999', *South Asian Survey*, 16(1): 59-79.

Cross, R. 2009, 'Brotherly Hands across the Cricket Pitch: Lagaan as Gandhian Post-Colonial India', *Doshisha Studies in Language and Culture*, 11: 493-514.

Cullet, P. 2001, 'Sardar Sarovar Judgment and Human Rights', *Economic and Political Weekly*, May 5.

Dalit Solidarity Network(UK), 2006, *No Escape: Caste Discrimination in the UK*, Dalit Solidarity Network Uk Report.

Dasgupta, J. 2004, 'Manufacturing unison: Muslims, Hindus and Indians during the India-Pakistan match', *The International Journal of History of Sport*, 21(3): 573-584.

Dayal, H. & A. Karan, 2004, 'Migration from Rural Bihar and Jharkand', G. Iyer(ed.), *Distressed Migrant Labour in India: Key Human Rights Issues*, New Delhi: Kanishka.

De Haan, A. 1993, 'Migrant Labour in Calcutta Jute Mills', Peter Robb(ed.), *Dalit Movement and the Meanings of Labour in India*, Delhi: Oxford University Press.

De Haan, A. 1999, 'Livelihoods and Poverty: the role of migration',

Journal of Development Studies, 36(2): 1-47.

De Haan, A. 2000, *Migrants, Livelihoods and Rights: the relevance of migration in development policies*, DFID Social Development Department Working Paper.

De Wet, C. 2009, 'Contested Space or Common Ground? Perspectives on Displacement and Resettlement Debate in India', R. Modi(ed.), *Beyond Relocation: The Imperative of Sustainable Resettlement*, Delhi: Sage.

Desai, R. 2002, *Slouching Towards Ayodhya: Three Essays*, Readings, New Delhi: Three Essays press.

Desai, R. 2004, 'Forward March of Hindutva Halted', *New Left Review*, Nov-Dec: 49-67.

Deshingkar, P. et al. 2009, 'Circular Migration in Bihar', Deshingkar, P. & J. Farrington(eds.), *Circular Migration and Multilocational Livelihood Strategies in Rural India*, Delhi: Oxford University Press.

Devy, G.N. 2002, 'Tribal Voice and Violence', *Seminar*, 513.

Dhanda, M. 2009, 'Punjabi Dalit Youth: social dynamics of transitions in identity', *Contemporary South Asia,* vol. 17(1): 47-64.

Dharmadhikary, S. 1995, 'The World Bank and Sardar Sarovar Project', PIPG, Delhi.

Dikshit, S. 2003, 'Bid to block anti-India website affects users', *The Hindu*, 23 September.

Docker, E. 1976, *History of Indian Cricket*, Delhi: Macmillan.

Dumont, L. 1970, *Homo Hierachicus*, Chicago: Univ. of Chicago Press.

Dusenbery, V. & Tatla, D.(eds.), 2009, *Sikh Diaspora Philanthropy in Punjab: Global Giving for Local Good*, Delhi: Oxford University

Press.

Dwivedi, R. 1997, *People's Movements in Environmental Politics: A Critical Analysis of The Narmada Bachao Andolan in India*, The Hague: Institute of Social Studies.

Dwivedi, R. 1999, Displacement, Risks and Resistance: Local Perceptions and Actions in the Sardar Sarovar, *Development and Change*, 30: 43-75.

Editorial, 1989, *The Times of India*, 1 November

Elwin, V. 1959, *A Philosophy of NEFA*, the Advisor to the Governor of Assam, Shlong.

Escobar, A. 1984, 'Discourse and power in development: Michel Foucault and The Relevance of His Work to The Third World', *Alternatives*, 10: 337-400.

Fandy, M. 1999, Cyberresistance: Saudi Opposition Between Globalization and Localization, *Comparative Studies in Society and History*, 41(1): 124-46.

Fisher, W. F.(ed), 1997, *Toward Sustainable Development? Struggling Over India's Narmada River*, Jaipur: Rawat Publications.

Friedlander, A. 1999, Focus: Are there Boundaries in Cyberspace? *Information Impacts Magazine*(May).

Froehling, O. 1997, 'The Cyberspace 'War of Ink and Internet' in Chiapas', Mexico, *The Geographical Review*, 87(2): 291-307.

Gandhi, A. 2001, State (Under)development, Transnational Activism and Tribal Resistance in Inida's Narmada Valley, MA thesis, Unpublished data.

Gardener, K. 1995, *Global Migrants, Local Lives: travel and transformation in rural Bangladesh*, Oxford: Clarendon Press.

Gardner, K. & R. Grillo, 2002, 'Transnational Households and Ritual: Overview', *Global Networks*, 2(3): 179-190.

Ghurye, G.S. 1959, *The Scheduled Tribes*, Bombay: Popular Prakashan.

Gill, S. 2000, 'Towards a Postmodern Prince? The Battle in The Seattle as a Moment in the New Politics of Globalization', *Millennium*, 29(1): 131-40.

Gill, S.S. 2004, 'Agricultural Development and Migratory Labour: a case of Indian Punjab', Ian Talbot & Shinder Thandi(eds.), *People on the Move: Punjabi Colonial and Post-Colonial Migration*, Oxford: Oxford University Press.

Gilmartin, D. 2004, 'Migration and Modernity: the System in the Punjabi Village and the Setting of the Canal Colonies', Ian Talbot & Shinder Thandi(eds.), *People on the Move: Punjabi Colonial and Post-Colonial Migration,* Oxford: Oxford University Press.

Gilmour, D. 2005, *The Ruling Caste: Imperial Lives in the Victorian Raj*, London: Pimlico.

Gohil, N. S. & D. S. Sidhu, 2008, 'the sikh turban: post-9.11 challenges to this article of faith', *Rutgers Journal of Law and Religion.* vol. 9-2.

Golwalkar, M.S. 1938, *We or Our Nationhood Defined*, Nagpur.

Gopal, S. 1989, *Jawaharlal Nehru: A Biography*. Delhi: Oxford University Press.

Gough, K. 1956, 'Brahmin Kinship in a Tamil Village', *American Anthropologists* 58.

Goulet, D. 2005, 'Global Governance, Dam Conflicts, and Participation', *Human Rights Quarterly*, 27.

Government of India, 2001 *Census of India.*

Gramsci, A. 1971, *Selections from The Prison Notebooks*, New York: International Publishers Co.

Grewal, J. S. 1972, 'Toynbee's Interpretation of Sikh History', *From Guru Nanak to Maharaja Ranjit Singh: Essays in Sikh History*, Amritsar: Guru Nanak University Press.

Guha, R. 2007, 'Adivasis, Naxalites and Indian Democracy', *Economic and Political Weekly, August*, 11.

Guha, R. 1998, 'Cricket and Politics in Colonial India', *Past and Present*, 161: 155-190.

Guha, R. 2002, *A Corner of a Foreign Field*, London: Picador.

Guha, R. 2007, 'Adivasis, Naxalites and Indian Democracy', *Economic and Political Weekly,* August, 11.

Gunawardena, 2000, 'Constructing Cybernationalism: Sikh Solidarity via the Internet', *International Journal of Punjabi Studies*, 7(2): 263-322.

Gupta, A. 2009, 'India and IPL: Cricket's Globalized Empire', *The Round Table*, 98(401): 201-211.

Gupta, A. K. 1988, *Sociological Implications of Rural Migration: a case study of rural immigrants in Punjab*, Allahabad: Vohra Publications & Distributors.

Hardiman, D. 1995, *The Coming of the Devi: Adivasi Assentations in Western India*, Delhi.

Hardtmann, Eva-Maria, 2009, *The Dalit Movement in India: Local Practices, Global Connections,* Delhi: Oxford University Press.

Hausermann, J. 1998, 'A Human Rights Approach to Development', *Rights and Humanity*, London: Department of International Development of the UK Government.

Hirsch, H. 1995, *Genocide and the Politics of Memory,* Chapel Hill, NC: University of North Carolina Press.

Hodgkin, K. & S. Radstone, 2003, *Contested Pasts: The Politics of Memory,* New York: Taylor & Francis.

Ignatieff, M. 2000, *Human Rights Culture: The Political and Spiritual Crisis, The Andrei Sakharov Lecture on Human Rights*, Boston: Brandeis University, 25, January.

Indian Govt. *Census of India 2001.*

International Rivers Network, 1994, *Sardar Sarovar Project: An Overview*, Berkeley: IRN.

Jaffrelot, C. 2005, *The Sangh Parivar: A Reader*, Delhi: Oxford Univ. Press.

Jodhka, S. S. 2002, 'Caste and Untouchability in Rural Punjab', *Economic Political Weekly,* 11. May.

Jodhka, S. S. 2006, 'Beyond Crisis: rethinking contemporary Punjab agriculture', *Economic and Political Weekly*, 22, April.

Jodhka, S. S. 2009, 'The Ravi Dass of Punjab: Global Contours of Caste and Religious Strife', *Economic and Political Weekly*, 13, June.

Jodhka, S. S. & A. Kumar, 2007, 'Internal Classification of Scheduled Castes: Punjab Story', *Economic Political Weekly,* 27 Oct.

Jodhka, S. S. & Prakash Louis, 2003, 'Caste Tensions in Punjab: Talhan and Beyond', *Economic Political Weekly,* 12. July.

Joshi, A. 2004, 'Punjab: Farm, Household Income, Investment and Consumption', *Economic and Political Weekly*, 24, January.

Joyce, S. 1997, 'Is It Worth a Dam?', *Environmental Health Perspectives*, 105(10).

Judge & Gurpret Bal, 2008, 'Understanding the Paradox of Changes among Dalits in Punjab', *Economic and Political Weekly*, Oct. 11.

Judge, P. S. 2002, 'Punjabis in England: Ad Dharmi Experience', *Economic and Political Weekly*, 30, August.

Judge, P. S. 2004, 'Interrogating Changing Status of Dalits of Punjab', H. K. Puri(ed.) *Dalits in the Regional Context,* Jaipur: Rawat.

Jugensmeyer, M. 1982, *Religious Rebels in the Punjab: The Social Vision of Untouchable,* Delhi: Ajanta Publications.

Kanungo, P. 2008, 'Hindutva's Fury against Christina in Orissa', *Economic and Political Weekly*, September, 13.

Kara, P. 2001, 'In the Space of Erasure; Globalization, Resistance and Narmada River', *Economic and Political Weekly*, 36(22): 1991-2002.

Keer, D. 1971, *Dr. Ambedkar, Life and Mission*, Bombay: Popular Prakashan.

Kellner, D. 1997, 'Intellectuals, the New Public Spheres, and Techno-Politics', *New Political Science,*(fall): 169-88.

Kendal, W. & Massey, D. 2002, 'the culture of migration: a theoretical and empirical analysis', *Social Forces*, 80(3): 981-1004.

Kessinger, T. G. 1974. *Vilyatpur 1848-1968: Social and Economic Change in a North Indian Village*. Berkeley: University of California Press.

Khagram, S. 2004, *Dams and Development: Transnational Struggle for Water and Power*, New Delhi: Oxford University Press.

Kim Bolan, 2005, 'Bagri and Malik Found Not Guilty: victims' families demand a public inquiry', *Vancouver Sun,* 16 March.

Kim Bolan, 2005, *Loss of Faith: How the Air-India Bombers Got Away*

With Murder, Toronto: McClelland & Stewart Ltd.

Kim Bolan, 2007, 'Sikh Group Wants Terror Listing Lifted', *Vancouver Sun,* 17 April.

Kim Bolan, 2007, 'Dosanjh Calls for Probe of Sikh Parade', *Vancouver Sun,* 11 May.

Kim Bolan, 2008, 'Indian PM Warns Canada of Treat', *Vancouver Sun*, 10 March.

Kim Bolan, 2008, 'Air India Documentary Moves Audience to Tears', *Vancouver Sun,* 15 June.

Kim Bolan, 2008, 'Visitors from India Grilled by New Form: Document Demands Details of Family Members and Links to Militant and Religious Groups', *Vancouver Sun*, 5 November.

Kim Bolan, 2008, 'A new youth group will run Surrey's Guru Nanak Sikh Temple', *Vancouver Sun,* 24 November.

Kim Bolan, 2009, 'Dashmesh Darbar makes controversial comments about the Mumbai attacks', *Vancouver Sun,* 4 October.

Kitchin, R. M. 1998, 'Towards Geographies of Cyberspace', *Progress in Human Geography*, 22(3): 385-406.

Kothari, A. & Ram, R. N. 1994, *Environmental impacts of the Sardar Sarovar Project*, New Delhi: Kalpavikhsh.

Kumar V. 2004, 'Understanding Dalit Diaspora', *Economic and Political Weekly*, 39(1): 114-116.

Lerche, J. 2008. 'Transnational Advocacy Networks and Affirmative Action for Dalits in India'. *Development and Change*. 39(2): 239-261.

Lessinger, J. 1995, *From the Ganges to the Hudson: Indian immigrants in New York City,* Boston: Allyn and Bacon.

Lessinger, J. 2003, 'Indian Immigrants in the United Stated: the emergence of a transnational population', *Culture and Economy in the Indian Diaspora*, London and New York: Routledge.

Levien, M. 2006, 'Narmada and The Myth of Rehabilitation', *Economic and Political Weekly*, 19, August.

Lobo, L. 'Adivasi, Hindutva and Post-Godhra Riots in Gujarat', *Economic and Political Weekly*, November, 30.

Lobo, L. 2002, 'Adivasi, Hindutva and Post-Godhra Riots in Gujarat', *Economic and Political Weekly*, November, 30.

Luden, D. 2005, Making Indian Hindu: Religion, Community, and the Politics of Democracy in India, New Delhi: Oxford Univ. Press.

Lyons, L.T. & M. Ford, 2007, *Where Internet and International Migrations Intersect: mobility and the formation of multi-ethnic communities in the Riau Islands Transit Zone*, Faculty of Arts-Papers, University of Wollongong.

Maharatna, A. 2005, *aphic Perspectives on India's Tribes*, Delhi: Oxford University Press.

Majumdar, B. & K. Bandopadhyay, 2004, 'Cricket as Everyday Life: World Cup 2003', *Economic and Political Weekly*, April, 3-4: 1450-1454.

Majumdar, B. & S. Brown, 2007, 'Why Baseball, Why Cricket? Differing Nationalisms, Differing Challenges', *The International Journal of History of Sport*, 24(2): 139-156.

Majumdar, B. 2003, 'Communalism to Commercialism: Study of Anti-Pentangular Movement', *Economic and Political Weekly*, Feb. 15: 656-664.

Majumdar, B. 2006, 'Cricket in Colonial Bengal(1880-1947): A Lost

History of Nationalism', *The International Journal of History of Sport*, 23(6): 960-990.

Mand, K. 2002, 'place, gender and power in transnational Sikh marriages', *Global Networks*, 2(3): 233-248.

Mangan, J.A.(ed.) 1988, *Pleasure Profit Proselytism: British Culture and Sport at Home and Abroad: 1700-1914*, London: Frank Cass.

Mathew, G. 2003, 'Panchayati Raj Institutions and Human Rights in India', *Economic and Political Weekly,* Jan. 11.

Mathur, H.M. 2006, 'Development Projects and Displacement of Tribal Peoples', *Adivasi*, 46(2), Bhubaneswar.

McCully, P. 1994, *Sardar Sarovar Project: An Overview*, International Rivers Networks, May.

McCully, P. 1996, *Silenced Rivers: The Ecology and Politics of Large Dams*, London: Zed.

Mcdonald, I. 1999, 'Psychological Patriots?: The Politics of Physical Culture and Hindu Nationalism in India', *International Review for the Sociology for Sport*, 34(4): 343-358.

McLeod, W.H. 1986, *Punjabis in New Zealand: A History of Punjabi Migration 1890-1940*, Amritsar: Guru Nanak Dev University.

Mehta, L. 2005, 'Unpacking Rights and Wrongs: Do Human Rights Make a Difference?: The Case of Water Rights in India and South Africa', *Institute of Development Studies Working Paper 260,* Brighten, England.

Mehta, N. 2007, 'The Great Indian Willow Trick: Cricket, Nationalism and India's TV News Revolution, 1998-2005', *The International Journal of History of Sport*, 24(9): 1187-1199.

Mencher, J. 1971, 'Group and Self-identification: The View from the Bottom', *ICSSR Research Abstracts Quarterly* 3.

Modi, R. 2004, 'Sardar Sarovar Oustees', *Economic and Political Weekly*, 13, March.

Mohanka, P. S. 2005, 'Religion and Conflict in India: A Sikh perspective', *The Round Table: Commonwealth Journal of International Affairs*, 94(382): 589-98.

Mooney, N. 2006, 'Aspiration, Reunification and Gender Transformation in Jat Sikh Marriage from India to Canada', *Global Networks*, 6(5): 59-87.

Morse, B. & Berger, T. 1997, 'Findings and recommendations of The Independent Review', W. F. Fisher(ed.), *Toward Sustainable Development? Struggling Over India's Narmada River*, Jaipur: Rawat Publications.

Mosse, D. 2002, 'Brokered Livelihoods: Debt, Labour Migration and Development in Tribal Western India', *Journal of Development Studies*, 38(5): 59-87.

Mukherjee, P. 1988, *Beyond four Varna: the Untouchables in India*, Shimla: Indian Institute of Advanced Study.

Mukherjee, S. N. 1993, *Calcutta: Essays in the Urban History*, Calcutta: Subarnarekha.

Multani de vs Commission scolaire Marguerite-Bourgeoys, 2004, J.Q. No. 1904(C.A.), Leave to appeal to the S.C.C. granted.

Multani de vs Commission scolaire Marguerite-Bourgeoys, 2006, SCC6.

Mustafa, S. 1999, 'the Communalization of Kargil', *The Asian Age*, 24 July.

Nandy, A. 1989, *The Tao of Cricket: On Games of Destiny and Destiny of Games*, Delhi: OUP.

Nandy, A. 2002, 'Obituary of a Culture', *Seminar* 513, May.

Nandy, A. 2008, 'Blame the Middle Class', *The Times of India*, January, 8.

Narmada Bachao Andloan v Union of India, 2005, http://www.ielrc.org/contents/c0604.pdf.

Narmada Bachao Andolan, 2000, *Satyagraha update*, Baroda: NBA.

Narula, S. 2008, The Story of Narmada Bachao Andolan: Human Rights in The Global Economy and The Struggle Against the World Bank, New York University School of Law, *Publication & Legal Theory Research Paper Series Working Paper No. 08-62.*

Natali, C. 2009, *Linkages between Internal and International Migrations: policy implications for development*, Conference on Urban-Rural Linkages and Migration held in Dortmund on 16-17, Sep.

Nayak, A. K. 2010, 'Big Dams and Protests in India: A Study of Hirankud Dam', *Economic and Political Weekly*, 9, January.

Nayar, K. E. 2004, *The Sikh Diaspora in Vancouver*, Toronto: University of Toronto Press.

Nayar, K. E. 2008, 'misunderstood in the diaspora: the experience of orthodox sikhs in Vancouver', *Sikh Formations*, vol. 4-1.

Neier, A. 2003, *Taking Liberties: Four Decades in the Struggle for Rights*, New York: Public Affairs.

Nesbitt, E. 1995, 'Punjabis in Britain: Cultural History and Cultural Choices', *South Asia Research,* vol. 15(2): 221-240.

Oberoi, A.S. & H.K. Manmohan Singh, 1983, *Causes and Consequences of Internal Migration: a study in the Indian Punjab*, Delhi: Oxford University Press.

Olson, W. & R.V. Ramannamurthy, 2002, 'Contract Labour and Bondage in Andra Pradesh' *Journal of Social and Political Thought*, 1(2).

Orwell, G. 1984, *The Penguin Essays of George Orwell*, Harmondsworth: Penguin Books.

Panini, M. N. 2001, 'Caste, Race and Human Rights', *Economic and Political Weekly*, Sep. 1.

Paris, T. et al. 2001, The Incidence, Determinants and Perceived Consequences of Male Labour Outmigration on Rice Efficiency and Gender Roles, Presented at the Indian international Center.

Paris, T. et al. 2005, 'labour outmigration, livelihood of rice farming households and women left behind', *Economic and Political Weekly*, 18, June.

Patel, F. 'Cultural Genocide: the Real Impact of Development-Induced Displacement', H.M. Mathur(ed.), 2008, *India Social Development Reports 2008*, Delhi: Oxford University Press.

Pathy, J. 1984, *Tribal Peasantry Dynamics of Development,* New Delhi: Inter-India Publications.

Paul, R. A. 2000. 'Grassroots mobilization and Diaspora Politics: Armenian Interest Groups and the Role of Collective Memory'. *Nationalism and Ethnic Politics*. vol. 6-1.

Paynter, J. 1995, 'Canada-India Diplomatic Relations' J. Wood(ed.), *Genuine Mutual Interest: Proceedings of the Plenary Session of the Silver Jubilee Conference of the Shastri Indo-Canadian Institute*, New Delhi: Shastri Institute.

Peel Board of Education vs Ontario Human Rights Commission, 1991, 12 C.H.R.D/364(Chair W. Gunther Plaut), appeal dismissed.

Pernandes, W. 'Development-Induced Displacement and Tribal Women', G.C. Rath(ed.), 2006, *Tribal Development in India: The Contemporary Debate*, New Delhi: Sage.

Petersen, K. 2006, 'Usurping the Nation: Cyber-Leadership in the Uighur Nationalist Movement', *Journal of Muslim Minority Affairs*, 26(1): 63-73.

Pinto, S. 1995, 'Communalisation of Tribals in South Gujarat', *Economic and Political Weekly*, 30, no. 39.

Public Interest Research Group, 1995, *The Wold Bank and India*, PIRG, Delhi.

Puri, H. K. 2003, 'Scheduled castes in Sikh Community: a historical perspective', *Economic and Political Weekly,* June: 2693-2701.

Qudds, J. 2005, 'Hindutva and Indian Diaspora', in Ram Puniyani(ed.), *Religion, Power and Violence; Expressions of Politics in Contemporary Times*, New Delhi: Sage.

Raj, P. 1991, *Facts: Sardar Sarovar Projects*, Gandhinagar: Narmada Nigam Limited.

Rajagopal, B. 2005, 'The Role of Law in Counter-Hegemonic Globalization and Global Legal Pluralism: Lessons from The Narmada Valley Struggle in India', *Leiden Journal of International Law*, 18: 345-387.

Rajalakshmi, T.K. 2005, 'A Saffron Assault', *Frontline* 22, 7: 12-25.

Ram, N. 1993, *Muddy Water: A Critical Assessment of The Benefits of The Sardar Sarovar Project*, New Delhi: Kalpavikhsh.

Ram, R. 2004, 'Untouchability, Dalit Consciousness and the Ad Dharm Movement in Punjab', *Contributions to Indian Sociology*, 38(3): 323-349.

Ram, R. 2007, 'Social Exclusion, Resistance and Deras: exploring the myth of casteless Sikh society in Punjab', *Economic Political Weekly*, 6 Oct.

Ram, R. 2008, 'Ravidass Deras and Social Protest: Making Sense of Dalit Consciousness in Punjab(India)', *The Journal of Asian Studies*, vol. 67(4): 1341-1364.

Ram, R. 2009, 'Untouchability in India with a Difference: Ad Dharm, Dalit Assertion, and Caste Conflicts in Punjab', *Asian Survey*, vol. 44-6: 895-912.

Ray, S. 2008, 'The Wood Magic: Cricket in India-A Postcolonial Benediction', *The International Journal of History of Sport*, 25(12): 1637-1653.

Rimal, B. 1997, *Migrant Year Book: Asian Migrant Countries*.

Rinker, J. 2009, 'Transnational Advocacy and the Dalit Rights Movement: Secular versus Religious Social Justice Narrative of Assertion on the Frontline of Global Community', *Working Papers in Global Studies*, No. 5. George Mason University, Fairfax. VA.

Risley, H. 1908, *The people of India*, London: Thacker and Co.

Robinson, C. 2003, 'Risks and Rights: The Causes, Consequences and Challenge of Development-Induced Displacement', *Occasional Paper*, Washington, D. C.: The Brookings Institution, SAIS Project on International Displacement.

Rogaly, B. et al. 1999, 'Dangerous Liaisons? Seasonal Migration and Agrarian Change in West Bengal' Rogaly and Bose(eds.)', *Sonar Bangla? Agricultural Growth and Agrarian Change in West Bengal and Bangladesh,* New Delhi: Sage.

Rogaly, B. et al. 2001, *Seasonal Migration for Rural Manual Work in Eastern India*, Final Research Report, School of Development Studies, University of East Anglia, UK.

Rosencranz, A. & K. D. Yurchak, 1996, *Progress on The Environmental Front: The Regulation on Industry and Development in India*, 19 Hastings International & Company.

Routledge, P. 2003, 'Voices of The Dammed: Discursive Resistance Amidst Erasure in The Narmada Valley, India', *Political Geography*, 22: 243-270.

Roy, A. 1999, *The Greater Common Good*, Bombay: India Book Distributor.

Saberwal, S. 1990, *Mobile Men: Limits to Social Change in Urban Punjab*, New Delhi: Indian Institute of Advanced Study in Association with Manohar.

Sabrang Communications and SACW, 2000, *The Foreign Exchange of Hate*, Mumbai and France.

Samuel, R. 1994, *Theatres of Memory: past and present in contemporary culture*, London: Verso.

Sangvai, S. 2000, *The River and Life*, Mumbai: Earthcare Books.

Scott, J. C. 1998, *Seeing Like a State*, London: Yale University Press.

Sengupta, J. 2005, 'Globalizing Patriotism? Some Lessons from the Cricket World Cup of 2003', B. Majumdar & J.A. Mangan(eds.) *Sport in the South Asian Society*, London: Routledge.

Shah, A.M. 1979, 'Tribal Identity and Class Differentiations: A Case study of the Chaudhi Tribe', *Economic and Political Weekly*, 14, no. 7/8. November.

Shariff, S. 2006, 'Balancing Competing Rights: a stakeholder model for democratic school', *Canadian Journal of Education*, 29(2): 476-496.

Sidhu et al. 1997. *A Study on Migrant Labourer in Punjab*. Ludhiana: Punjab Agricultural University.

Sikkink, K. 2004, 'Patterns of Dynamic Multilateral Governance and the insider-outsider Coalition', Donatella della Porta and Sidney Tarrow(eds.) *Transnational Protest and Global Activism*, New York: Rowman and Littlefield Publishers, Inc.

Singh, Harleen, 2006, 'Turbanned Masculinities: Terrorists, Sikhs, and Trauma in Indian cinema', *Sikh Formations: Religion, Culture, Theory*, 2(2): 115-124.

Singh, J. G. 2004, *Address to Rural Development*, International Seminar, Indian Council for Social Science Research and Punjab Development Society, Punjab University, Chandigarh.

Sinha, M. 1995, *Colonial Masculinity: The Manly Englishman and the Effeminate Bengali in the Late Nineteenth Century*, Manchester: Manchester University Press.

Skeldon, R. 2006, 'Interlinkages between Internal and International Migration and Development in Asian Region', *Population, Space and Place*, 12: 15-30.

Smith, P. 2008, 'Going Global: The Transnational Politics of the Dalit Movement', *Globalizations*, vol. 5(1): 13-33.

Sokol, D. 2007, 'The Sikh Diaspora in Cyberspace: The Representation of Khalistan on the World Wide Web and Its Legal Context', *Masaryk University Journal of Law and Technology*, 2: 219-30.

South Asia Terrorism Portal(SATP), 2009, 'International Sikh Youth Federation'.

Srivastava, V.K. 2008, 'Concept of tribe in the Draft National Tribal Policy', *Economic and Political Weekly*, December, 13.

Subedi, B.P. 1991, 'International migration in nepal: towards and analytical framework', *Contributions to Nepalese Studies*, 18(1): 83-102.

Subrahmaniam, V. 2007, 'Narendra Modi's New Avatar', *The Hindus*, 6 June.

Takhar, O. K. 2008, 'Issues of Identity among the Valmikis and Ravidasis in Britain', presented at the International Conference on Sikhism in Global Context.

Tatla, D. S. 2004, 'Rural Roots of the Sikh Diaspora', Ian Talbot & Shinder Thandi(eds.), *People on the Move: Punjabi Colonial, and Post-Colonial Migration*, Oxford: Oxford University Press.

Tatla, D. S. 2006, 'The Morning After: Trauma, Memory and the Sikh Predicament since 1984', *Sikh Formations: Religion, Culture, Theory*, 2(1): 57-88.

Tatla, D. S. 2009, 'Sikh Diaspora Philantrophy in Punjab: Origins. Growths and Contemporary Trends'. Dusenbery. V.A. & Darshan S. Tatla (eds.). *Sikh Diaspora Philantrophy in Punjab: Global Giving For Local Food.* Delhi: Oxford University Press.

Taylor, S. et al. 2007, Migration, 'Development and Inequality: Eastern Punjabi Transnationalism', *Global Networks*, 7(3): 328-347.

Thandi, S.S. 2004, 'Punjabi Diaspora and Homeland Relations', *Seminar*, No. 567.

The Hindu, 26 April, 2001.

The Indian Express, 10 June 1999.

The Mackenzie Institute, 2009, 'Notes on Canada's Counter-Terrorism

Efforts', Newsletter January # 75.

The Milli Gazette Online, 2006, 'Untold Story of Hindukaran of Adivasis in Dang', Gujarat. January, 8.

The Statesman, 24, Feb. 2003.

Thieme, S. et al. 2005, 'Addressing the Needs of Nepalese Migrant Workers in Nepal and Delhi, India', *Mountain Research and Development*, 25(2): 109-114.

Thukral, E. 1992, *Big Dams, Displaced Peoples: Rivers of Sorrow, Rivers of Joy*, Delhi: Sage Publications.

Ugra, S. 2006, 'Play together, live apart: Religion, Politics and Markets in India Cricket Since 1947', S. Wagg(ed.), *Cricket and National Identity in the Postcolonial Age*, London: Routledge.

Uvin, P. 2004, *Human Rights and Development*, Bloomfield: Kumarian Press.

Varshney, A. 2002, *Ethnic Conflict and Civic Life: Hindus and Muslims in India*, New Haven: Yale Univ. Press.

Verma, Rita, 2006, 'trauma, cultural survival and identity politics in a post 9/11 era: reflections by sikh youth', *Sikh Formations*, vol. 2-1.

Vertovec, S. 1999, 'Conceiving and Researching Transnationalism', *Ethnic and Racial Studies*, 22(2): 447-462.

Voigt-Graf, C. 2004, 'Towards a Geography of Transnational Spaces: Indian Transnational Communities in Australia', *Global Networks*, 4(1): 25-49.

Walton-Roberts, M. 2001, 'Returning, Remitting, Reshaping: Non-Resident Indians and the Transformation of Society and Space in Punjab, India', *Research on Immigration and Integration in the Metropolis Working Paper Series.*

Walton-Roberts, M. 2004, 'Transnational Migration Theory in Population Geography: Gendered Practices in Networks linking Canada and India', *Population, Space and Place*, 10: 361-373.

Weiner, M. 1995, *The Global Migration Crisis: Challenge to States and to Human Rights*, New York: Harper Collins.

Williams, J. 1999, *Cricket and England*, London: Frank Cass.

Wold Commission on Dams, 2000, 'Objectives', http://www.dams.org.

Wood, J. 1978, 'East Indians and Canada's New Immigration Policy', *Canadian Public Policy*, 4: 547-567.

World Bank, 2004, *Resuming Punjab's Prosperity: The Opportunities and Challenges Abroad*, Washington D.C. & New Delhi: The World Bank.

Zachariah, K.C. et. al, 2001, 'Social Economic and Demographic Consequences of Migration on Kerala', *International Migration*, 39(2): 43-72.

Zohry, A. 2005, Interrelationships between Internal and International Migrations in Egypt: a Pilot Study, Development Research Center on Migration, Globalization & Poverty.

색 인

ㄱ

ㄴ

ㅇ

ㅈ

ㅊ

ㅋ

ㅌ

ㅍ

ㅎ

■ 지은이

김경학

인도 자와할랄 네루대학교(Jawaharlal Nehru University)에서 인류학으로 박사를 받았으며, 현재 전남대학교 인류학과 교수로 재직 중이다. 인도 농촌사회에서 카스트와 종교를 주제로 인류학적 현지조사를 수행해 왔으며, 최근 10여 년 동안 해외 인도인 사회를 대상으로 초국가주의와 디아스포라를 주제로 연구를 수행하고 있다. 주요 저서에는 『인도문화와 카스트구조』, 『국제이주와 인도인 디아스포라』, 『터번의 문화정치: 시크의 초국가적 민족주의』, 『카스트 : 지속과 변화』(공저), 『암소와 갠지스』(공저), 『귀환의 신화 : 해외 인도인의 이주와 정착』(공저), 『글로벌 시대의 인도인 디아스포라』(공저), 『인도인 디아스포라 : 경계를 넘나드는 사람들』(공저) 등이 있다.

초국가주의, 디아스포라, 인권

글로벌 시대의 인도사회

인쇄 | 2011년 12월 30일
발행 | 2012년 1월 5일

저자 | 김경학
발행 | 김윤수
발행처 | 전남대학교출판부

등록 | 1981. 5. 21. 제53호
주소 | 500-757 광주광역시 북구 용봉로 77
전화 | (062) 530-0571~3
팩스 | (062) 530-0579
홈페이지 | http://altair.chonnam.ac.kr/~cnup

값 15,000 원

ISBN 978-89-7598-962-9 (93300)

이 도서의 국립중앙도서관 출판시도서목록(CIP)은 e-CIP홈페이지(http://www.nl.go.kr/ecip)와 국가자료공동목록시스템(http://www.nl.go.kr/kolisnet)에서 이용하실 수 있습니다.
(CIP제어번호: CIP2011005742)